山西古村镇系列丛书

薛林平　常　磊　付芳宇
凌苏扬　于丽萍　刘南甫　著

中国建筑工业出版社

图书在版编目(CIP)数据

周村古镇/薛林平等著. —北京: 中国建筑工业出版社, 2014.7
(山西古村镇系列丛书. 第6辑)
ISBN 978-7-112-16910-8

Ⅰ.①周… Ⅱ.①薛… Ⅲ.①乡村-古建筑-介绍-泽州县 Ⅳ.①K928.71

中国版本图书馆CIP数据核字（2014）第110988号

责任编辑：费海玲　张幼平
责任校对：陈晶晶　关　健

山西古村镇系列丛书
山西省住房和城乡建设厅组织编写
周村古镇
薛林平　常　磊　付芳宇　凌苏扬　于丽萍　刘南甫　著

*

中国建筑工业出版社出版、发行（北京西郊百万庄）
各地新华书店、建筑书店经销
北京方舟正佳图文设计有限公司制版
北京方嘉彩色印刷有限责任公司印刷

*

开本：787×960毫米　1/16　印张：18　字数：350千字
2014年7月第一版　2014年7月第一次印刷
定价：68.00元
ISBN 978-7-112-16910-8
(25572)

《山西古村镇系列丛书》

主　编：李俊明　李锦生　翟顺河

副主编：于丽萍　张　海　薛林平　郭　创

《周村古镇》

著　者：薛林平　常　磊　付芳宇

凌苏扬　于丽萍　刘南甫

丛书总序

我曾多次到过山西，这里丰富的历史遗存和深厚的人文底蕴，令人赞叹，给人的印象非常深刻。山西省建设厅张海同志请我为《山西古村镇系列丛书》作个序，在这里我就历史文化遗产和古村镇保护等有关问题谈一些粗浅的想法。

国际经济社会发展的经验证明，一个国家城镇化水平达到30%以后，城镇化进程不断加快，随之出现城市建设的高潮；人均生产总值达到1000～3000美元时，进入经济发展的黄金期，也是多种矛盾的爆发期，这个时期不仅可能引发各种社会矛盾，还会出现许多问题。我国城镇化水平2003年就已经超过了40%，人均生产总值2006年已经超过了2000美元，国民经济快速发展，城镇化进程不断加速；在城市建设日新月异的发展中，中央又审时度势提出了“两个趋势”的科学判断，作出了加强小城镇和新农村建设的决策。过去，我国城市的大批建筑遗存，正是在大搞城市建设中遭到毁灭性破坏。现在，我国农村许多建筑遗产，能否在小城镇和新农村建设中有效保护，正面临着严峻考验。处理好小城镇和新农村建设与古村镇保护的关系，保护祖先留下的非常宝贵、不可再生的文化遗产，是历史赋予我们义不容辞的责任。

对于建筑历史文化遗产的保护，人们的观念不断创新、思路逐步调整、方法正在改进，从注重官府建筑、宗教建筑的保护，向关注平民建筑保护的转变；从注重单体建筑的保护，向关注连同建筑周边环境保护的转变；尤其是近年来，特别关注古村镇的保护。因为，古村镇是区域文化的“细胞”，是一个各种历史文化的综合载体，不仅拥有表现地域、历史和民族风情的民居建筑、街区格局、历史环境、传统风貌等物质文化遗产，还附着居住者的衣食起居、劳动生产、宗教礼仪、民间艺术等非物质文化遗产。我国现存有大量的古村镇，其历史文化价值和社会经济价值都是巨大的，按照英格兰的统计方法，古村镇的价值应占到GDP的30%以上。然而，认识到这一点的人并不多，甚至有人认为古村镇、古建筑是社会发展的绊脚石，这种观点对于文化的传承和社会的进步都是极为不利的。在快速推进的城乡建设浪潮中，我们所面临的最大问题就是，大批历史古迹被毁坏，大批古村镇被过度改造，使中华民族的历史文化遗产严重损坏。在这个时候提出古村镇的保护，实际上是一项带有抢救性的工作。

2008年1月1日开始实施的《城乡规划法》，突出强调了保护历史文化遗产的重要性；2008年4月又颁布了《历史文化名城名镇名村保护条例》。历史文化名城保护工作已开展近30年，历史文化名镇名村保护工作也已启动，现在大家基本达成共识，保护有价值的古村镇，其实就是“保护文化遗产，弘扬优秀的传统文化……保持民族性，体现时代性”。但是，当前全国历史文化村镇保护的形势仍然不容乐观，保护工作极不平衡，一些地方还未认识到整体保护历史文化村镇的重要性，忽视了周边环境风貌和尚未列入文物保护单位的优秀民居的保护，制定和完善保护历史文化村镇规划的任务还十分艰巨；一些地区片面追求经济效益，对历史文化村镇进行无限度、无规划的盲目开发；一些地方擅自改变国有文物保护单位的管理体制，交给企业经营管理。

作为华夏文明的发祥地之一，山西有着丰厚的文化积淀和历史遗存，不仅有数量众多的古建筑，还保存有大量的古村镇。由于山西历史悠久、民族聚居、文化融合、地形差异等多因素影响，再加之较为发达的古代经济，建造了大量反映农耕文明时代、各具特色的古村镇。这些古村镇，一是分布在山西中部汾河流域，以平遥古城为中心，以晋商经济为支撑，体现晋商文化特色；二是分布在晋城境内沁河流域，以阳城县的皇城、润城为中心，以冶炼工业及商贸流通为支撑，体现晋东南文化特色；三是分布在吕梁山区黄河沿岸，以临县碛口古镇为中心，以古代商贸流通、商品集散为支撑，体现晋西北黄土高原文化；四是沿山西省内外长城，在重要边关隘口，以留存了防御性村堡，体现边塞风情和边关文化，在山西统称为“三河一关”古村镇。这些朴实生动和极富文化内涵的古村镇，是人类生存聚落的延续，是中国传统建筑的精髓；保存有完整的古街区、大量的古建筑，体现着先人在村镇选址、街区规划、院落布局、建筑构造、装饰技巧等方面的高超水平；真实地反映了农耕文明时代的乡村经济和社会生活，凝聚了劳动人民的智慧，沉淀了中华民族的优秀文化，传承了丰富的历史信息；具有浓郁的地方特色和很高的研究价值，是人类共同的文化遗产和宝贵财富。

山西省建设厅一直对古村镇及其文化遗产的保护非常重视，从2005年开始，对全省的古村镇进行了系统普查，根据普查的初步成果，编辑出版了《山西古村镇》一书；同年，主办了“中国古村镇保护与发展碛口国际研讨会”，并通过了《碛口宣言》。报请省政府下发了《关于历史文化名镇名村保护工作的意见》，并分两批公布了71个“山西省历史文化名镇名村”，其中18处已经成为“中国历史文化名镇名村”。为大部分古村镇制定了科学的保护规划，开展了多层次的保护工作，逐步形成了科学、合理、有效的保护机制。为了不断提高人们的保护意识，他们又组织编写了《山西古村镇系列丛书》，本系列丛书撷取山西有代表性的古村镇，翔实地介绍了其历史文化、选址格局、建筑特色、非物质文化遗产，内容较为丰富。为了完成书稿的写作，课题组多次到现场调查，在村落中居住生活了相当一段时间，积累了大量第一手资料。通过细致的测绘图纸和生动的实物照片，可以看到他们极大的工作热情和辛勤劳动。这套丛书不仅是对古村镇保护工作的反映，更有助于不断增强全社会的文化遗产保护意识。让我们以此为契机，妥善处理保护与发展的关系，做到科学保护、有效传承、永续利用历史文化遗产，不断开创历史文化名镇名村保护工作的新局面。

是为序。

住房和城乡建设部　副部长

目　录

C　O　N　T

E N T S

C O N T

E N T S

【第一章】

周村古镇的历史文化

LISHI WENHUA

一、古镇源流长

1.引述

周村镇位于山西省东南部，旧属泽州府凤台县，今属晋城市泽州县。其东连川底乡，南邻李寨，西接阳城县北留镇，北通沁水县，素有泽州西大门之称。正如乾隆四十八年（1783年）《凤台县志[1]·卷之一·疆域篇》描述凤台县地域范围时有云："西至周村，距城五十里，接阳城县冯村堡界。"

古代的周村地区为"里"级单位。据光绪八年（1882年）《凤台县续志·卷之二·里村》记载，周村里共辖七庄：周村（距城五十里）、上岭西（距城四十五里）、山场坡（距城五十里）、西关（距城五十里）、司家庄（距城五十三里）、苗庄（距城五十五里）、南庄（距城五十五里），其中的"城"即指清代的凤台县城。今天的周村镇中心区即为清代的周村里周村。周村镇（包括所辖周边村庄）东西宽10.5公里，南北长6公里，总面积69平方公里。本书主要研究范围是历史建筑较集中的古城墙内区域以及古城西门外的骆驼店[2]部分（图1–1）。

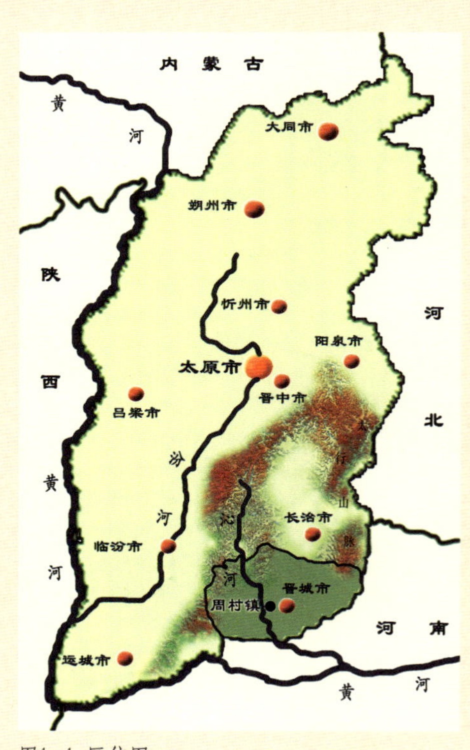

图1–1 区位图

古镇依山势布于阳坡，筑城墙以护围。古时有黄河支流沁水穿城而过，其四周"太

1 《凤台县志》始修于清乾隆四十八年（1783年），计十二册、二十卷、30类，光绪八年（1882年）又增修了《凤台县续志》，计4册、4卷，并与乾隆版《凤台县志》合并印行。1983年晋城县人民政府将两版合为一套翻印，翻印版又于2011年由三晋出版社重印，这里参考的即是2011年重印版，名为《凤台县志（点校简注本）》。

2 骆驼是古代晋商商业运输的重要交通工具，周村在大清同治元年（1862年）颁布了《公议城垣条规》，规定骆驼不能进城，于是往来商人先将骆驼停在城外，再进城进行商品交易，久而久之在城西门外形成了为商人服务的一小片集中的骆驼店。

行、王屋、析城诸山，献嶂烈屏”[1]，镇西堡口的咽喉阁即因此得名。其门首内为“古翼通衢”，外悬“连行接沁”四字。清化一、二大道[2]蜿蜒过镇，更使此地成为通中原、接河东、抵秦陕的重要交通枢纽。太行诸山的阻隔加上清化二道直通中原，使得周村地区在文化、风俗等方方面面，与山西中部存在较大差异，与河南地区更为相近。

周村镇地理位置的重要性，在历代碑文中皆有描述（图1−2、图1−3）。明万历四十七年（1619年）的《创建金龙四大王庙记》称：“此镇也，左朴京洛，右□浦连，北捍云塞，南连中原，乃太原之喉舌，河内、河东之关□（疑缺‘津’字）也”。而镇北东岳庙中隆庆四年（1571年）梁寀所撰的《泽州周村镇重修庙祀记》则描述它为：“当秦、晋、魏之交，东逾桃固、西陟东乌、南越开井。止于斯，往来于斯，亘古今之达道也”，因而“以镇表识，泽雄三晋，而镇实一郡冠”。

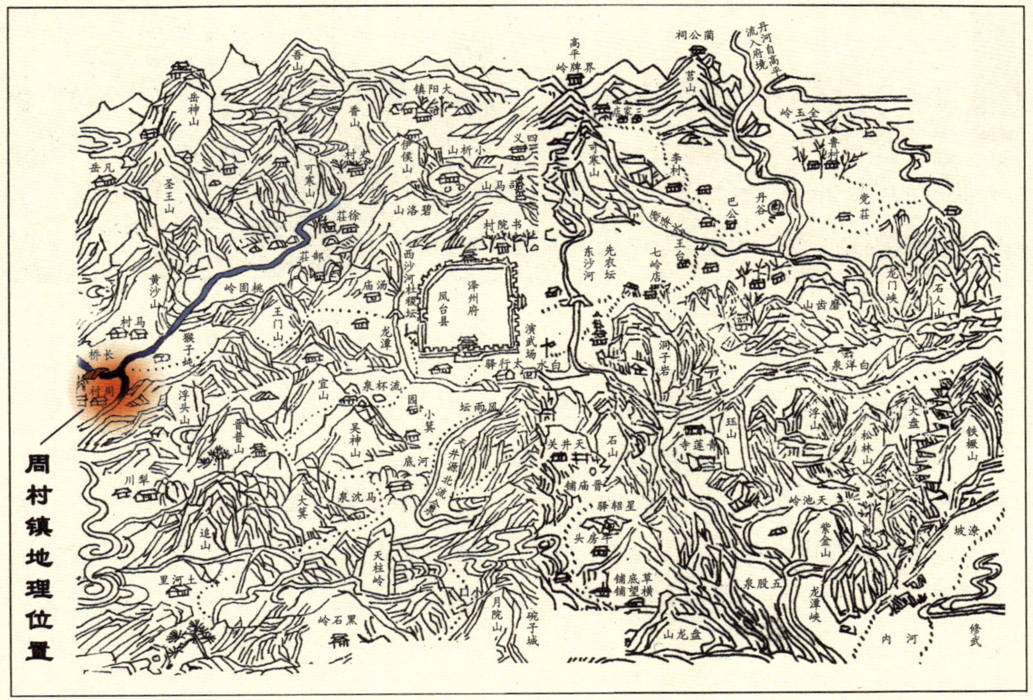

图1−2 清雍正《泽州府志》[3]中的泽州府境图

1 引自隆庆四年（1571年）梁寀撰写的《泽州周村镇重修庙祀记》。
2 明清之际由泽州通往河南的主要官道。后文有详细记述。
3 山西省晋东南行政公署翻印.泽州府志方舆志十四图考[M].太原：山西古籍出版社，1981.

图1—3 周村全景图[1]

交通的便捷，促进了经济的发展和文化的交流。在相当长的历史时期，这里是晋、陕、豫、皖等省际民间客流、货流、物流的集散地，商贾云集，贸易昌隆，繁华兴盛，名播四方，素有“行山重镇”、“丹水名区”之美誉。这里有着浓厚的历史文化积淀，古城区内有国家重点文物保护单位东岳庙等珍贵的历史建筑遗产。历史上著名抗金义军首领梁兴[2]、近代著名教育家郭象升等皆为周村镇人。2006年周村镇被列为山西省第二批历史文化名镇。

1 照片由周村镇政府提供。

2 梁兴（? ～1148年），著名抗金英雄，曾为岳飞部下，大宋红巾军抗金名将，组织农民建立抗金武装“忠义社”，1148年(金皇统九年)在一次战斗中英勇献身。关于梁兴的籍贯，古代记为平阳，因为当时泽州一度由平阳管辖。20世纪90年代经考证周村明代碑文证实其实为周村人。

周村镇不仅是商贸巨镇、文化名区，既更是历代兵家必争之地。周村镇在两千多年的历史中，见证了数番朝代更迭、历史变迁，留下了无数的传奇佳话，沉淀了厚重的人文资源，如同一杯醇厚美酒，在历史的长河中散发着隽永馨香。

2.得名

周村镇旧称长桥镇。相传周村镇东西城门外原各有三孔石桥一座，二桥相距三里，加上今属岸村的单孔石桥[1]，共跨五里，当地人称之为“五里七孔桥”。据周村镇老人回忆，

1 岸村石桥已因修路垫高路面而被埋。

周村镇内的两桥形制完全一致。现城西石桥已因修路垫高路面而被掩埋，城东石桥仍保存至今，但也只有桥面仍可见。[1]明万历《泽州志·建置志·桥津》[2]对周村石桥有所记载："长桥：城西周村镇。"可见该桥是该镇的一大标志，因此该镇也因桥得名，谓"长桥镇"（图1–4）。

后更名为周村的原因，较为主流的观点认为，因晋平西将军周处战殁葬于此（实为衣冠冢），为表纪念，于是此地更名为周村。雍正十三年（1735年）《泽州府志》记载了这一历史事件："晋平西将军周处墓相传在周村西，当以常州荆溪县为正，然处力战没，当赐葬地一顷，则高都或赐地。"但命名一事其实并未提到，也并无其他文字可考。因此周村因周处命名一说并无确凿证据。

而明隆庆四年（1570年）梁寀《泽州周村镇重修庙祀记》引《说文》中："'忠信为周'，镇以'周'名，志偌厚也。区区子隐之迁善改过，为镇之光，直余绪尔。"这段文字提出"忠信"才是周村镇命名的真正含义。另一碑文清代解元张士达的《补修南岩祖师殿并大庙东西拜亭记》曰："周村为丹川西镇，与濩泽邻，一名长桥。说者谓此，晋周处斩蛟所也。西有孝侯坪，双槐耸峙，灌木葱郁，生气凛凛然。村之得名，其以是欤？予曰：'否，否。'孝侯讨齐万年之乱，殁于军梓，经是邑，遂权葬焉。其曰长桥，好事者为之也。然则

图1–4 长桥今貌

图1–5 晋周处墓遗址

1 城东石桥长10米，桥拱中间厚45厘米，桥面高约2.5米。用长条石料砌筑。桥头原有记事石碑，现已不存。
2 明万历三十九年（1611年）版《泽州志》，（明）傅淑训重修，（明）郑际明续修，马甫平点校，北岳文艺出版社2009年出版。

曷以周名也？曰：‘忠信为周。’《诗》有之：‘载驰载驱，周爰资诹。’盖忠信可以学礼。而庸俗之勤俭，其由来非朝夕矣。”这段文字对以周处命名周村的传说予以直接否定，并肯定忠信命名之说，认为周村人“学礼”、“勤俭”的风俗与此有关（图1–5）。

3.变迁

周村始建年代无考，现存最早的文字记载见于《金史·卷二六·地理志·十七》：“晋城镇二。周村、巴公”[1]。但周村所在的泽州地区以及包含今晋城、长治二市的上党[2]

图1–6 周村镇聚落历史演变图

1 《金史（中华书局校点本）·卷二六·地理志·十七·下》第638页。
2 狄子奇的《国策地名考》曰：“地极高，与天为党，故曰‘上党’。上党地区号称天下之脊，‘俯瞰中州，肘臂河东、并州，则谓晋国咽喉也’。素有‘得上党可望得中原’之说。”

地区从远古时代便有文字记载，因其更名易主频繁，史料记载颇为繁复。《泽州府志卷之三・方舆志二・沿革始末略》曰：“前后五代时，善窃非据，横被迁夺，马贵与以为分割不可详。在唐亦复隶属不一。”而关于周村镇现今遗留的古城池，可查的文字记载最早见于明代碑文。这里根据史料简要梳理分析周村镇的重要历史事件以及城池演变（图1—6）。

（1）远古时代至五代十国

周村镇的最早建制年代不可考，主流的说法如《泽州百科》[1]“周村镇”词条：“据称在商周时期这里就已经形成集镇规模”，但无确凿史料可证明。倒是周村所属的上党地区商朝曾发生过著名的“西伯戡黎”[2]一役，该地区战略意义可见一斑。由此可以推想“泽州西大门”周村镇的战略意义也非同一般。因此，“商周时期成集镇规模”一说虽无力证，却也不无道理。

远古时代至五代十国漫长的岁月中，周村镇始终与战争和朝代更迭紧密相连，无论汉末的三分天下还是纷乱的五代十国，这里都曾是重要的古战场。

由于这一时期战乱的破坏加之年代久远，几乎没有与周村镇相关的资料、文物流传下来，唯有北齐时所建广福寺，一直流传至20世纪中叶，成为周村悠久历史的重要见证（详见第三章）。

流传至今的古迹、史料虽然寥寥无几，但这一时期不乏生动的民间传说。流传较广的是西晋平西将军周处的故事。周处将军力抗外敌并战殁于此，民间相传长桥镇便是由此改名周村。

（2）宋至元——发展时期

唐末五代到北宋初，周村镇曾是泽、潞两州藩镇割据及后梁、后唐、后晋、后汉、后周争战的要地；北宋初期，也是北宋政权与占据太原的北汉政权的必争点与对峙点；至宋辽争战时期，辽军入三关（雁门关、宁武、偏关）后经汾阳、平阳（今临汾）等府直入泽州，因宋军把守天井关（今晋庙铺镇），数次南侵未入中原，因此周村所在地区就成了当时的主战场之一。至今在周村镇下掌村村口仍保留辽宋争战时的纪念性遗址，本地人称之

---

1 王守信.泽州百科[M]．北京：新华出版社，2000.

2 西伯指周文王。黎是殷王朝的属国，在今与周村镇相邻的长治境内。该战役的记载见于《尚书》。

图1-7 宋辽战争遗址——萧银宗圪堆

为“萧银宗圪堆”（图1-7）；南宋与金对峙时期，这里又是抗金的战场之一。周村所在地处于宋金交界之处，故大部分建筑毁于战乱，明隆庆四年（1570年）梁寀所撰《泽州周村镇重修庙祀记》中的“靖康丙午（1126年），地陷于金。贞祐（1213～1216年）金亡，庙经兵燹”记述了宋金交战时周村东岳庙惨遭战争毁坏这一史实。宋金在此交战也是现周村境内很难发现元代以前建筑的重要原因。

有学者据梁《泽州周村镇重修庙祀记》载：“暨石勒、慕容永僭据，金粘没喝位没闰于宋，岳武穆义旗北指，镇之梁兴筑岩响应。人心敢于叛金者，乃不忍变于夷也”[1]推测周村在北宋末年已兴建了古城堡。但今所能见的古城遗址已经过历史上多次重修，多为明清遗迹，其最初形制已无可考证。

1 关于梁兴组织太行忠义社助岳飞抗金一事另有详细记载，见于《宋史纪事本末（中华书局点校本）·卷七十·岳复中原》，以及《续资治通鉴（上海古籍出版社1957年点校本）·卷一一六·宋纪》第3084页。关于梁兴此人，《宋史纪事本末》谓之梁兴，《续资治通鉴》谓之梁青，二书所载事件、时间、地点基本一致，应为同一人。

《泽州百科·周村镇》中载："周村镇历史悠久，历代为商贾云集之地，唐、宋时期有'行山重镇'之称。"周村镇的政治、经济、贸易、文化在这一时期均得以发展。尤其周村镇的国家第六批重点文物保护单位——东岳庙据推测也是在这一时期建成。

东岳庙始建年代虽无翔实的史料可证明，但据记载其曾于宋元丰三年（1080年）重修，这意味着其始建年代至少在1080年之前。综合史料推断，周村东岳庙很可能建于宋神宗在位期间。原因是宋神宗在位时曾举行封禅大典，而全国各地广建东岳庙正是从宋真宗封禅[1]这一历史事件开始的。如《事物原会》说："东岳之遍天下，则肇于宋之中叶。"[2]关于此庙年代推断在本书第三章将有详细论述（图1-8）。

元代晚期，该地区仍是重要战场。朱元璋以上党地区作为起点，抗击元兵，逐步攻占太原，驱逐元兵北回草原。周村镇西所立《郑宣慰活民纪功碑》也记载了元末晋城的战乱情况。

图1-8 东岳庙现状

1 封禅制度是历代帝王以祭祀泰山为立国安邦的大典，泰山神东岳大帝屡受褒封，由此奠定了他在中国诸神中的崇高地位。历史上只有汉武帝、汉光武帝、唐高宗、唐玄宗、宋真宗曾举行封禅大典。

2 转引自：车文明.山西晋城周村东岳庙考[J].民俗曲艺，1997(110)。

（3）明清——鼎盛时期

明清时期，泽州煤炭、冶炼业兴旺，工业、手工业、商业均得益于资源优势而有了发展，客观上促进周村这一通衢大镇的经贸交流。加上清化一、二大道的先后开通，更使这里的经济、文化空前繁荣，一时誉为行山重镇。镇区总体格局在此间基本确立完善。

①明

周村镇在漫漫历史长河中多为战争所扰，但也正是战争，促使坚强智慧的周村人民在反抗和自卫中，用自己的汗水不断修建和巩固护卫家园的城池。周村古城墙历史上多次重修，始建年代无确切记载，但从明隆庆四年（1570年）梁寀在《泽州周村镇重修庙祀记》中记述“岳武穆义旗北指，镇梁兴筑岩（城墙）响应”，以及“明兴元平章、贺宗哲弃城遁走”来看，至少明初早已有城，很可能在南宋梁兴抗金时就已形成雏形。

图1-9 东岳庙内《补修东南城隅碑记》（局部）

关于其规模形制的记载，在明清时期的碑文中也可见端倪。清同治元年（1862年）张士达[1]撰《补修东南城隅碑记》记载：“本镇居凤邑要冲，旧有城，形似虎踞，俗名曰虎城。周三里一百九十五步，墉高四丈，睥睨六尺四正。各辟门，而水门介南城之西偏。峰峦层抱，河水周环，讫讫乎一方保障也。”可知其城池规模不小。另据实地考察，城墙下部约一米许为青石砌筑，上部为砖。周村城墙初建之时，巍峨雄伟，气势恢弘，在镇南李寨乡的望头村里，可以清晰地看到周村的城墙及城楼，该村因此得名“望城头村”（今望头村），亦可见其规模之大。今在城西南、城北各有几段保存

1 张士达，字练堂，清代人，弱冠拔贡，中举人第一，办私塾，乡里诸生投门下读书者甚重，一时名士多出其门。周村古城垣塌废，他出资重修，并维修魁星楼。同治元年捻军自吉州渡河东进，泽州戒严，清军出入往来如梭。他让百姓闭门自守，自率乡绅数人出城巡查，以好言劝慰军士绕城外而行，使百姓免受惊扰。

下来的残垣断壁，由此仍可大致推测周村城墙的规制与整体形态（详见格局一章）。

关于周村镇的形态，单观城不看郊是“虎城”，而凌空俯视、城郊齐观，则是另一番景象——“凤凰展翅”：城北制高点为凤头，大庙钟鼓楼为凤之双眼，东西城外民居各自向外延展为凤之双翅，观之栩栩如生。如此，“虎”与“凤”显示了周村古镇之“形”（图1–9）。

历史上城墙曾多次保护周村人民免受战争侵扰。清贾瑞清的《补修周村堡记》记载了明末农民起义军经过此地的情景：“明甲申（1644年）之变，流匪王嘉印、紫金梁等三十余头目经过此地，邻近村庄无不被其蹂躏。毁民居，劫民财，流离失所者指不胜屈，而此村独以有城幸获无害。”

周村人在明末曾维修城墙。当时，鸿胪寺序班范四知看到国家“时承平久，武备弛，公私寡积贮”，于次年告病归里，不再复出。不久，农民军渡过黄河，“时方震邻”，他发动附近村落首议筑城，以求“急则入保”，而附近村落“惮于征缮，不肯至”，他便“独输三百金，率村人修筑”，并率领大家据城自保，“贼凡聚众数次而不能得志，以是旁村多被屠掠而周村独完”。可见城墙对于古代周村具有极其重要的防御作用，以致“明际流寇之乱，屡攻未陷，全活人命者约十余万”[1]。

②清

清朝是周村历史上的鼎盛时期，无论城镇建设还是商业贸易都达到了前所未有的高峰。

在古城建设上，周村人对古城墙进行了数次维修，据大清同治元年张士达所撰《补修东南城隅碑记》记载：“惜其创始碑碣，经兵燹之后，毁裂无稽。迄于今，惟慎公范君之重修石巍然独存，乃乾隆五年（1740年）十一月立也。”可见乾隆时曾重修城墙。碑文中又载：“去秋阴雨连旬，其东南城隅被流潦浸灌，忽坍塌二十余丈”，“选吉今岁六月十六日工始，人情踊跃，鼛鼓沸腾，浃辰者四而城遂焕然改观焉”，描述了城墙在同治元年的修葺情况。

除了修补城墙，周村人也开始更加注重城镇建设的细节。周村古城原有东、西、南、北四门，及西南角上的水门。四门加一水门，使周村有“四门五关”之说。据村中长者回忆，五个门洞之上原本皆有清代名人的题字匾额，经历抗日战争和村镇发展建设，五门之中，唯南门、水门保存至今，且较为完整，各门上匾额也遭到不同程度损毁，有些已经失传(表1–1、图1–10～图1–14)。

1 引自大清同治元年张士达的《补修东南城隅碑记》。

城门匾额及保存状况汇总 表1-1

名称		年代	作者	题字内容	保存状况
南门	外	咸丰元年（1851年）	张士达	金汤巩固	至今完好，于2011年重修
	内	无记载	无记载	凝瑞	至今完好，于2011年重修
北门		无记载	无记载	内书“藩垣”二字，外书失传	据周村长者回忆，北门是日机投弹炸毁后，在原址用其砖材建了个炮楼（雕堡），而匾额不知去向
西门		咸丰七年（1857年）	凤台知县刘端	“行山重镇”	1999年扩建街道时拆毁
东门		无记载	无记载	“丹水名区”	据周村长者回忆，东门毁于1958年
水门（小南门）	外	乾隆元年（1736年）十一月	朱樟[1]	“固圉”	现存
	内	乾隆三年（1738年）	张德崇	“守望”	现存

图1-10 南门外景

图1-11 南门内景

1 朱樟，清朝人，字鹿田，一字亦纯，号慕巢，浙江钱塘人。生卒年均不详，约清圣祖康熙五十年前后在世。由举人官至泽州府知府。樟工诗，有《观树堂诗集》十四卷，《四库总目》内分叱驭集一卷，入蜀时所作，问绢集一卷，白舫集二卷，古厅集四卷，皆令江油时所作，冬秀亭集四卷，官泽州时所作，刻曲集一卷，游天台时所作，一半勾留集一卷，忧归居杭时所作。

图1-12 小南门（水门）外景

图1-13 小南门（水门）内景

图1-14 清咸丰七年刘端题“行山重镇”

周村镇商业贸易自隋唐时已成规模，至清代达到鼎盛，其便利的交通运输条件是该地经济繁荣的重要因素之一（图1-15）。

周村自古就是泽州通往晋南的通衢大镇。清代时，晋城通往河南进行商业运输的最重要的两条大道——清化一、二大道，也均是以周村镇为起点。[1]清化一大道自周村起，

1 古代军事情报和重要公文的传递主要靠驿道，途中有驿站、驿铺等供官马使者更替交接以及食宿的专用设施。比驿道低一级别的就是大道，也承担着重要的运输任务。

图1–15 清化一大道走向示意图

经岸村、南上坡、望头、南岭上、冶底、上犁川、东岭口、新房洼、天水岭、天井关、沙石堡、石槽、晋庙铺、水奎、拦车、岔道口、草底铺、山尖、油坊、化布施、大口、口南湾，从碗子城出境，入河南清化镇（博爱县）常平；清化二大道自周村起，经范墕、班墕、下河、吉村、李寨、坂河、牛花岭、西沟、下犁川、孟窑、坟上、西凰头、花口、东庄、蓄粮掌、衙道、碾槽洼、前洪水、后洪水、泊盘，从207国道出境处东侧之池根村出境，入河南省博爱县紫陵村。当时，河南、山西等地的许多商队由此两大道聚集或途经周村，进行茶叶、丝绸、盐、药材等货物的贸易。因此，清代贾瑞清在《补修周村堡记》中描述：“周村为长桥镇，南连行山，西襟沁水，民居星聚，商贾云连，凤邑一大都会也。”其繁华程度可见一斑。

清化大道许多路段均在清朝由民间集资重修，大部分路段迄今完好。据坂河北山坡古碑记载，清化二大道李寨至南岭板河段曾于清道光二年（1822年）重修，诸多山东、河南、湖北等地商人及行善人捐资相助，数额不等。大道为青石路面，宽约1.5米，可供人行和骡马驮运。在坡陡处，每隔5～7道条石用1道扒石锁住，以防下滑。周村的长桥也是古清化大道上的一座重要石桥（图1-16、图1-17）。

清代周村商业一度达到鼎盛，贯穿主城区的商业街东西向长约530米，宽5米，是商贸活动的主要场所。从清代遗留下来的《补修东南城隅碑记》、《补修周村堡记》等碑碣中列举的捐款芳名记载看，周村镇有大小店铺、商号七百余家，如同治元年《补修东南城隅碑记》中提到的“同义永盐店、协兴当典、澧泰当典、泰盛当典、全泰礼、公兴合、松盛协、顺兴隆、福顺昌、永泰油坊、永盛麻铺、祥兴永、泰盛亨、复盛号、义兴隆”等。这七百多家商铺中，除了中途易

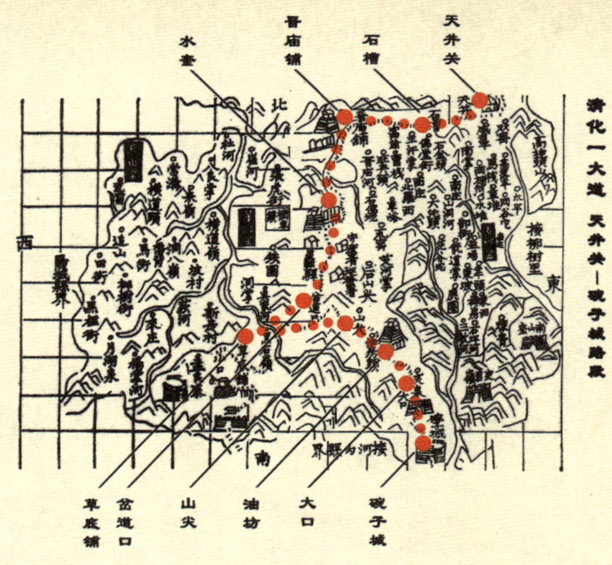

图1-16 清化一大道天井关——碗子城段

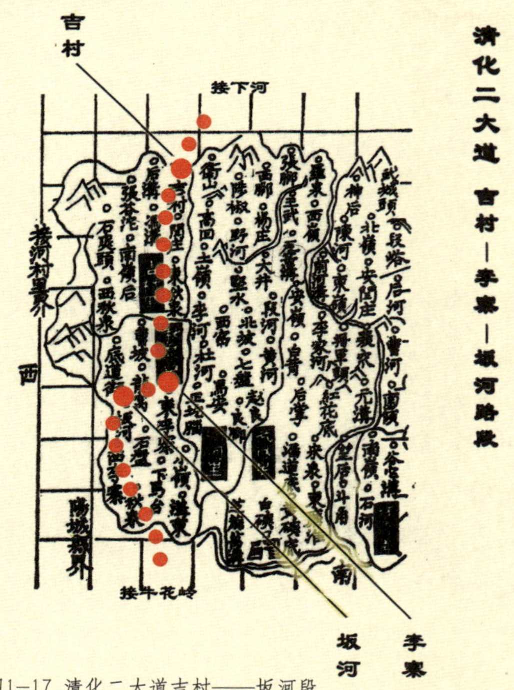

图1-17 清化二大道吉村——坂河段

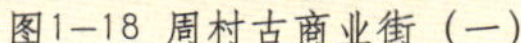
图1-18 周村古商业街（一）

图1-19 周村古商业街（二）

名、隔代互名等因素，而存留下来的店号，至少应有六百家之多。这还不包括历代浩劫（含“文革”）所毁掉的文字记载。古商业街上的这些大大小小的店铺共同见证了周村当年的繁荣景象（图1-18、图1-19）。

如今的周村商业街已于1986年由村民集资重修，面貌与明清时期不尽相同，但古街的气质氛围依然流传至今。穿行其中，令人仿佛穿越时空，梦回大清：老店铺的青砖黛瓦，记录着古镇的曾经繁华、兴旺，一扇扇板门尽显沧桑。这里的商铺鳞次栉比，有钱庄、当铺、盐行、布行、茶楼、酒馆，也有驿馆、客栈等。白天，骡帮马帮骆驼队满载着各具特色的商货接踵而来，云集周村，街市上人来人往，川流不息，互惠互利，繁忙交易。夜晚，城门一关，劳累一天的店铺商家，凭借着城墙的坚固，高枕无忧、安然睡去，日复一日，年复一年。

除此之外，周村商业之兴盛还体现在其长达数十天且人气颇旺的庙会。据年长的村民介绍，最晚自清朝起，每年农历十月初一在广福寺[1]举行庙会，来自山东、河南、陕西、河北、湖广等十余省市的客商在这里坐贾行商达两个月，直到腊月二十几才依依不舍地离去。直至20世纪40年代末广福寺被毁，繁荣的广福寺庙会才退出了周村人的生活。

（4）民国至新中国成立后

民国初年，周村属晋城县第四区；1942年后属晋北县第二区。这段时期，旷日持久的战乱给周村古城的许多建筑造成了破坏。东岳庙内的文庙、武庙、云祥观等公共建筑，范家大院等民居建筑，在抗日战争时期被损毁。据当地老人介绍，日本人曾在周村镇制高点

1 广福寺原名宝林寺（又名法林寺），金代赐名广福寺，始建无考。分四进，占地十余亩。今已不存。

北城门上修筑烽火炮台，在相邻的望头村等地也修建同样的炮台，烽火信息可向东传递至晋城，向西可至阳城。后来在一次战役中北门被彻底炸毁。

抗日战争时期，作为主要战场的周村还经历过一次重要的战斗——“周村伏击战”。1945年4月11日，晋北、晋沁大队与民兵游击队在晋阳公路周村段设下埋伏，袭击了由阳城退窜晋城的100余名日伪军，击毙伪排长2人、士兵29人，缴获步枪17支，子弹200余发。该战斗的胜利显示了周村镇形同“咽喉”的重要战略意义。

战乱使周村的商业贸易受到严重的冲击，很多老字号被迫倒闭，商业街繁华不再，庙会一度停止。

新中国成立后为晋城县第六区公所驻地；1953年周村镇被划为5个乡，1956年合并为周村、下町两个乡；1958年更名为周村七一人民公社，辖周村、川底、李寨等乡，1962年川底、李寨分出，改名为周村人民公社；1984年改名周村镇。

新中国成立后的周村逐渐恢复了平静与安宁，有着强烈故土情结和历史责任感的周村人民开始修整他们的家园。1986年，全村集资重修周村古街道，“完成长达六百米的地下砖拱排污水道与地上罔瓦砖铺砌街面及各小巷铺砌青砖之工程，共耗金七万一千元。使之路基坚实，路面平坦，既便行走，又显美观。”[1]2011年，周村村民以及从周村走出的社会各界人士“为抢救历史建筑遗产保护山西省千年历史名镇实物见证”，自发筹集资金172100元，重修了南门及原与城门楼一体的观音阁[2]，2011年10月竣工。如今的南门城楼以焕然一新的面貌继续守护周村镇这片乐土（图1-20、图1-21）。和平年代的城楼，其防御意义虽然退化，却演变成为周村人的精神寄托，一种植根于斯的文化情结，一种对“安居乐业”的美好憧憬。

由古至今，残酷的战争与自然灾害曾一次又一次摧毁城墙，却始终无法撼动周村人守护家乡的执著和坚定。正如《补修东南城隅碑记》所云：

“淬剑思利，筑城思坚。今兹后起，不愧前贤。
高墉隼集，短堞蝉联。言言仡仡，巍然焕然。
工无妄费，时无耽延。不畏强御，永固人烟。
安堵无恙，于万斯年。”

1 引自1986年毕广瑞的《重修周村街道碑记》。
2 引自2011年郭大红的《重修南城门楼碑记》。

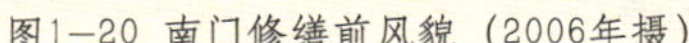

图1-20 南门修缮前风貌（2006年摄）

图1-21 南门修缮后风貌（2012年摄）

二、瓜瓞其绵绵

周村有范、郭、卫、李、司等几大姓氏，其中郭家、范家在明清时期人才辈出，他们或为官一方，或经商有道，家中殷实，极为显赫。周村的几大家族在其鼎盛时期都对整个村落的发展发挥了至关重要的作用。

1.郭氏家族

晋城周村郭氏，富甲一乡，是一个诗书传家的名门望族。郭家曾有多人先后中举为官（表1-2）。其中，郭焕芝、郭象升、郭象蒙等都是山西鼎鼎有名的才子。郭氏家族的族谱原件现已丢失。近几年郭福胜老人根据老族谱整理有新版家谱。根据家谱中的信息，可知郭家从第五代开始可分为六支，其中以郭拳一支香火最旺，郭焕芝、郭象升、郭象蒙祖孙就属这支。

周村郭氏子弟官次表 表1–2

	姓名	中举时间	官次
15世	郭永敬	未曾中举	贻赠儒林郎，晋赠奉直大夫
16世	郭俊基	道光辛巳科（1821年）进士	盂县训导（从七品）
	郭俊三	未曾中举	封儒林郎，晋赠奉直大夫
17世	郭廷彦	道光乙酉科（1825年）副贡	直隶州判（从七品）
	郭廷弼	未曾中举	捐都察院都事
	郭廷联	记载不详	浙江杭州府经历
19世	郭焕芝	同治癸酉科举人	无官职
20世	郭象升	未曾中举	民国年间，先后被任命为山西优级师范学堂教习、山西医学专门学堂监督，民军通志局局长，山西大学校历史、国文教员等职
	郭象蒙	未曾中举	自民国12年（1923年）起，先后任稷山、解县、河津、荣河、洪洞等县县长
	郭象恒	光绪间举人	官潞城知县

郭家的儒士之风代代传承。据马甫平先生的《郭象升其人其事》中记载："郭象升祖父为前清官员，又兼治理学问，晚年杜门不出，以诗酒自娱，悠然自得。父郭焕芝，清同治癸酉科举人，才思敏捷，博学多闻，性诙谐幽默，诗文不落俗套，常有精奇之思。平生设馆授徒，桃李满门。"

在郭氏家族中，以郭象升对后世的影响力最大。郭象升生于1881年，字可阶，号允叔，晚号云舒、云叟，近代山西著名学者、教育家和藏书家。他在家中排行第三，才华横溢，深得父兄宠爱。郭象升出生在仕宦而又兼文士的家庭里，从小就受到了很好的文学熏陶。曾拜沁水著名进士贾耕为师，1906年考入山西大学堂中斋学习，与同学共同创办了山西第一份私营报纸《晋学报》，并担任主编，促进了当时山西青年的觉醒。1909年考取宣统己酉科拔贡，朝考一等，提学使汪贻书看了他的试卷《崇文名流论》，惊叹不已，在其试卷上批曰："于一千八百人中得此一卷，令人惊叹欲绝"，誉称其为"劬学之士"，保荐博学通儒。自此，他开始走上了教育和学术研究生涯，先后任山西优秀师范学堂教师、山西医学专门学堂监督、山西大学文科学长、清史馆纂修、山西省图书馆委员、国民师范高师部学长、山西教育学院文科主任、山西省立教育学院院长、山西大学教育学院院长等职务。

郭象升才华横溢，善作诗文。他继承了桐城派古文的精髓，发表了不少古文作品，写作水平达到了炉火纯青的地步，被誉为“山右第一才子”，外省的学者甚至称他为“中国古文殿军”。一时叙记碑版尽出其手，如《故燕晋联军大将军吴公之碑》、《故燕晋联军参谋张君碑铭》，都请他代笔。郭象升对经史诸子也有深入的研究，著有《伪古文尚书说》、《尚书金縢考释》、《周公居摄论》、《东都事略别鉴》、《老子史谈》等，著作繁富（图1—22、图1—23）。

图1—22 郭家大院厅堂

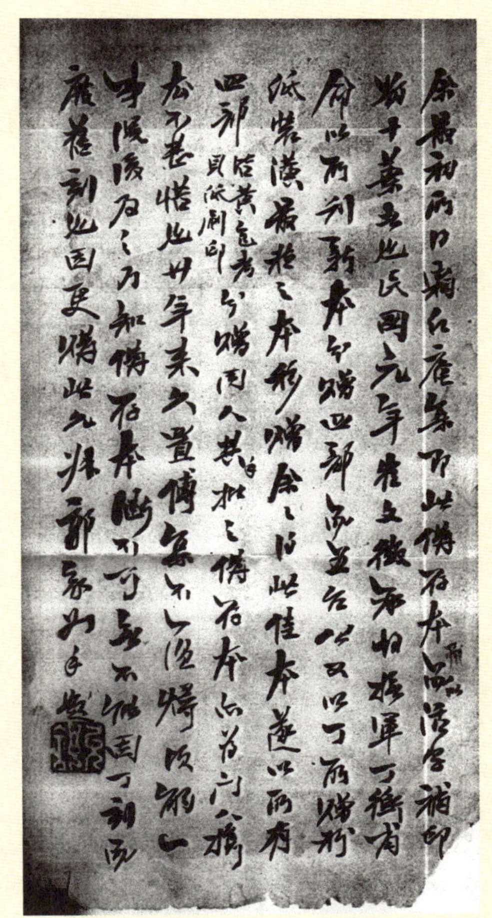

图1—23 郭象升手迹[1]

日本侵华时期，日本人将他胁迫至太原，强行予以山西省文化委员会委员长名义，郭象升采取了不合作态度。从此闭门不出，在家中独居一室，日以读书写作和批点古书自遣，后来因心情抑郁，优愤成疾，戒药忌医，拒绝治疗，死志已决，终成不起。逝后，省内外名流学者七十余人为他树碑于太原文庙。

郭家另一著名文人郭象蒙是郭象升的胞弟。郭象蒙（1883～1937年），字春泉。民国6年（1917年）晋城县教育会在劝学所成立，郭象蒙任会长。民国12年（1923年）起，先后任稷山、解县、河津、荣河、洪洞等县县长。后因积劳成疾，胃部出血，卒于任所。他生前异常重视教育和文物保护工作，以诗文书法见

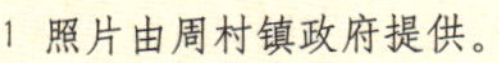

1 照片由周村镇政府提供。

长，工隶书，解州关帝庙前檐明间中柱两侧至今还悬有他1932年任解县县长时所题的隶书长联：“国贼数操，谁曰不然？顾权无以异也，张挞伐，建纲常，天地低昂鬼神泣；圣乡说鲁，夐乎尚已！惟解亦相侔焉，仰威灵，明祀事，山川磅礴庙堂巍”。郭象蒙所著文章有《增广山西洪洞古大槐树志序》等。

郭家除了郭象升、郭象蒙这些走上仕途的子弟，未曾中举的子孙中也不乏性廉洁雅的隐士。《皇清处士遂之郭公暨配张、张、范、郭孺人之墓》中给予了隐士郭俊良这样的评价：“公在日，苦无基业，幼即营商杞县，小心敬谨，阛阓中有书生气焉。然性廉洁雅，不欲负人债。每旋里，虽古债必还。曰：‘吾不愿亏乡里，累后人也。’后稍赢裕，辄出其橐囊，扶本族举大事。所以营诸父窀穸，结犹子丝萝，皆公之慷慨自任焉。观此而公之为人大概可知乎！”

郭家祖宅共有院落十八进，是周村颇具规模的清代民居建筑群。其平顶院厅堂主梁上写有“大清道光十二年”字样，推断其建造年代应为1832年左右。郭家祖宅在新中国成立后，一直为周村小学使用至2001年。

郭家另有私家花园“绿芸坪”，亦名宜西园，位于周村西门外，是一处颇得佳趣的北方私家园林，由门上所题匾额的落款“光绪癸巳年（1893年）菊月榖旦”推测其建造于1893年。至今围墙、门廊、院中地上的石雕禽兽仍保留昔日风貌，但旧时建筑大多已毁。

郭家大院和郭家花园规模之大、建造工艺之精美在周村民居中绝无仅有。郭家鼎盛之时经济实力可见一斑。据郭家后人所说，郭象升一支后人已举家迁至太原，如今在周村的郭家后人是郭氏家族中很小的一支。

2.范氏家族

范氏民居于1938年被日寇焚烧一空，坟上碑碣也在“文革”中被毁，现今关于范氏家族最早的文字记载见于明崇祯杨时化的《明故鸿胪寺司仪署丞范君暨配卫氏李氏合葬墓志铭》，其中记载范家历史上最鼎盛时期，范锵、范四知、范和羹祖孙三代官居鸿胪寺序班，一时传为佳话。

墓志铭中记载：“崇祯癸酉（1633年）四月三日，余有范君希扬卒于寝。君讳四知，希扬其字也。曾祖曰相，相生埙，埙生钿与赠，登仕佐郎、鸿胪寺序班公锵。赠公无子，而后钿公之仲子，即希扬也。”“及余官行人，君遂与余携入京，爰新例入资，选授鸿胪寺序班。”这些文字交代了范锵及其过继的儿子范四知都曾先后官居鸿胪寺序班。明清时鸿胪寺序班官居从九品，职能通常是负责朝会和宴飨等礼节，以及宴飨与进行各项活动中的侍班、齐班、纠班、传赞等事。范四知入职后为官有道，“诸大典如经筵等礼，君皆与焉。然朝仪无缺，鸡鸣而起，率其常例。”后来晋升为司仪署署丞，官居四品，后因官场腐败而毅然辞官。

回乡后，范四知继承先人产业，经营有道，“富甲西鄙”。范家虽富，却并不独善其身，正如墓志铭中所载：“他富翁率用纤啬起家，君独以落落大度。”范四知帮助倾家荡产之人还债，盼其“或能改行，并可偿前贫”；农民军渡过黄河时，他也曾牵头出资筑城，保家乡平安：“时方震邻，君首议筑城。周村故有城而圮。视诸故府有址在，是合旁近诸村落同筑者，急则入保。乃诸村落惮于征缮，不肯至。君独输三百金，率村人修筑。功未讫而贼至。乃取扉几木片以当堵。孰守孰饷，虽生未见敌，而鼓舞有方，能使壮勇乘城者不复反顾。贼凡聚众数次而不能得志。以是旁村多被屠掠，而周村独完。有不肯入州县城而保于此者，大约君鼓励之力也。”[1]

范四知生于万历十八年（1590年）十月十一日，卒于崇祯六年（1633年）。其有三子：长子和羹，次子和陛，三子和衮。另有五女，长女嫁庠生李玉华，次女嫁童生王世彩，三女许配户部尚书孙居相孙子孙伦，四女、五女在希扬逝世前尚未嫁人。长子范和羹后也赠封鸿胪寺司仪署丞。

范家一向注重诗礼传家，家族中从来不乏饱学诗书之名士，除先后任职鸿胪寺的祖孙三人外，还有与范和羹同辈的兄弟范和陛曾任布政司经历（正六品），康熙六年（1660年）的《重修观音阁记》就出自其手。还有康熙乙卯（1675年）进士，曾任教谕的范莛等。直至今日，范家子孙仍然秉承重视文教的传统，范家大院偏院的正房内还悬挂着主人收藏的书法作品。范家子弟也有一支现居台湾，最初奔赴台湾的范丙文曾任长治师范学院总务长，而另一位毕业于长治师范的范氏子弟范士元曾任台湾“铨叙部”专门委员[2]。

范氏家族的老宅位于周村镇西门片区，包括范家大院主院、偏院；而同位于西门的范丙文故居的建筑装饰风格与范家大院亦极为相似，很可能是范家最初的老宅之一。其中，范家大院主院大门之上仍保留着木质牌匾，上刻有“□□□登仕佐郎鸿胪寺序班范锵”、

1 明崇祯·杨时化《明故鸿胪寺司仪署丞范君暨配卫氏李氏合葬墓志铭》。

2 铨叙部是台湾“考试院”机构之一，同时也是台湾最高铨叙以及人事主管机关。

“□登仕佐郎鸿胪寺司仪署署丞范四知”、“鸿胪寺序班范和羹”，据墓志铭可推测其应始建于明崇祯范家鼎盛时期。整个范家大院建筑群历经几代人才建成，规模宏大，工艺精美，范家当时的经济实力由此可见一斑。20世纪50年代土地改革后，范家大院分给了多户人家居住，直至今日（图1－24～图1－27）。

关于范氏家族的产业和财富，在《明故鸿胪寺司仪署丞范君暨配卫氏李氏合葬墓志铭》中有记载：“赠公故饶，至君修业而息之，遂富甲西鄙。”意思是范四

图1－25 范家大院偏院厅堂内收藏的书法作品

图1－24 范丙文故居[1]

图1－26 范家大院偏院厅堂陈设

1 照片由周村镇政府提供。

知的叔叔范赠本就家底殷实，到了范四知这一辈又将基业发扬光大，于是成为经济实力最为雄厚的一家。据范家后人范小利说，范家世代经商，祖上在河南周口、开封一带经营药材、丝绸、票号等生意。范氏后人整理的近代家谱（范家后人范士馨于1999年整理）中记

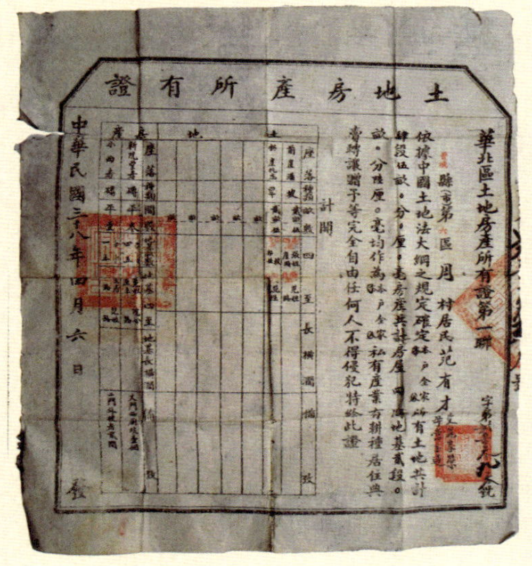

土地房產所有證

華北區土地房產所有證第一聯

縣(市)第六區周村居民范有才

依據中國土地法大綱之規定確定

共計畝。分。厘。毫房產共計房屋

均作為本戶全家私有產業有耕種居住典當轉讓贈予等完全自由任何人不得侵犯特給此證

中華民國三十八年四月六日

圖1—27 范家大院地契

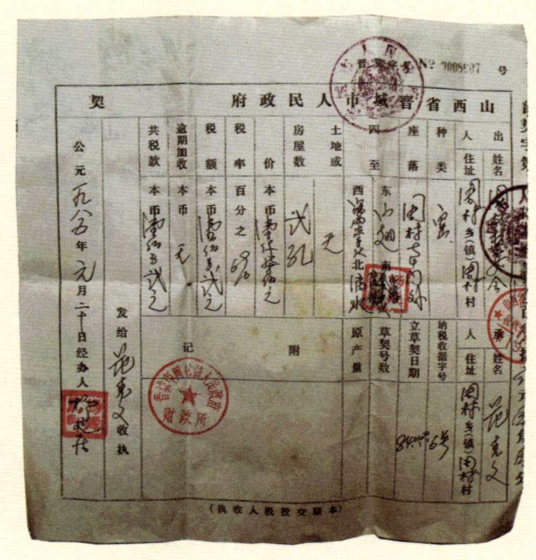

山西省晋城市人民政府契

No 0005607

图1—28 范家缴税收据

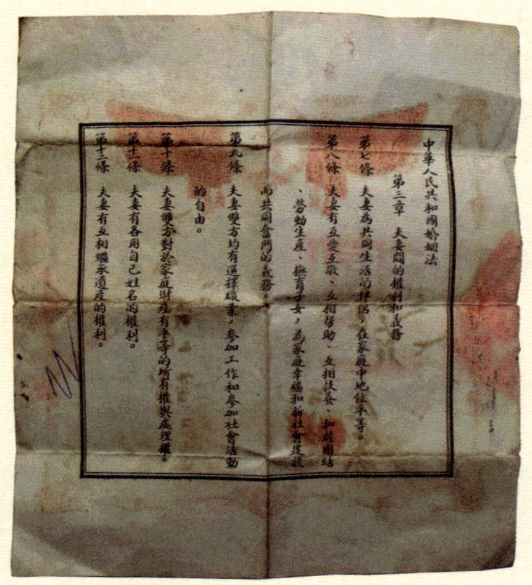

中華人民共和國婚姻法

第三章 夫妻間的權利和義務

第七條 夫妻為共同生活的伴侶，在家庭中地位平等。

第八條 夫妻有互愛互敬、互相幫助、互相扶養、和睦團結、勞動生產、撫育子女，為家庭幸福和新社會建設而共同奮鬥的義務。

第九條 夫妻雙方均有選擇職業、參加工作和參加社會活動的自由。

第十條 夫妻雙方對於家庭財產有平等的所有權與處理權。

第十一條 夫妻有各用自己姓名的權利。

第十二條 夫妻有互相繼承遺產的權利。

图1—29 范家老人留存下的结婚证书（背面）

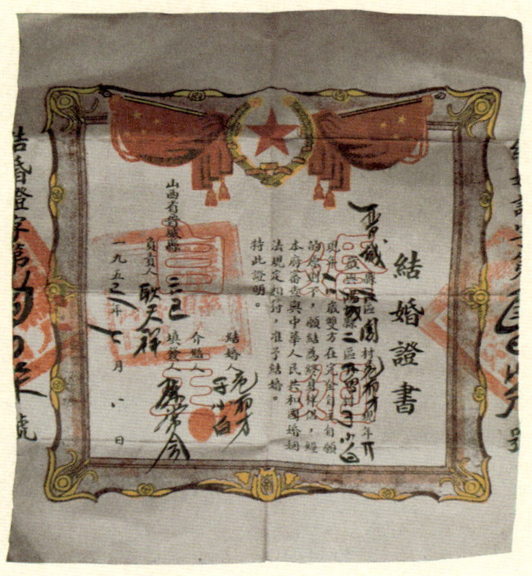

結婚證書

一九五〇年

图1—30 范家老人留存下的结婚证书（正面）

第一章

周村古镇的历史文化

载了范家直至新中国成立前的几代人仍是经商为生。在抗日战争和解放战争时期，周村镇受到战争的侵袭，包括范家在内的经商大户受到冲击，开始衰落。新中国成立后，范家后人已不局限于以经商为业，而是开始走出周村，从事会计、教师等多种职业。现在只有少数范家后人留在周村，以种田和经商为生（图1—28～图1—30）。

三、斯士民风淳

周村自古民风淳朴，文风兴盛。如光绪《山西通志·风土记》上引《明统志》："泽州，性质气豪，力勤耕种，惇而好义，俭而用礼。"又曰："凤台近太行之麓，水土深厚，性质朴，气豪劲，多文雅士，衣冠礼让，为诸郡先。"[1]具体至村民的日常生活，周村镇的饮食、节日文化等都独具特色，处处体现周村人民的淳朴与智慧。

1.文风兴盛

周村镇商业繁盛，带来经济的繁荣和居民的富庶，由于周村人历来受"唐虞化洽，涵濡实深"，因而出现了"大家子弟弄文墨，其次亦复跨弓刀"、"驱儿市上买书读"、"家家门户争相高"的良好社会风气。《凤台县志卷之三·风俗篇》引用宋代《黄夷仲斋记》描述道："泽州学者如牛毛野处。"明天启三年（1623年）司助撰《重修玄帝庙序》则更具体地描述了周村镇文风鼎盛的局面："况镇董蒸唐虞之化，涵濡尧舜之泽，科第云仍于先朝，艺苑接踵于奕世，家诗书而户丰赡。"

正如碑志所言，周村人杰地灵，这里走出去的政治、文化名人不绝如缕。清咸丰辛亥（1851年）解元张士达撰《重修魁星楼记》载：

自明迄今，科第相望。若项城令李荣[正统丁卯（1447年）进士]，吏部员外卫邦[成化壬辰（1472年）进士]，阜平（后缺字若干），（掖县）令梁肯堂[顺治丙戌（1646年]联捷进士），教谕范莛[康熙乙卯（1675年）进士]，（盂县训导）郭俊基[道光乙酉（1821年）进士]，直隶州判郭廷彦[道光乙酉（1825年）副榜]，载在邑乘，历历可稽。

---

1 光绪《山西通志》卷九九，第7054页。

明隆庆四年（1507年）梁宷《泽州周村镇重修庙祀记》中则称周村镇乃“教化首善之地也，人文熙洽，科第相望，语泽士之杰且多者，以镇为最焉。”且才华出众而后为官一方者不胜枚举，且为官清廉，深受百姓爱戴，“以清操自砥，若卫吏部；抚民以宽和见惮，若阜城伯；政洽两邑若李神木；爱遗二郡若范涿州，家食以文章气节砺若王成考，此皆才华表风猷茶著者也。”明代吏部侍郎卫邦，鸿胪寺序班范锵、范四知等祖孙三人，清代顺治丙戌（1646年）联捷进士、山东掖县令梁肯堂，陕西神木知县李荣，陵川望洛书院主讲张士达，以及近代教育家郭象升、曾任潞城和解县县长的郭象蒙都是其中的代表人物。

周村镇在城东南角有魁星楼一座，清代解元张士达出资修建。科举时代，“魁星点斗”为文运兴旺之兆，于是取“魁”字字形的会意，在楼内塑造个似鬼似神的塑像（另一说塑像乃韩愈）。晋东南其他村镇也有建造魁星楼的传统。清代士子们对“魁星”像毕恭毕敬，每当秋闱开考之前，朝拜者争往不绝。周村人民对科举的重视程度可见一斑。

2.饮食

周村镇的饮食习惯具有典型的晋东南地方特点。《凤台县志卷之三·物产篇》这样记载凤台地区粮食作物种类：“谷有麦、谷、黍、稷、秫之属。”当地因气候条件所限，出产粮食以粗粮为主，促成了当地粗粮细作、花样繁多的饮食特色。时至今日，当地居民经常食用的成品粮有玉米面（玉面）、小米、玉米疙剩（玉米加工时筛剩的米粒状碎瓣）、米面（小米磨成的面粉）、豆面（用黄豆、黑豆磨成的面粉）、黍米、黍米面、白面。据村中老人说，20世纪90年代前当地居民多食玉米面，小米次之。黍米是杂粮中最好吃的粮

图1—31 周村镇主要粮食作物——小麦

图1—32 周村枣糕

食，由于产量低，不易消化，平时很少食用，只在年节改善饭食用。近年来，白面已成为人们日常的主食（图1—31）。

据周村镇的酒全龙老人（1949年生人）介绍，周村镇有一种特色面食——“枣糕”。做法是先将小麦用水淘干净，放在筛子里，用被子盖好使之略微发芽，再晒干，后磨成面，称为“出芽面”。用这样的面蒸馍口感很好，不加糖也有甜味，周村的小孩子很喜欢，当地人也会用火烤至酥脆再食用，也是别具风味。逢年过节时周村人还会制作造型丰富、色彩鲜艳、寓意喜庆的面点——“花馍”作为装饰，增添节日气氛（图1—32、图1—33）。

周村镇最具特色的饮食习俗要数酒席——“十大碗”。周村自古是交通发达、经济富庶之地，因此饮食之精细讲究在晋城都是数一数二的。与周村毗邻的其他村镇西至阳城，东至东沟均无这样成体系的酒席流传下来。周村十大碗约形成于康乾盛世，历经清末民国一直流行至今。在各个历史时期，十大碗中的菜品不尽相同，但始终以桌面、场面、情面、体面为基调，以周村独特的文化历史为背景，每一碗菜品都有独特的寓意，每一个菜名都极具传奇意味，每碗的做法、吃法都讲究文化礼仪。周村的“十大碗”筵席可以说是当地的饮食文化中的一块瑰宝。

图1—33 周村花馍

“十大碗”是周村人生活中的大餐，只有宴宾客待女婿时才会烹制。根据客人的身份或对宾客的尊重程度，在“十大碗”的基础上衍生出了“六六”（六大碗，六小碗）、“八六”（八大碗，六小碗）、“八八”（八大碗，八小碗），规格依次递进。现在人们的生活改善了，请客基本已经不用十大碗的规格，普通酒席常摆“六六”或“八六”，请贵宾、待女婿则常摆“八八”。

酒席虽是以碗命名，但不局限于碗。它还包括主菜之前的下酒菜，称为“盘”。“盘”的制作相比于“碗”要简单得多。十大碗酒席在主菜前共有四盘下酒菜，两荤两素、两热两凉，具体菜品因季节而变。酒过三巡后，才开始上主菜，即“碗”。“碗”按顺序一荤一素间隔着上席。主菜的具体上菜顺序依次为：第一碗——酥肉；第二碗——拔丝天鹅蛋；第三碗——糊白肉（红烧肉）（图1-34）；第四碗——八宝饭（图1-35）；第五碗——鸡脯（图1-36）；第六碗——海带丝；第七碗——过油肉；第八碗——粉皮鸡（图1-37）；第九碗水汆牛肉丸（或糖醋溜丸），取与“完”字同音，象征酒席即将结束（图1-38），最后一碗则是甜汤，通常是冰糖银耳汤或玉米羹。

十大碗中每个菜品都是制作精致，工序繁复。以第三碗“糊白肉”为例，“糊白肉”也叫“干糊肉”，其做法简单但用料考究，先将猪肋条肉切成核桃大小的方块，连同八角、豆蔻、肉桂、丁香等十余种佐料一同放入砂锅内加盖用面糊糊严，在火边不断挪动炖烤约一小时，最后点缀上葱丝、香菜，盛入海碗中，一道极具晋东南汤水菜特点的周村“糊白肉”就制作完成了。“糊白肉”肥而不腻，软烂可口，蘸醋食味道更佳。相传，“糊白肉”的由来与胡人有关。唐开元年间，胡人安禄山盘踞河东（今运城市），时常兴兵侵扰潞泽（今长治、晋城地区），包括周村镇在内的百姓深受其害，百姓痛恨胡人，恨不得将其千刀万剐剥皮食肉方解其恨。“糊”与“胡”同音，食“糊白肉”就是当时民众痛恨胡人的一种体现。后流传下来便成为周村十大碗中必不可少的美味佳肴。

图1-34 周村十大碗中的第三碗“糊白肉”

图1-35 周村十大碗中的第四碗“八宝饭”

另一道与周村历史有关的菜品是第八碗——“粉皮鸡”，也叫“虎皮鸡”。其做法更为简单，以碎鸡肉、碎粉皮烩在一起勾芡上席即可。但其来历却很不简单。相传辽金战争时期，揭竿而起创立太行忠义社的周村人梁兴，与几位兄弟杀鸡滴血，义结金兰。然后又把鸡煮熟撕碎，与粉皮共煮而食，意在拉大旗，扯虎皮，患难与共。后梁兴投奔岳飞抗金，屡建战功，周村人为纪念他，就将虎皮鸡列为十大碗中必不可少的菜肴。

图1-36 周村十大碗中的第五碗“鸡脯”

图1-37 周村十大碗中的第八碗“粉皮鸡”

图1-38 周村十大碗中的第九碗“糖醋溜丸”

周村酒席菜品精致可口，酒席的精髓却并非在菜品本身，而在于酒席中的礼仪文化。传统的周村酒席首先在座次上就很有讲究。传统习俗中，酒席采用八仙桌，最重要的上宾坐在北面两个座位，且靠西的座位比靠东的更为尊贵。普通来宾坐在东西两边的四个座位，南边的座位则是留给陪客的，同样，西边的更尊贵一些。吃饭时南边靠东的陪客承担了酒席中介绍菜品、递盘子等任务，陪客素质的高低直接决定了酒席气氛的好坏。陪客必须具备酒量大、见识广、口才佳、礼仪周全四大特点，这样可以彰显主人的修养与素质及待客的诚心与敬意。每上一道菜陪客便会结合菜品的由来传说讲一个寓意吉祥的故事。例如，上“酥肉”时通常会讲宋朝苏洵、苏轼、苏辙父子的故事，取与“苏”“酥”同音之意；而上“拔丝天鹅蛋”时则会讲周村名士张士达的故事，相传此菜是张士达发明的，蕴涵了“进士及第”的好彩头。另外，周村筵席中的餐具也极为讲究，均用细瓷金边带花的酒盘、汤匙、醋水碟，每碗菜品用仿青花海碗盛出。这些贯穿在“吃”中的礼仪文化使得周村的酒席更加耐人回味，也使周村饮食文化更加丰富独特。

3.节日

(1) 春节

在古代，周村人过年讲究非常多。据雍正十三年（1735年）《泽州府志》载：“元旦，长幼夙兴焚桑，名曰‘正火’。高牲醴米巨，米女礼神祭，先拜尊长，戚里相福，饮食宴会，数日始定。”

其中，“桑”乃为干柴的代称。人们用干柴垒成塔状，中间塞些软柴禾，早上一点就着。上边蒙些柏叶，那浓浓的香味十分醉人。因为晋城煤炭丰富，也有用炭块垒正火的，外边用炭块，里边用干柴与禾秸，烧起来通红，几天几夜，院子里都是温暖如春。而“牲”是古代供祭祀用的全牛。这里是泛指供祭祀、盟誓及食用的家畜。“醴”是一种甜酒，“米巨”是古代的一种油炸供品，“米女”是古代的一种环形饼，都是敬神用的献供。

如今，祭神焚桑等有安全隐患的风俗早已废除，但蒸花馍、剪窗花、扫房等洋溢着人们对生活的美好憧憬的民俗依然延续。腊月二十以后，家家户户以泡麦面蒸馍。腊月二十五前后家家室内大清除。人们相见每问：“准备好了没有？”

春节中最重要的一天是除夕。这一天人们打扫庭院，担满水缸，贴春联、挂年画、剪窗花。周村人民尤其喜爱自己剪纸做窗花，许多技艺娴熟的艺人曾创作大量优秀的剪纸作品。剪纸的工具一般是剪刀，有的职业艺人则用一种特制的刻刀刻制，故又称“刻纸”。其内容有花卉、鸟兽、虫鱼、人物、戏剧情节等，满溢对生活和生命的热爱之情（图1-39～图1-41）。

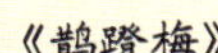

《凤戏牡丹》

图1-39 周村剪纸《鹊登梅》、《凤戏牡丹》

图1—40 周村剪纸《仕女图》

图1—41 周村剪纸《农家春早》

（2）添仓节

周村的添仓节有“小添仓”与“大添仓”。正月初九为小添仓，正月十九是大添仓。山西民谣中：“添仓米面作灯盏，拿箕帚，扫东墙，拾到昆虫验丰年”，就是对添仓习俗的高度概括。

添仓节最重要的习俗就是要在节日当天往粮仓里添加粮食，传说仓官爷就会顺势往自家的粮囤粮仓里添粮食。不但囤里要添粮，水缸里也要添满水，象征五谷丰登，幸福满溢。这样的习俗一直流传至今。

添仓节时，家家用谷面、玉米面、软米面，捏成谷囤、粮仓、布袋形状，有的蒸元宝状疙瘩，疙瘩内包些红枣、红豆。五谷杂粮做成的面食象征五谷丰登，洋溢着周村人民对幸福生活的热切期盼。

（3）元宵节

元宵节又称为“上元节”，是一年中第一个月圆之夜。民间加以庆祝，也是庆贺新春的延续。

据雍正十三年（1735年）《泽州府志》载："上元，设脯糖果醴，悬灯于门外，列炉焰名曰'人火'，有范土像人物者，中空吐焰，光彩腾灼。鼓吹喧阗，士女踏灯嬉游，秉夜即曲坊隘巷，亦暖如春。融熔铁汁高洒，散星点成虹，迸落空中，火树银花，炫照都市。自十四日起曰试灯，至十六日止。"

元宵节与春节大不相同。元宵节是社会式的，全社会总动员，全民大娱乐。囿于中华民族文化的温良敦厚，没有其他民族的放纵与疯狂，但文化意味深厚绵长，含蓄中不乏张扬。

元宵节娱乐项目很多，社火、闹红火，包括舞龙、旱船、跑竹马、踩高跷等内容，由各村承担不同的活动项目。闹红火的队伍在东西向的商业街上，由西向东排列展示，周围各村村民皆来加油观看，街口设有检阅台，评选本次活动的优秀展示队伍，但由于面子等原因，往往以抽签决定名次。

以竹马舞为例，竹马舞是古代劳动人民为庆丰收、闹新春"呈技艺以悦神明"而创造的喜庆活动，如今在晋东南、河南等地仍然延续着这样的习俗。所用的道具"竹马"由百来层麻纸打造而成，耐摔、耐碰、不生虫、不变形，经久不坏。"竹马"分前后两节，吊扎在人的腰间，表演者舞动起来，像极了骑着马自由地翻腾跳跃。人物分生、旦、净、丑等角色，马匹统一为红色。活泼生动的竹马在锣鼓唢呐的伴奏下，表演者欢快地跳起各种舞姿，象征着一马当先、马到成功、万马奔腾的美好寓意，祝福周村人民的生活在新的一年里更上一层楼。节目最后，打叉出场。"打叉"顾名思义是一丑角，以搞笑为主，他以一独特的节奏和腔韵、以诗歌快板的形式讲述故事，使人捧腹大笑，喜泪沾襟（图1–42～图1–47）。

图1–42 周村镇元宵节"跑竹马"人物特写（一）[1]

图1–43 周村镇元宵节"跑竹马"活动[2]

1 照片由周村镇政府提供。

2 照片由周村镇政府提供。

图1-44 周村镇元宵节舞狮子[1]

图1-45 周村镇元宵节“跑竹马”压轴戏——“打叉”[2]

图1-46 周村镇元宵节“跑竹马”人物特写（二）

图1-47 周村镇元宵节“跑竹马”

跑旱船也是最具代表性的活动之一。旱船造型模仿真的小船，并用各色绸缎与绢丝簇成一朵一朵的大花，把船装扮起来，下边围一圈白布或海蓝布当海，上边插一支高高的竹竿当桅杆，桅杆上糊有四门斗，四门斗上写着“一帆风顺”、“河晏海清”等一些祈颂的文字。通常一条旱船上前后各点一支蜡烛，照着人物的面孔，两个人物，一个故事：前边坐的女子是孙尚香，后边坐的男子是刘备，牌子上边写着戏名“回荆州”或“龙凤呈祥”；前边坐的若是杨玉环，后边坐的便是唐明皇，牌子写的便是“贵妃醉酒”，一条船就是一出戏。“吕布戏貂蝉”、“昭君出塞”、“文姬归汉”、“文成公主”、“西施”、“白蛇传”、“牛郎织女”、“梁山伯与祝英台”等，都是常用的创作题材。这些故事一辈一辈口口相传，成为跑旱船不可或缺的内容。

1 照片由周村镇政府提供。
2 照片由周村镇政府提供。

【第二章】

周村古镇的空间格局

KONGJIAN GEJU

一、村落选址

1. 区域环境

周村镇位于古凤台县泽州府以西二十余公里处，西与阳城县搭界，为凤台县的西大门（图2–1）。明万历四十七年（1619年）碑文《创建金龙四大王庙记》载："濩泽之西南，去治五十里"。大清同治五年（1866年）碑文《补修南岩祖师殿并大庙东西拜亭记》载："周村为丹川西镇，与濩泽邻"。

这一带地势险要。周村所在凤台县南倚太行、王屋二山，西连底柱、析城，"斯境也，面太行而背东岳"[1]，周围群峰环绕，地势险峻。"全有太行之险固，实为东洛之藩垣"。[2]《战国策·秦策三》中曾这样评价其地形地势的险要："秦攻南阳，则韩之太行道绝，北堑太行，则上党之兵不下。"

但同时，这一带环境宜居（图2–2）。周村属温带大陆性季风气候，其西北方向的山脉犹如一道天然屏障，有效地抵御了冬季西北主导风向，确保了村落冬季相对舒适的居住温度；在多雨的季节，还可以阻挡过境雨水，有效防止洪涝灾害的发生。清晰的空间构架也为村落提供了宜人的居住环境，村南地势舒缓开阔，为村落提供了良好的太阳入射角度，保证了村落日照的需要。同时，村边河流还可以有效缓解春季季风导致的地

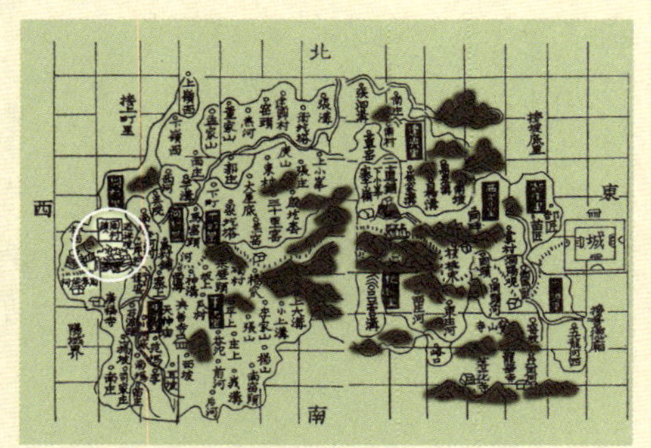

图2–1 清雍正《泽州府志》泽州府境图

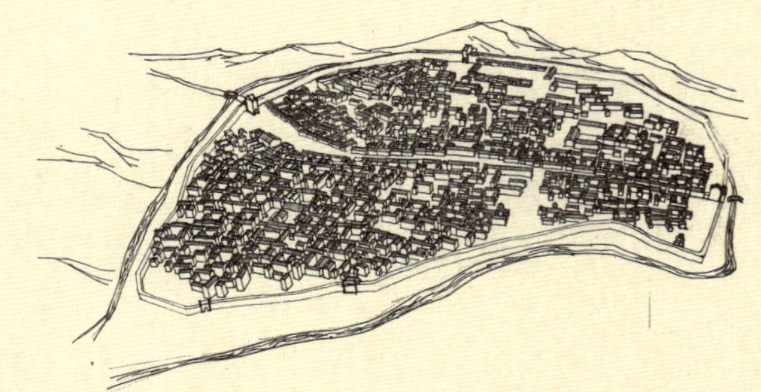
图2–2 周村全景图

1 摘自《创修三教堂记》，泽庠廪膳里人溪东卫绍宠撰。
2 摘自《唐会要·卷十七·河东道·泽州》："会昌四年九月，中书门下奏，河阳近虽置制，土宇犹褊，泽州全有太行之险固，实为东洛之藩垣。将务远图，所宜从便，望割属河阳。"

表干燥。清同治元年（1862年）碑文《补修东南城隅碑记》中载：“峰峦层抱，河水周环，仡仡乎一方保障也”。

2.风水观念对村落选址的影响

“风水”本为相地之术，即临场校察地理的方法，也叫地相，古称堪舆术，“水”即河流或湖泊，“风”即中国古典哲学中最为朴素的概念“气”。[1]风水的核心思想是人与大自然的和谐，自古以来，兴建村落常选择山环水抱的地理形势，周村也是如此。从空间上看，周村村落选址符合了背山面水、负阴抱阳的空间特征。村落东、西、北三面环山，其中北为黄沙山，东为五门山，西为小天柱山。三面山体界定了平面为南面开敞的马蹄形凹地，长河由东北向西南环抱古镇，最终流经阳城县的九仙女台，蜿蜒汇入沁水（图2-3、图2-4）。这样的地方，往往是青山翠绿、碧水长流之地，整个生态环境表现出一派安定祥瑞之气。

《管子·乘马》中载：“凡立国都，非于大山之下，必于广川之上。高毋近旱，而水用足；下毋近水，而沟防省。因天时，就地利，故城郭不必中规矩，道路不必中准绳。”周村的选址符合传统的聚落选址观。

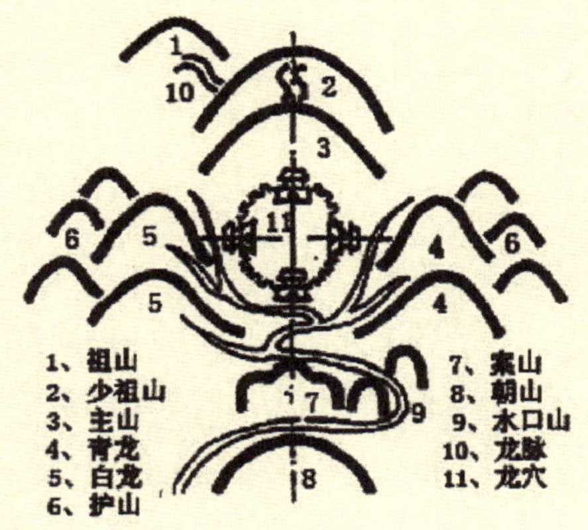

图2-3 最佳选址示意图

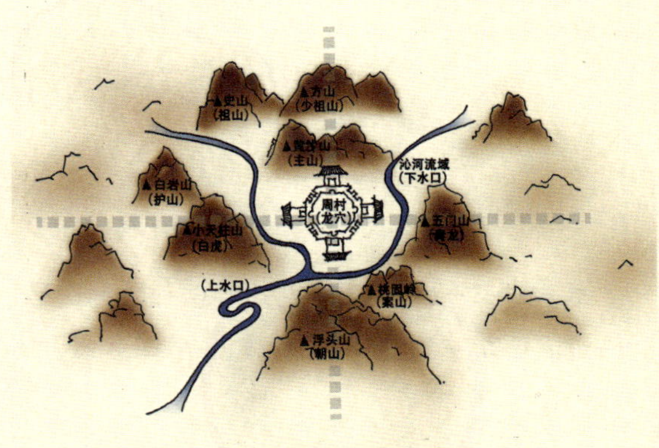

图2-4 周村古镇选址示意图

1 《老子》云：“万物负阴而抱阳，冲气以为和。”

3.便利的交通促进村落的形成与发展

在周村的形成与发展过程中，交通因素起着重要的作用。太行山作为天然屏障，一定程度上阻隔了山西与中原及东部地区的交通。而周村地处太行山西南地区，位于豫东南地区进入山西进行经济贸易往来的必经之路上，“乃太原之喉舌，河内、河东之关□（寂）也。”[1]明清时期修建清化一大道和清化二大道，均起于周村镇，加强了南北之间的交通联系，“然当秦、晋、魏之交，东逾桃固，西陟东乌，南越天井。止于斯，往来于斯，亘古今之达道也。”[2]周村逐渐成为商贾往来的交通重镇。

重要的交通区位促进了经济的发展和文化的交流。随着清化大道的开通，周村逐渐成为商人往来的驿站聚集点，来自晋、陕、豫、皖等省际的民间客流、物流在此集散，随着时间的推移，这里逐渐商贾云集、贸易兴隆[3]。《创建金龙四大王庙记》中这样描述周村古时的商业情况：“有尽为贩夫贾儿者，豫糊口之计，为麦（王食）之资，贸红柏之余，宫蝇□之息，群相呼引之迹，郑卫吴越间，熙熙来，攘攘往。”[4]可见周村当时商业的繁荣。

商业的振兴为聚落的发展提供了坚实的物质基础，促进了周村的发展，周村快速从驿站聚集点发展为一方商业集镇。由于集镇商人富庶，百姓的人身财产安全成为重要诉求，故在地势较高的地方建立城阙，至此，周村村落开始初具规模。

二、空间格局

1.总体布局

周村镇是一个水环垣绕、城楼耸立的美丽古城。从现存资料看，明末清初古城已初具规模，清乾隆五年（1704年）和清咸丰七年（1857年）曾两次大修。古人描述其“城墙周三

1 摘自《创建金龙四大王庙记》，时大明万历四十七年（1619年）岁次己未秋七月之吉，镇人庠生诩廷司助顿首沐撰。

2 摘自《泽州周村镇重修庙祀记》，梁宋。

3 《补修周村堡记》记载周村：“民居星聚，商贾云连，凤邑一大都会也。”

4 摘自《补修南岩祖师殿并大庙东西拜亭记》，张士达。

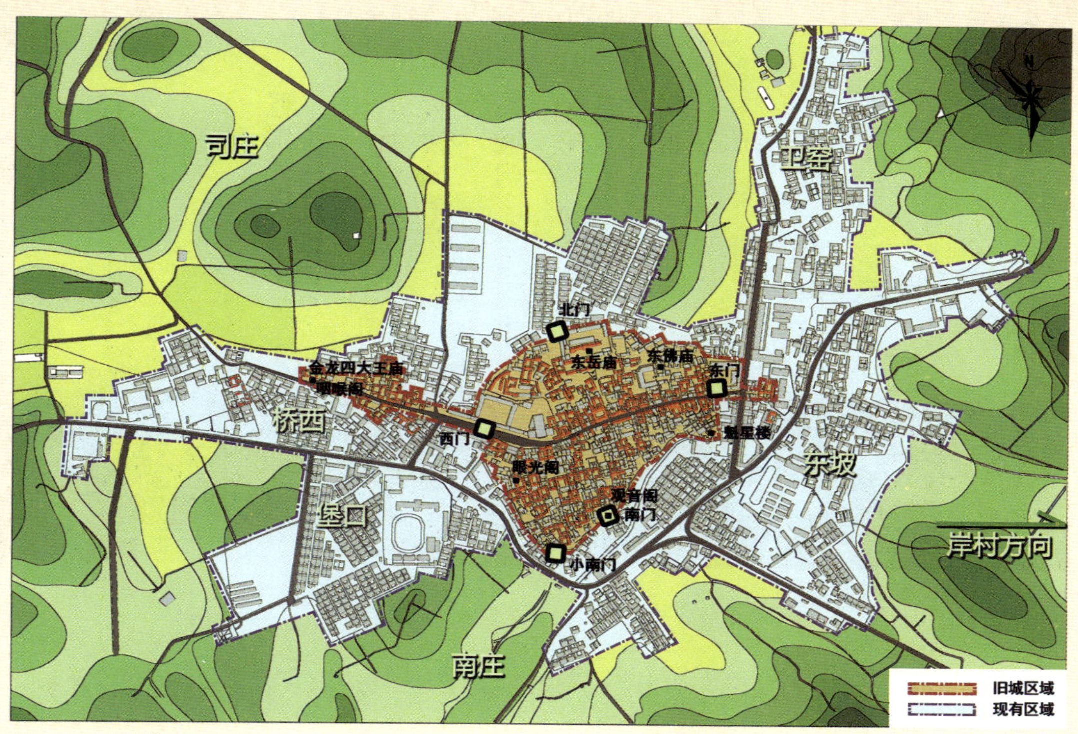

图2-5 周村总体格局示意

里，一百九十五步，墉高四丈，睥睨六尺四正。各辟门，而水门介南城之西偏。”[1]从现存的聚落规模上看，周村古村落东西宽9.7千米，南北长11千米，总面积约68平方千米。因村落山水怀抱的地形特点，使其呈振翅欲飞的凤凰形态，村民称其为“凤凰城”，城墙依北高南低的地形走势而修建，设东、西、南、北四个门，加上西南角上的水门，总共五门。北城门地势高，为凤凰头部；东西城门为凤凰展开的双翼；南门地势较低，似凤凰的长尾。时至今日，四座正门和大部分城墙已经拆毁，仅有小南门基本保持完好（图2-5）。

由小南门进入沿街北上，曲径通幽，经过周村目前保存比较完好的古民居建筑群即到达东西走向的商业街。古商业街将周村城阙近乎等分为南北两部分，在古商业街北侧中心的至高点上，耸立着周村最古老的标志性建筑——东岳庙。东岳庙是周村的标志性建筑，雄伟壮观，气势非凡，沧桑百年，几经修建，至今仍是区域内百姓的重要精神寄托。周村东南为

1 摘自《补修东南城隅碑记》，己酉科拔贡辛亥科解元张士达撰文。

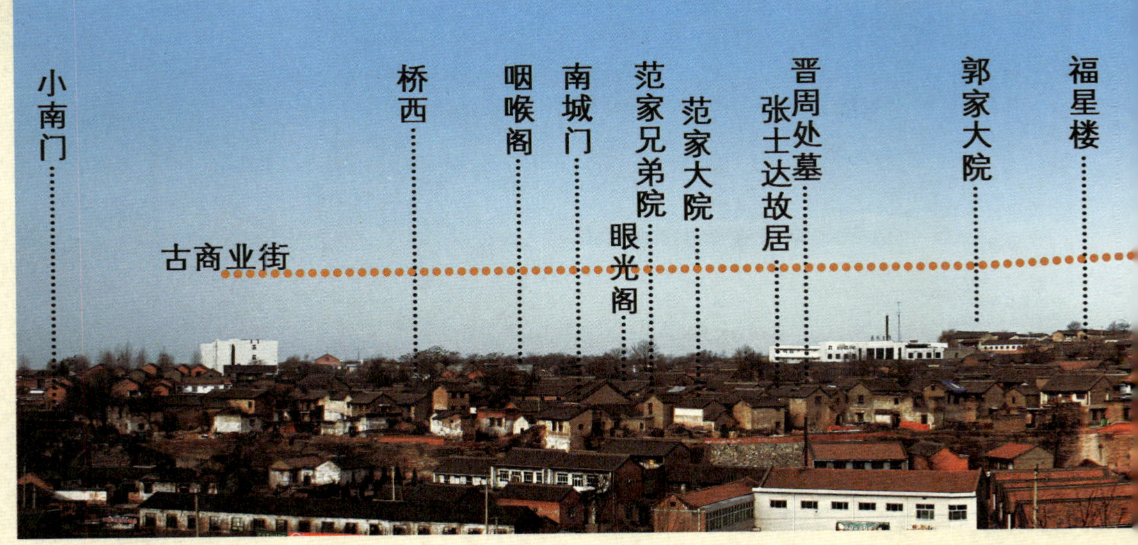

图2–6 周村建筑空间分布图

下水口，地势较低，风水学中水即财运，周村古人为弥补地势低的不足，聚拢财气，在东南角城墙之上兴建魁星阁。同时，根据古代风水上“纳气”的需要，在东、南、西三个方位紧邻城门或在城门之上分别建有东佛庙、观音阁与三官阁。由此，镇内四方均得天神镇守庇佑。出西城门向西为外桥西街，它是明清时期进城经商的咽喉要道，西门外240米处设咽喉阁与金龙四大王庙威慑一方。

周村的居住建筑大部分保存完好，其居住空间主要分为两类，一类为多院落式建筑组团，像郭家、范家等名门望族故居；另一类为独院，形制小，数量众多，但其中不乏张士达故居等小巧精致院落的代表（图2–6）。

2.空间肌理

周村空间主要受自然因素和社会因素两方面影响。相较于自然，周村更偏重于后者，而其主要表现在适应防守。从周村城墙轮廓以内的图底关系来看，形成之初未经过系统的规划，依赖自下而上的“自组织”方式。

古镇整体空间并非遵守严谨的几何网络，但不难看出，以商业街为中心向南北两侧，建

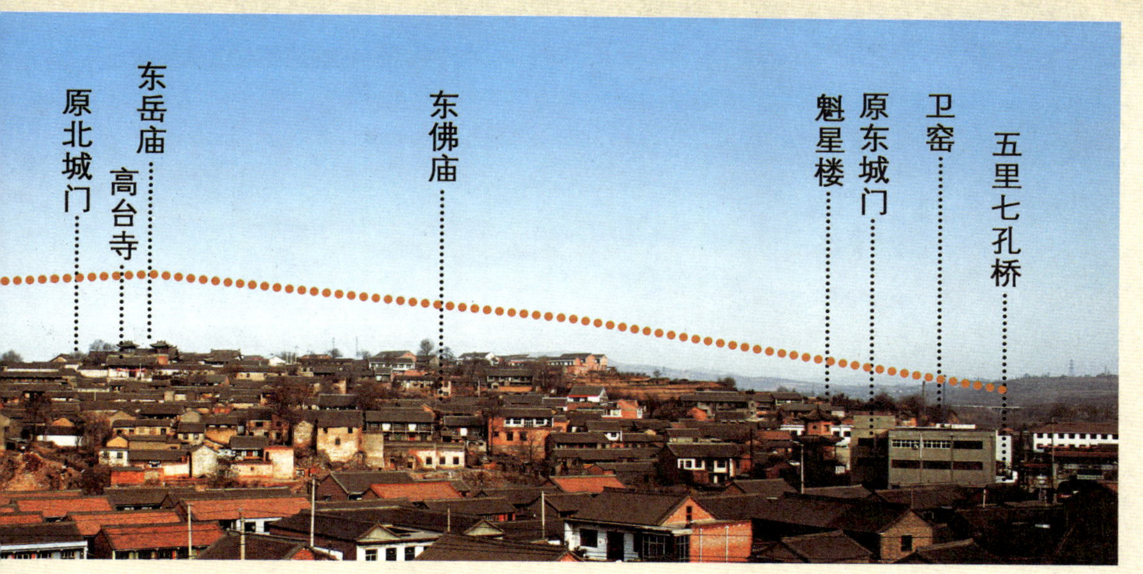

筑由规整向自由逐渐过渡，由此可以推断商业街的建设年代最久远，功能影响成为空间形成的主导。相反，建筑组团内部的空间关系因地制宜，相对自由。城墙的建立使周村村域面积基本确定，难以扩张，再加上人口扩张，导致周村的整体建筑空间紧凑，巷道只起到本质意义上的交通作用，建筑组团私密性很强（图2–7）。

在对周村村落的空间肌理的研究中，笔者发现周村在以“自组织”方式形成村落格局之后逐渐形成了以商业为导向的村落建设格局。周村作为区域商业重镇，集市的属性鲜明，古代先民使古商业街横贯东西，与东西交通要道平行，巧妙地解决了往来人流对城市带来的问题，古商业街在聚落空间演变中

图2–7 周村图底关系

图2—8 周村局部俯视

起主导作用。通过现状的图底关系分析可见：古商业街东西横贯，巷道南北走向，曲曲折折，与古商业街呈正交关系；主街和巷道构建的网络近似正交，受交通流线影响，建筑组团的朝向多数面向街道（图2—8）。

3.公共空间

公共空间在村落中起着非常重要的作用。它不仅是交通上的节点，也是文化活动的重要场所，满足人们日常交流与活动的需要。周村的公共空间主要分为两大类，第一类为公共建筑周边的附属空间；第二类为居住建筑组团之间的小尺度空间，多存在于密集建筑组团的巷道交界处。

第一类中，其公共建筑主要是指戏台。与现代的“舞台低、观众逐排上升”不同，古代戏台多建在高处。古代人把舞台区分为前台和后台两部分，前台两边无山墙，可三面观

看。到了元代中后期，戏台上发生了变化，将两面山墙全部砌起，而观众也就从三面观看变成一面观看了，故元代后期以及明清两代建造的戏台观众空间多为矩形。街坊邻里相约看戏是古时重要的社交方式，开敞的古代戏台观众区域随着时间的推移，至今已经演变成为村落主要的公共空间。

周村东岳庙在明代已有戏台，为三开间，这是明代戏台的一般形式。现存的戏台为清代建筑，过路台也是清代比较流行的格局。但庙中戏台两边建钟鼓楼比较少见，会馆中有河南郏县清嘉庆二十四年重建之山陕会馆戏楼及钟鼓楼之布局与此相似。

第二类为居住建筑组团之间的小尺度空地，笔者把周村的小型公共空间进行分析比对，其形状、尺寸、用途各异，但都存在于密集建筑组团的巷道交界处（图2–9）。这种公共空间尺度较街巷开阔，能够满足人对空间舒适度的需求，同时围合度适中易使人集中精力。公共空间设置在居住区之中，不仅能够成为邻里之间，三五老友茶余饭后聊天、孩童玩伴欢度童年的场所，也可以为附近居民提供暂时堆放物品的空间（图2–10）。

三、街巷

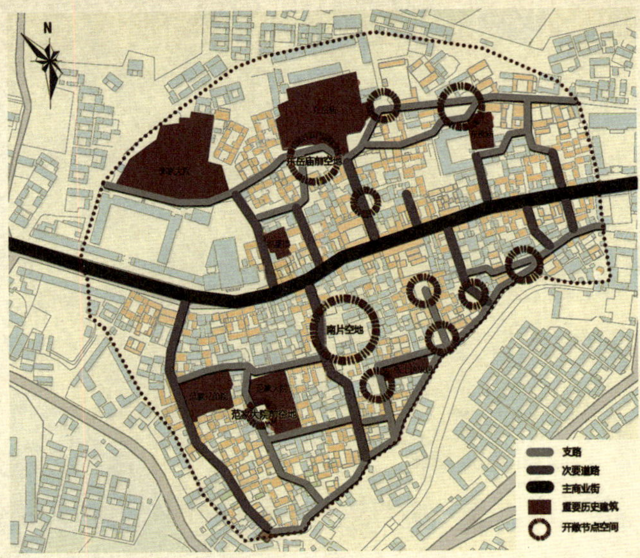

图2-9 建筑周边主要公共空间分布

周村现有历史街巷十余条，其中超过半数保留了原貌。这些古街巷多用砂石铺砌，十分有特色。街巷两旁，宅院鳞次栉比，门楼显赫，古匾斑驳，具有一种沉静古朴之美。古街巷宽窄各不相同，或拾级而上，或曲径通幽，或通达开阔。古时的重要街巷主要连通各城门，与现在的路网系统稍有差异。

图2-10 建筑周边公共空间

1.街巷结构

古村落以连接东西城门的古商业街为主要道路，南北延伸出十余条次要的街巷，构成村落的主体道路框架。南街作为南北向的主要街道由古商业街通往南城门，衙道连接干道与东岳庙。城南城北的区域都以圪洞（也称“胡同”）形式与古街相连，构成了周村镇的“鱼骨状”交通网络（图2-11）。周村东西主轴线又名“五里七孔桥”，由西门外的三孔桥、东门外的三孔桥，以及东门外三里处的岸村单孔桥所在轴线构成。二十余条巷道鳞次栉比地将周村划分成多个地块区域，地块内部还有平行于主街的宅间巷道，这些巷道形式丰富，宽窄各异，轴线并不统一，有机地连接起各个建筑。在路网中点缀以适当尺度的空间节点作为停留空间，规整中不失趣味。总体而言，周村的道路格局结构清晰，细节之处又富于变化。

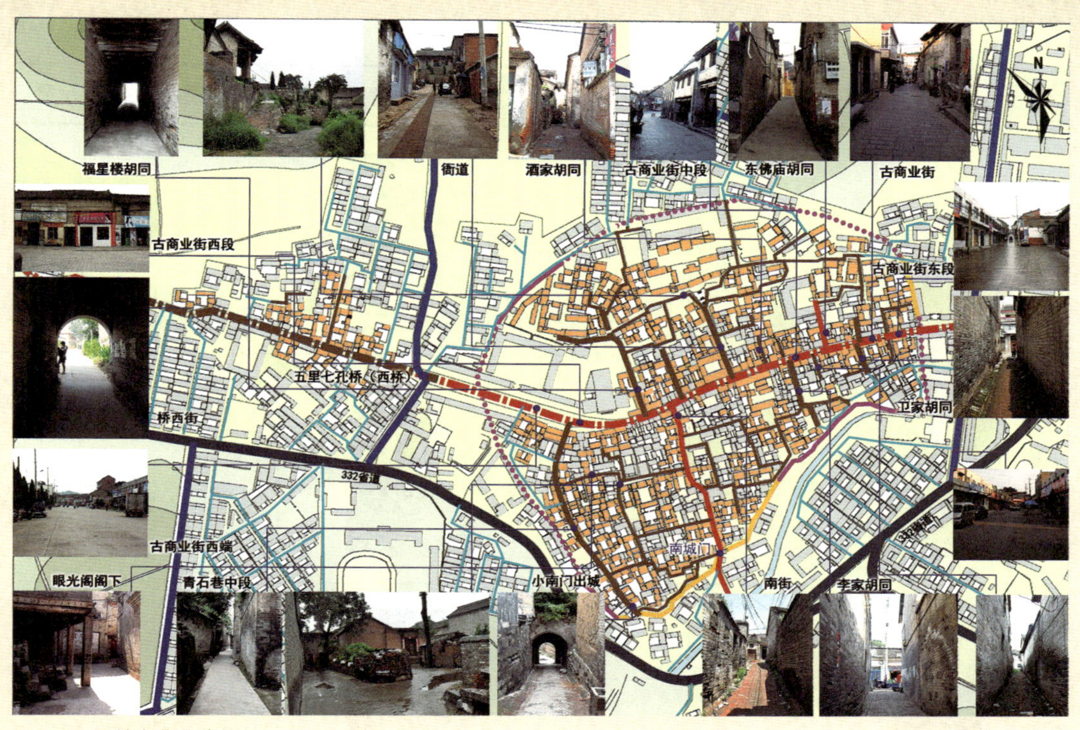

图2-11 周村街巷总体格局

2.街巷尺度

街道宽度反映出街道对人流的承载力以及可能的通过方式，街道的宽高比则主要体现的是街道的空间感受。依据芦源义信对外部空间的研究，当D/H=1时[1]，空间呈现出亲切尺度，当D/H<1时，空间呈现出私密尺度，甚至有压迫感。从周村街道宽高比的统计数据可知，其宽高比都在0.7以下，且数值大小与街巷等级高低呈正相关，即古商业街、衙道和南街大于其他街巷，呈现出较为公共的尺度。同时，人眼对于细部的认知距离在0.6～2.4米之间，在这个距离内，古建筑砖缝、斗栱的细部都清晰可见。周村街道的尺寸多在这个范围之内，所以人们行走其中，感知到的不仅仅是街道形态和街道界面高度的丰富变化，还有街道界面精美细部的丰富性（表2-1）。

1 D，街巷水平宽度。H，街巷两侧实体高度。

街道高宽比表

表2—1

街道名称	街道照片	宽高比	宽高比图片	平面示意	街道名称	街道照片	宽高比	宽高比图片	平面示意
东一胡同		0.4	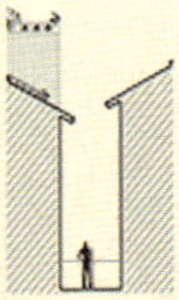	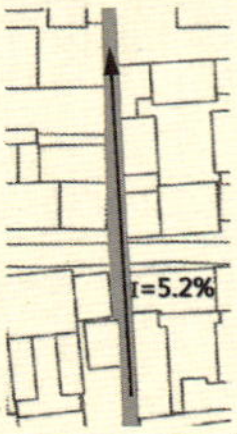 I=5.2%	街道		0.63	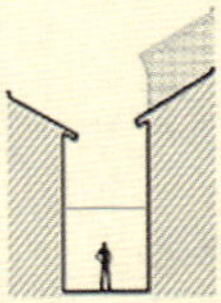	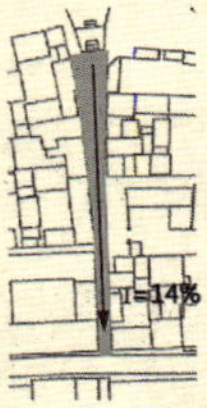 I=14%
卫家胡同		0.3		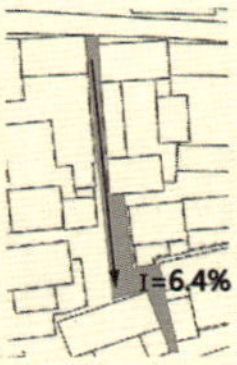 I=6.4%	南街北沿线		0.34	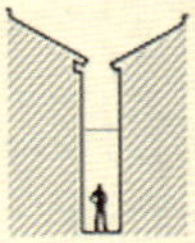	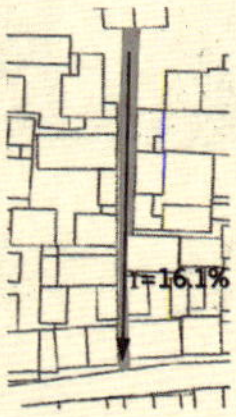 I=16.1%
东佛庙胡同		0.55	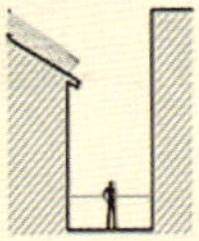	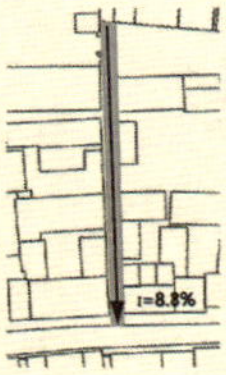 I=8.8%	南街		0.6		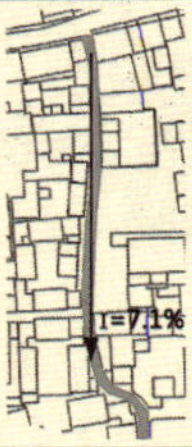 I=7.1%
李家胡同		0.35	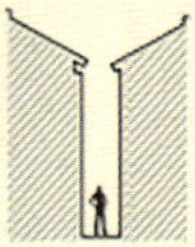	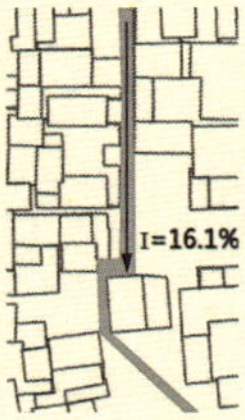 I=16.1%	福星楼胡同		0.52		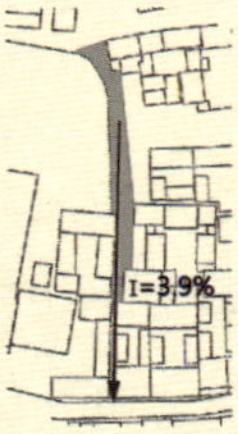 I=3.9%
酒家胡同		0.57	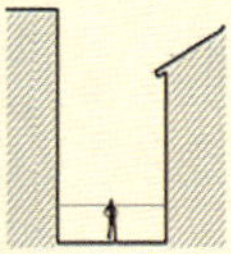	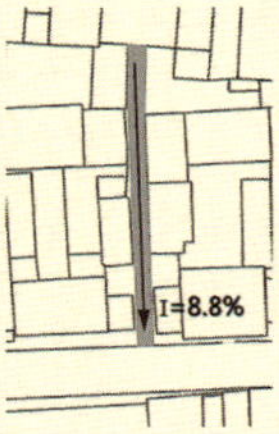 I=8.8%	古商业街		0.67	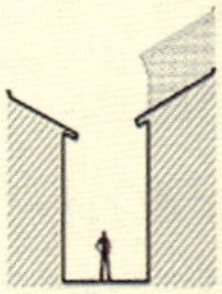	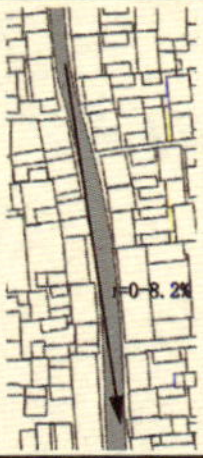 I=0-8.2%

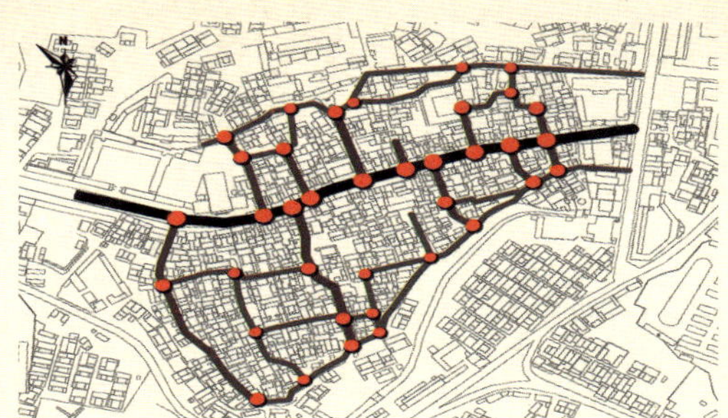

图2-12 街巷的连通性

3. 街巷连通性

周村的街道横纵相交，近似匀质地分布在古商业街两侧，少有尽端路出现。街巷连通可以提高对路网结构和建筑特征的识别度；尽端路多存在于次要巷道入户的路段，属于巷间道等级，其私密性和封闭感较强，这种形式可以促进邻里关系、家宅氛围以及交往活动。由于空间狭小，在尽端路内部识别度提高，但在尽端路外部识别度则大大降低（图2-12）。

图2-13 街巷的连接方式

4. 街巷连接方式

周村古商业街与次要街道的连接方式主要有两种，分别为“丁”字连接和错位的“十”字交叉连接（表2-2、图2-13）。另外，晋东南地区大多数古村的主要街道与次要街道交界处常留有一块开敞空间，其主要

街巷的连通性 表2-2

三叉口连接形式						
四叉口连接形式						

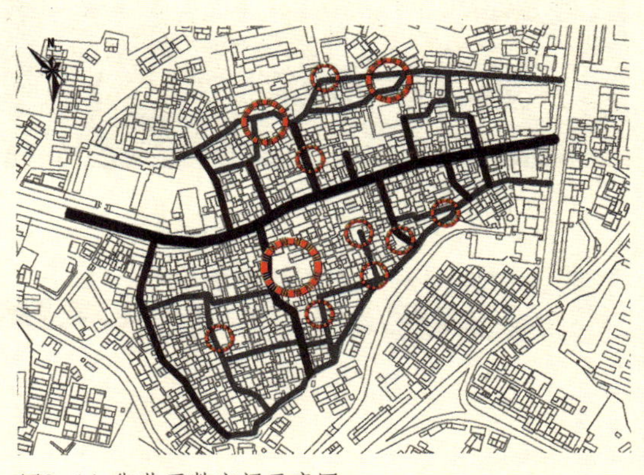

图2-14 街巷开敞空间示意图

目的除了在交界处打开视线和增加次要道路宽度外，还可供人们日常驻留、聚集。而周村的古商业街与次要巷道的连接处、次要街道边界却没有明显变化。周村的做法理由同样有三：第一，东西城门为主要城门，连接东西城门的街道为主要街道，外来人员很少进入次要巷道，周村本村居民数量有限，不至于发生拥堵；第二，周村的连接做法恰好封闭了视线，使得主街显得连贯，购物人流不会被断断续续的开敞空间所打扰；第三，周村村民主要的沟通、交流空间并不在路口交叉处，而在村中的公共空间（图2—14）。

四、典型街巷分析

1.古商业街

（1）历史及特点

古商业街是周村东西方向的主干道路，长约1000米，宽约5米，是连接周村东西城门的要道，同时连接了绝大部分的南北向街巷，其重要性不言而喻。以衔道为界限，古商业街以西地势平坦，以东地势陡降。由于连接了东西两城门，古商业街成为周村内部的主要道路，同时也是古代商贾往来交易的重要通道。早在明清时期，古商业街已经成为一条繁华的商业街道，两旁是商业建筑，涵盖了菜市、米市、布市、铁铺、殡葬等行业。在古代，商业行为很多都会延伸到街道上，不同的商业形式对古商业街各路段风貌有潜移默化的影响，丰富了古

图2—15 古商业街

0<I<8.2%

图2—16 古商业街沿街建筑立面

图2–17 古商业街富有特色的沿街建筑

图2–18 沿街20世纪50～60年代的建筑

商业街的空间体验（图2–15）。

古商业街沿街建筑主要是在周村地方民居的基础上演变成的一种商住混合建筑。历史上周村镇的发展是建立在以古商业街为中心的基础上，不论从传统文化内涵、建筑样式等方面来说，古商业街沿街建筑都与周村镇民居空间的特征大致相符。但是沿街建筑除了具有周村镇传统建筑的普遍特点外，还具有商业建筑的特色：即前店后宅或下店上宅式的四合院布局，大多数住户则拥有沿街面整个四合院，他们白天在沿街面经营商铺，晚上则到院子内居住；有的住户只在沿街面有房子，他们的沿街建筑一般为两层，底层为商铺，底商立面与民居不同，首层将外墙后退形成檐廊，并在首层立面使用较大的木板门，这些手法使该面更加开敞，便于做生意。二层用于居住，相对封闭。这种布局可以使沿街建筑实现居住生活和商业活动于一体。

沿街建筑参差错落，空间层次丰富，种类多样，有明清时期建筑风格的，也有民国及新中国成立后50～60年代仿苏风格的。另外，沿街商铺建筑与居住建筑相比，需要更大的建筑面积满足商品交易活动需求，对建筑面积的使用上要求较大，所以，在开间一定的情况下，一般通过增大进深来增加使用面积，这就使得沿街建筑的进深一般很大，最长可以达到10米左右（图2–16～图2–18）。

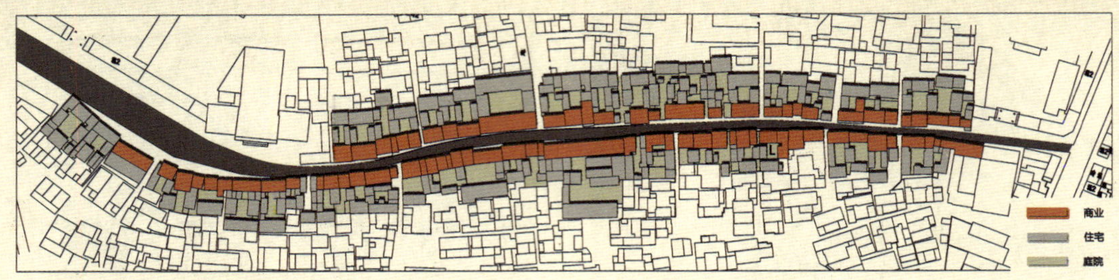

图2–19 古商业街“街巷—四合院”现状和空间肌理（黑色部分为沿街院落建筑）

(2) 古商业街的空间肌理

大街巷、小胡同体系：周村镇古商业街基本上保持了以前的“大街巷、小胡同”体系，即古商业街是周村镇区东西贯通的一条大街巷，许多小胡同在古商业街两侧与之连接，枝干分明、秩序井然，从而形成了鱼骨形的结构肌理。特别是在一些重要文保单位和历史建筑的地段，如东岳庙、福星楼等地方。商业店铺多集中于大街巷，居住区则多聚集于小胡同。这种街巷系统的规划与传统四合院建筑相结合，简洁明确。古商业街两旁的建筑或是简洁连续的民居，或是繁复多变的商业，建筑形态十分丰富。

街巷—四合院肌理：“街巷—四合院”是古商业街的基本肌理，古商业街两侧的四合院参差错落，变化多样，形成了无数曲折多变、生动宜人的景象。四合院内的庭院空间与古商业街的街巷空间通过通透的沿街商业相连接，空间的一收一放使人领略到传统设计手法的灵活多变和丰富多彩（图2–19）。

2.衙道

衙道是周村南北向的主要道路，位于古商业街以北，与东岳庙相连，衙道路口在南街北口以东约30米处，与古商业街和南街呈错位交叉。衙道坡度由南向北逐渐递增，宽度也随之增大，从与古商业街交会处的2米增加到最宽处的5米。衙道入口处两侧有古商业街临街的商铺建筑，高2～3层，进入衙道越深，建筑高度越低，道路也渐渐一分为三，东西两侧道路沿东岳庙外墙，中间道路正对东岳庙的入口阶梯。不同于其他圪洞，衙道笔直，沿古商业街行走，经过衙道路口，远望东岳庙，庄严、雄壮，充分体现了古代社会的神灵崇拜（图2–20～图2–22）。

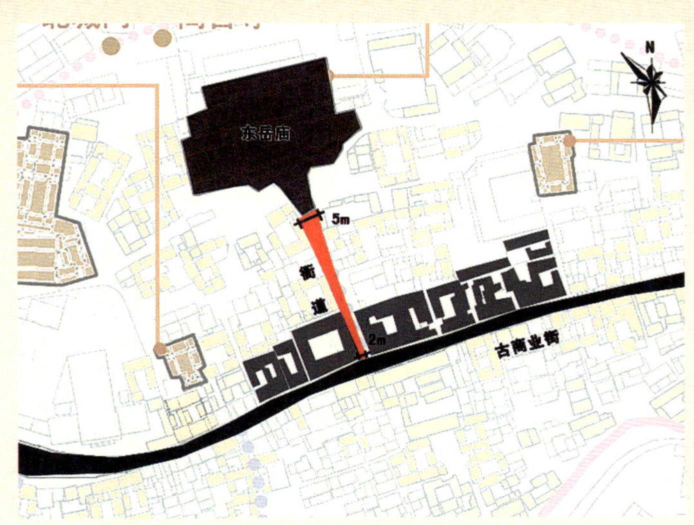

图2-20 衙道位置

图2-21 衙道入口

图2-22 衙道最宽处

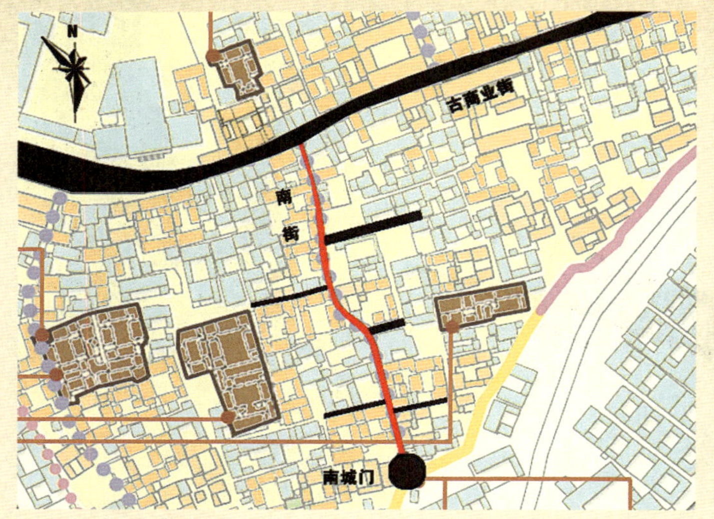

图2–23 南街位置

图2–24 周村南街空间

3.南街

“南街”亦称“南门巷”，是连接南门与古商业街的道路。南街顺应地势，北高南低，且坡度很陡，整条街呈“S”形，宽为2.3～2.6米，街道宽高比在0.28～0.4之间，行走其中会使人感到压抑。与南街相连的东西向圪洞有5条，呈“丁”字路口方式连接，都是通往建筑院落的入口通道（图2–23）。街上人少的时候，能清晰地听到行人的脚步声；阴雨连绵时，滴水有节奏地打在铺地上，好不惬意。两侧建筑的砖石界面材质考究，现以红砖铺地，南街是一条具有历史情调和审美情趣的街巷（图2–24）。

五、空间识别体系

现代城市的可识别性要求空间具有完整清晰的结构[1]。周村镇虽有较为清晰的“鱼骨状”路网作为结构的支撑，但是当深入结构内部，处在幽深的巷道中，却常常使人有种迷失的感觉，村落的各个空间界面较为相似，单靠视觉意象很难分辨所处位置。然而，周村

1 引自：段进等著.空间研究1：世界文化遗产西递古村落空间解析[M].南京：东南大学出版社，2006.

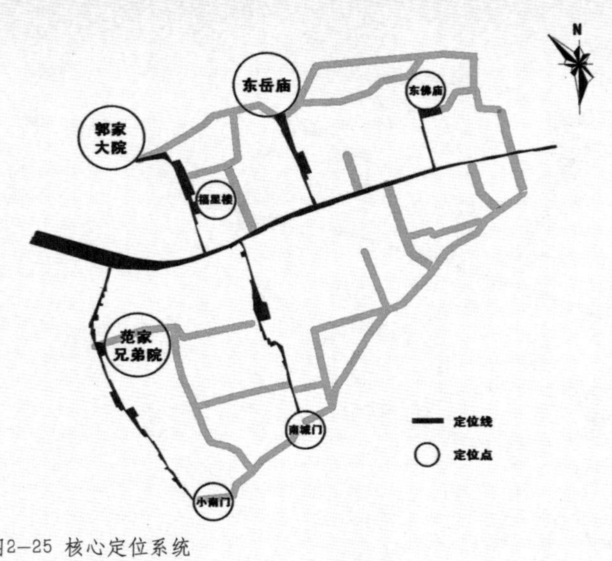

图2—25 核心定位系统

有着不同于现代城市的独特的空间识别体系。

1.核心的简单定位系统

首先，通过对周村纷繁的建筑空间进行分析，从中找到一个核心的简单定位系统，即以主街为主线，由七个标志点来控制的定位体系（图2—25）。主街是贯穿周村的最主要街道，也是最长的街道，可识别性最强，在主街上通过五条南北向街道将七个标志点串联起来，由于诸如东岳庙、东佛庙、城门、郭家大院等都是周村的重要建筑，其规模和形制具有鲜明的特点，可识别性极高，由主街向南北望去，几乎可以马上找到这几个标志点，这增加了对五条南北向街道身份的识别。同时，全村的街道虽然多，但绝大多数的街道都能与主街和五条次街有直接联系，这就使周村具备了进一步被识别的可能。

2.典型节点空间

文前已经确定了周村的核心定位系统，继续深入下去，我们会很容易发现与核心系统相关联的独具特色的节点空间以及由这些节点引申下去的小巷路。这种节点空间的进一步识别主要通过三种方式：①在核心定位系统中，其定位点本身就是一个节点空间，它统领着周边环境，具有明显的识别性，如南边的南城门和小南门以及北边的东岳庙，由此延伸出几条巷道，使人们进一步识别。②五条定位线上串联了多个极具识别性的节点空间，这些节点空间多设在道路的“丁字形”交叉口处，给人一种更加明确的空间形象，顺着节点空间识别“丁字形”正冲的道路，可将核心定位系统极大地扩展。③在定位系统中的交叉口处，视线存在许多明确的对景关系，这种“对景”很大意义上也是一个节点空间，即使它并不美，但当其形态被人们掌握后，就能指导人们进一步定位方向（图2—26）。

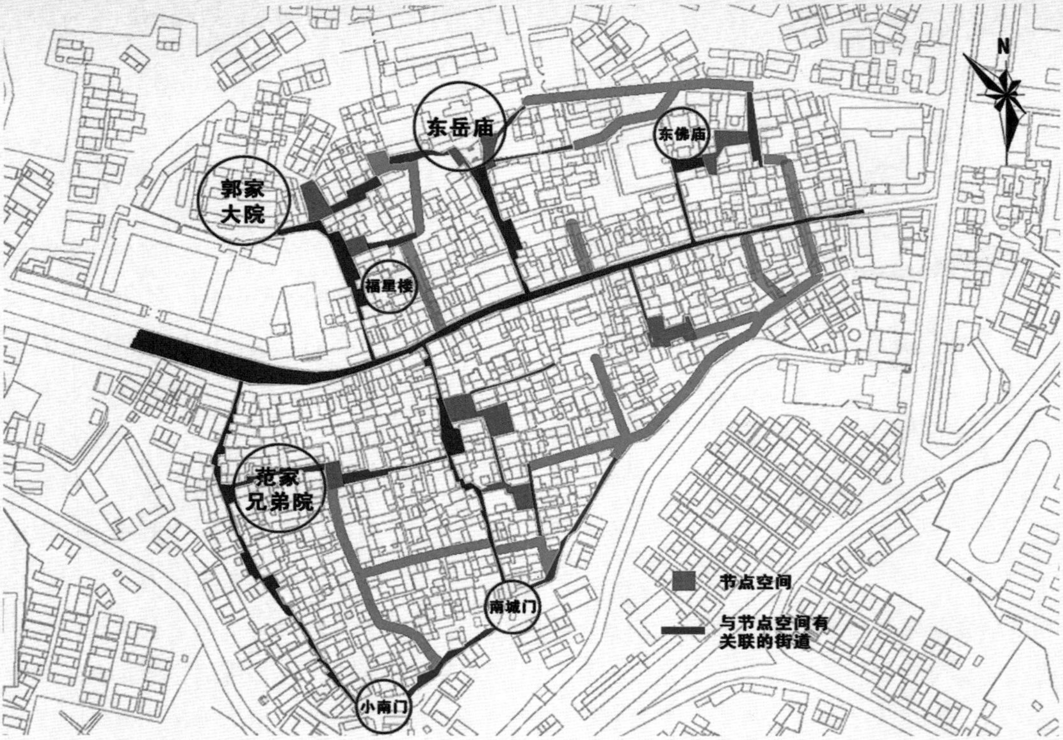

图2—26 进一步识别分析

3.识别内部道路网络

至此，已经较为明确地掌握了周村的空间形态，如果要更深入地熟悉空间，我们可以通过上述方法找到下一层次的节点空间以及由其引出的道路，直至识别内部所有道路。同时，我们也发现“鱼骨式”的街道网络使周村的道路大多是南北方向，这些纵向的道路有着极为明显的特征：基本都与最具识别性的横街相连，长度较长，几乎都指向某一重要建筑或是节点空间，道路空间较为丰富等。而横街以外的横向街道多起到连接各门各户以及小型节点空间的作用，因此其长度较短，如东岳庙前的节点空间与郭家大院东侧的节点空间之间的横向街道。通过这些特征，当我们走在村落中，会较为容易地判断街道的方向，并进一步由此定位到核心系统。

【第三章】

周村古镇的居住建筑

JUZHU JIANZHU

一、居住建筑概述

“太行重镇”周村镇，经历千余年的发展变迁已经形成了其独具特色的民居群落（图3-1）。民居作为周村最主要的建筑类型，构成了周村老城建筑中的绝大部分。在特殊的经济背景、气候条件以及文化熏陶下，周村民居保持着集大气、精致于一体的特点。由于大家族的存在，周村民居呈现出了较为明显的等级分化。

图3-1 周村民居鸟瞰图

1.建筑年代及分布

作为从隋唐时期便兴起的古代集镇，周村自清朝正式修建城墙，其建设用地范围就已基本确定，其后没有太大变动。村内地势西北高东南低，民居基本为坐北朝南，不少宅院顺应村内地势设置有错层或坡道。村内现存民居从空间上被东西贯穿的长街分为南北两部分，将全村分成了东、西、南、北四个片区。新中国成立后，周村设立村委会管理全村，为了便于管理，这种分区管理方式被沿用。

北片即长街以北地区的西半部分，民居排布较为稀疏，住宅数量较少，以历史悠久的家族宅院郭家大院为主要居住建筑群。长街北侧东部属于东片区，长街南侧则被划分为东、西、南三片，三片之间并没有明确的划分边界，多凭借村内居民的共识以及某些重要的巷道来区分。其中，西片以明朝起家的村内商贾大户范家的宅院为主，该宅院同郭家大院一样占地面积较大，为多个院落的集合。南片及东片民居较为细碎，多为一、

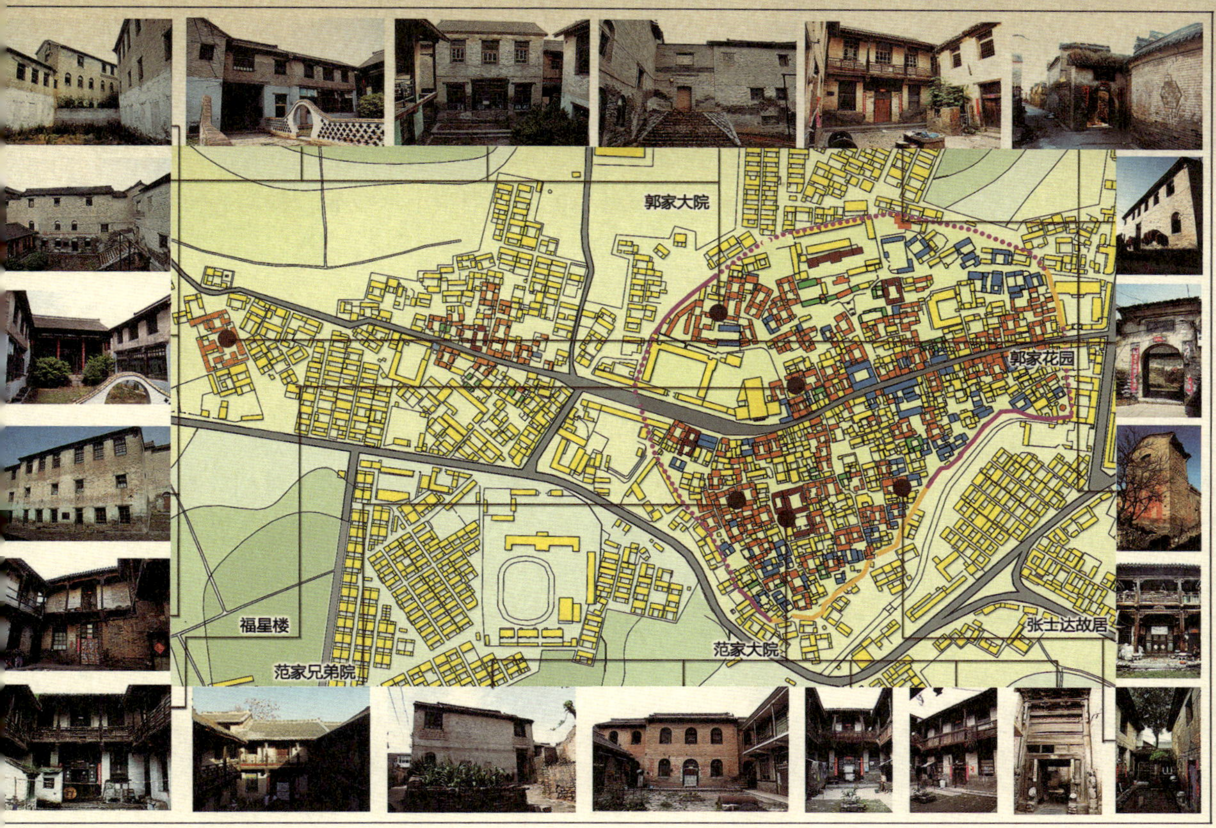

图3-2 典型民居分布图

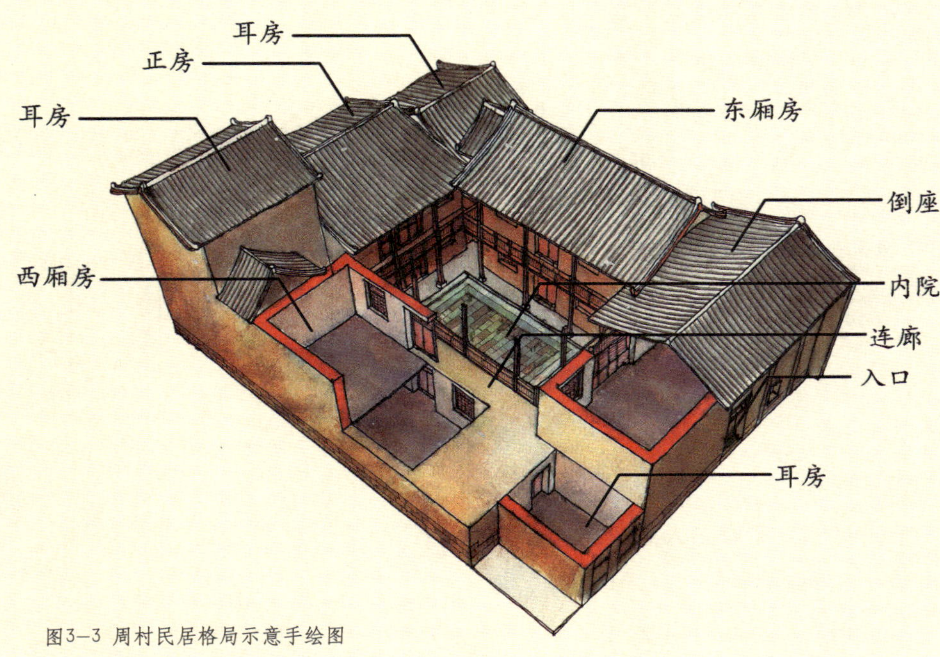

图3-3 周村民居格局示意手绘图

二进院的普通小户，其中较为出名的当属靠近南城墙的张士达故居，其宅院曾经达到三进的规模（图3-2）。

2.空间构成

（1）房屋

周村居住建筑由最基本的古建民居单元——正房、厢房、倒座及庭院构成四合院（图3-3）。四合院的基本形式为晋东南一带普遍流行的四大八小形制，即一正房一倒座相对位于南北，两厢房位于东、西两侧，转角处各有两个耳房连接。但是在周村，由于地形复杂及用地紧张等原因，各房屋常出现平面上的倾斜、竖向的抬高等情况，导致部分民居看似形制复杂，实际周村民居究其本质都是在四大八小的原理中依据地形和周边建筑演化而成的（图3-4）。

楼院为周村民居的主要建筑形式，其中以一正房两厢房再加一倒座房组成的小独院居多，也有许多南北向两进院或东西向并排的院落。前后院落之间多以过厅连接，正房两侧多修建耳房。由于村内地形存在高差，单体建筑未经统一规划而是自行建造，所以形成了许多斜向院落以及扭转的房屋，致使某些院落并未遵循规整的形制而衍生出一些小房间。总体来看，北片宅院较为规整，南片院落更加零碎多变。房屋面阔以8～13米居多，进深则多为4～5米。建筑多为两层，一层较高，供人居住，二层一般较为低矮，多用于存放物品。

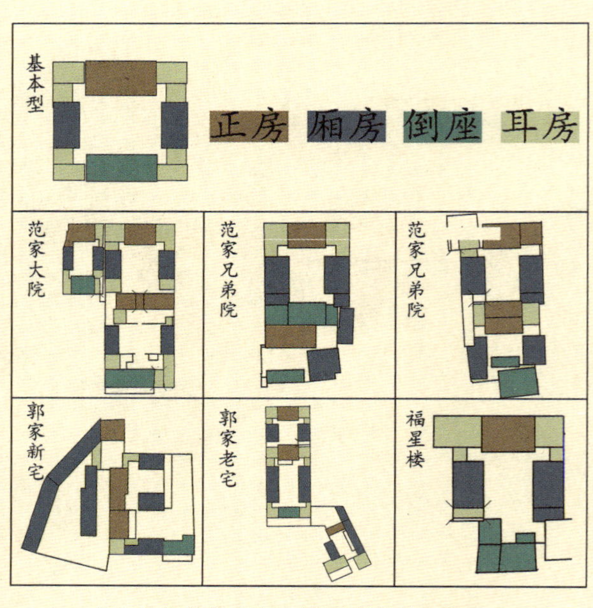

图3-4 周村主要居住建筑空间格局示意图

（2）入口

入口是居住建筑中非常重要的一部分，它的形式是宅院主人身份与地位的象征。周村民居的入口形式丰富多样，由大门形式可以分为门洞式与门楼式两种（表3–1）。

最常见、最普通的是门洞式，这种形式的大门大多位于南北片区内的小街巷中，经过一个面向街巷的门洞直接进入住宅，多会设置内影壁或采取转折的方式，避免外人直接看到内院活动，符合中国古代居住建筑的内向封闭特性。门洞式大门有不同的形态，可以分为拱形与矩形两种。拱形门洞类似窑洞洞口，由砖砌而成，整体感较强，墙体较厚，许多洞口没有大门门扇，而是连接着一条小道进入宅院。有的拱形门洞内部有木门，但门扇都为矩形，所以洞顶接近半圆部分多用砖砌实。拱形洞口较为质朴大方，基本没有细部装饰，但其砖砌纹样起到很强的装饰作用。矩形洞口与拱形洞口比，更为复杂，一般有匾额、门簪、门枕石等构件，许多宅院都在匾额上题有宅院名称。

入口形式分类示意图　　表3–1

	门洞式	门楼式
平面图		
立面图		

大户家族一般采用门楼式入口，这种入口占地面积较大，给人更加气派的感觉。村内最典型的门楼式入口为郭家大院的平顶院主入口，四根红柱形成的入口灰空间显示了郭家大户的地位，门楼上的屋脊、鸱吻等装饰以及柱端华丽的斗栱、柱础都为宅院平添了几分贵气。村南范家大院同样是以高耸的门楼、多跳的斗栱营造了大户宅院的门楼入口。

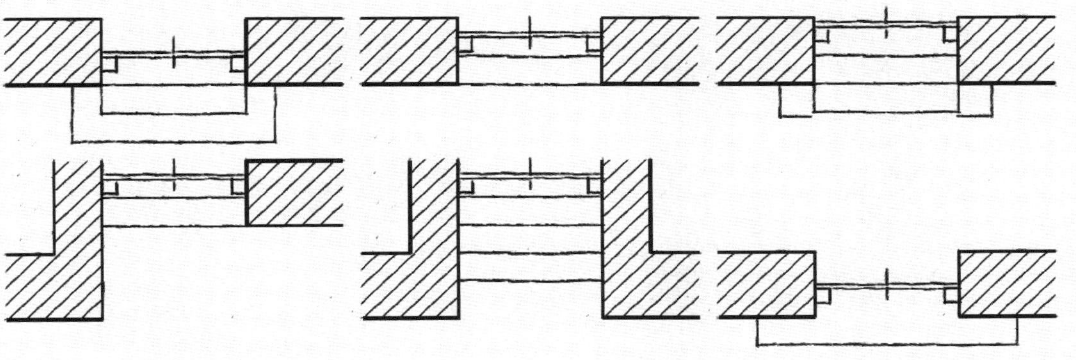

图3–5　台阶与墙的关系示意

周村典型院落形态　　表3—2

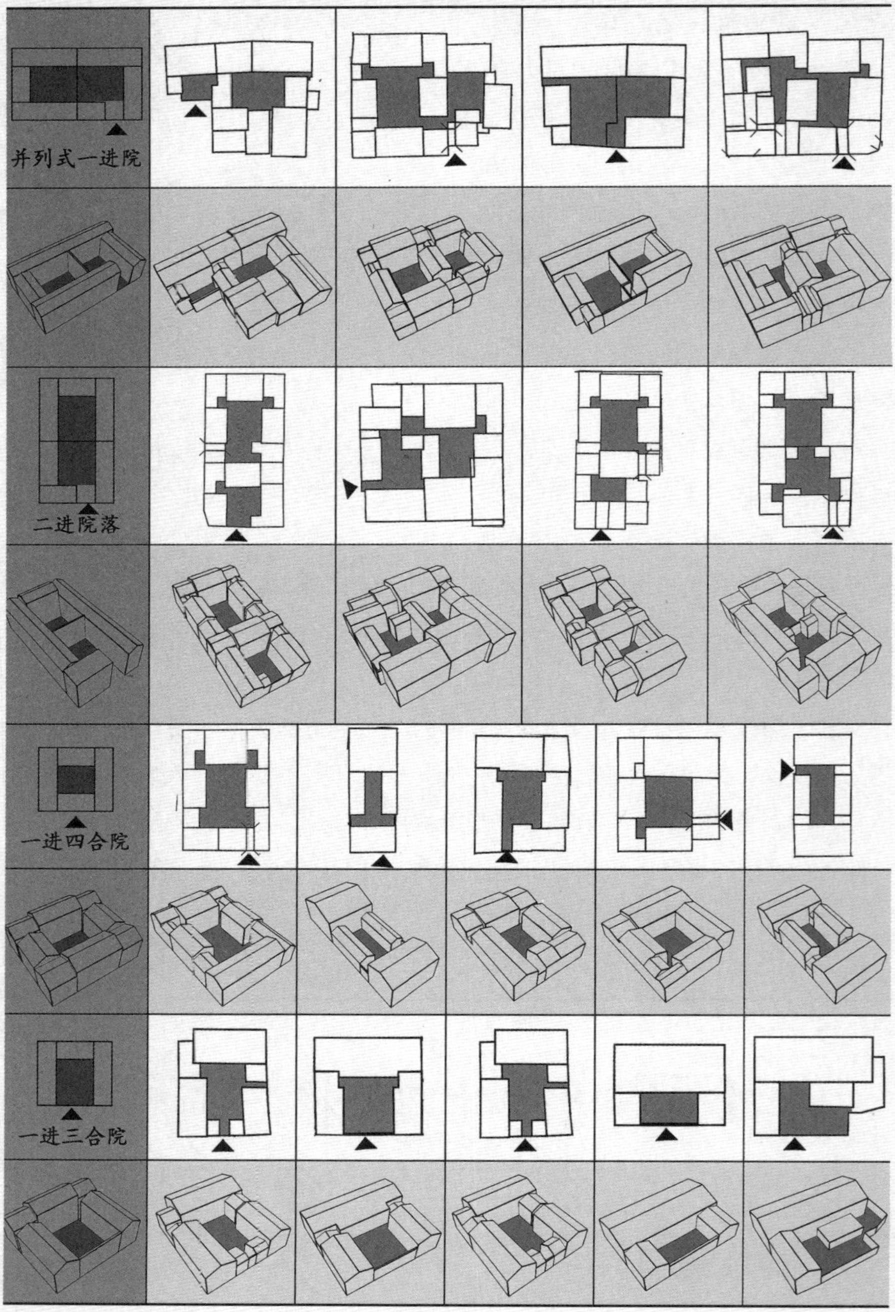

并列式一进院					
二进院落					
一进四合院					
一进三合院					

除了大门本身的形式外，入口处台阶、墙体与大门的位置关系同样变化多样，形式丰富。每户民居入口处基本都有台阶分隔宅院内外，但台阶数量与位置因家宅主人的地位以及宅院所处地势而变化（图3–5）。

（3）院落

总体来说，周村民居的院落较小，房屋较高，加之屋檐的出挑或二层伸出的连廊，院中封闭感较强。因房屋顺应地势旋转形成了一些不规则的形态，院落形态变化丰富，难以统一概括。但从形制上看，周村民居的院落大致分为一进院与二进院两种，一进院可分为单院及并联的双院两种形式，单院又有三面围合与四面围合的区分。从数量上看，周村内的一进院占大多数，一进院又以三合院为多（表3–2）。

3.房屋构造

（1）选材

周村民居建筑以砖木混合结构为主，木构架与砖墙的组合最为常见。民居建造所用材料可以分为木材、砖瓦、石材及黄土几种（图3–6），选材的多样性归功于周村特殊的经济文化背景与地理位置。

图3–6 民居选材示意

靠近山岭的地理位置为周村提供了丰富的木材与石材资源。人们将从山上砍伐而来的大木材制作成梁柱等结构构件，将小木材用于制作窗门格扇、装饰、家具等小件物品，石材也被加工成门枕石、台阶、柱础等，既美观又经济。另外，古代周村居民主要依赖农耕生存，村民们习惯用收获的麦秸

图3–7 村民晒秸秆碎屑

等作物混合黏土制成土坯砖供建房使用（图3—7），这为村内墙体材料提供了一种很好的选择。同时，周村所处的泽州县以丰富的煤炭矿产闻名全国，这为烧制砖、瓦等建筑材料提供了充沛的燃料，使得当地民居形成了青砖灰瓦外观特色。

（2）结构

民居承重结构大体可分为窑洞的拱承重及楼院的木构架承重两种。

窑洞为掏挖形成，利用土本身直立不塌的性质，形成厚实的墙体与拱顶承托房屋重量。

木构架一般为四梁八柱，以抬梁式为主，即在柱上架主梁，梁上承托短柱，其上再架梁，形成三角形屋架（表3—3、图3—8）。屋架上设檩、椽子、望板，再铺设瓦片形成两坡屋顶，有的是一垄仰瓦一垄盖瓦，有的则为双层仰瓦。短柱上有横向细木枋穿插，增加结构的稳定性。最下端的主梁截面一般较大，有不少房屋采用弯曲的月梁，也有人家采用了不规

周村典型房屋结构示意　　表3—3

范家兄弟院后院正房剖面图	郭家花园主院西厢房剖面图	郭家大院平顶院正房剖面图
范家大院西厢房剖面图	范家兄弟院前院正房剖面图	郭家大院入口门楼剖面图

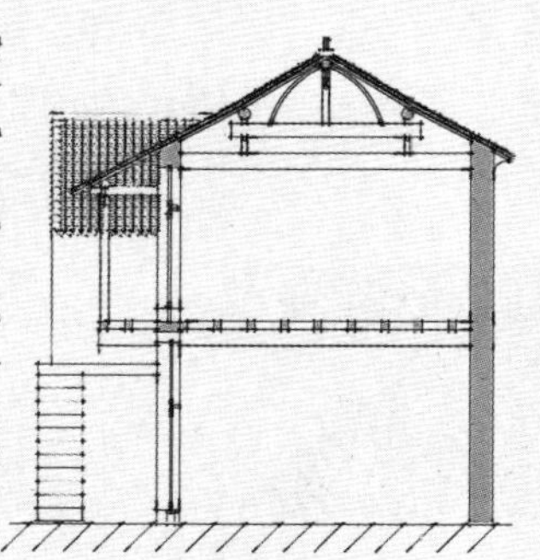

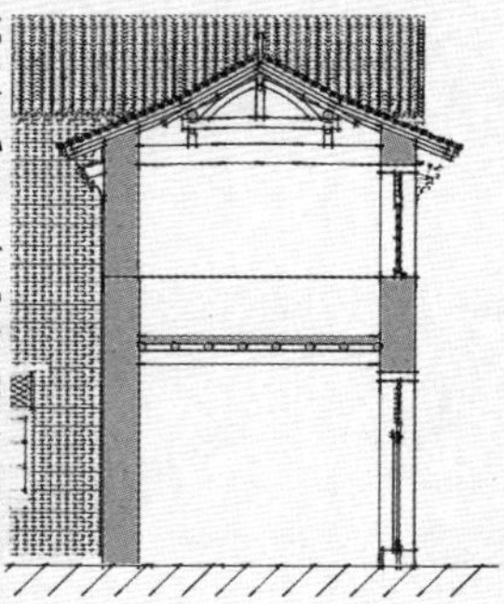

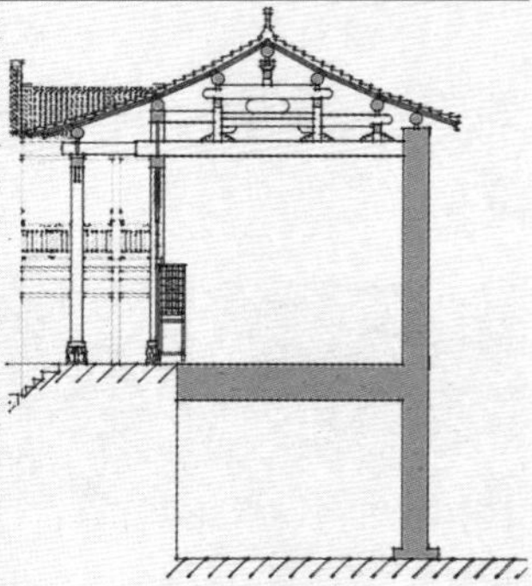

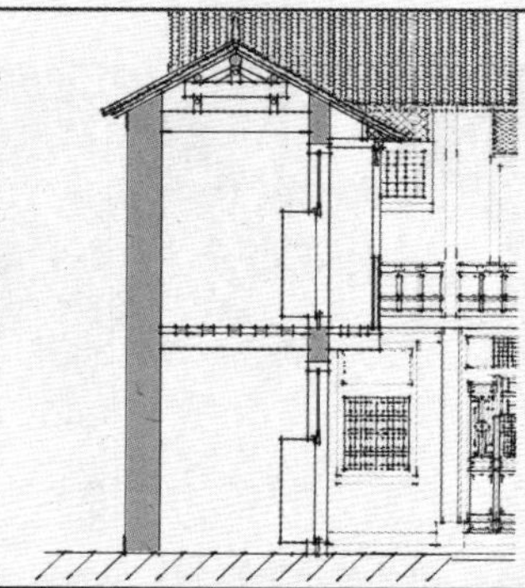

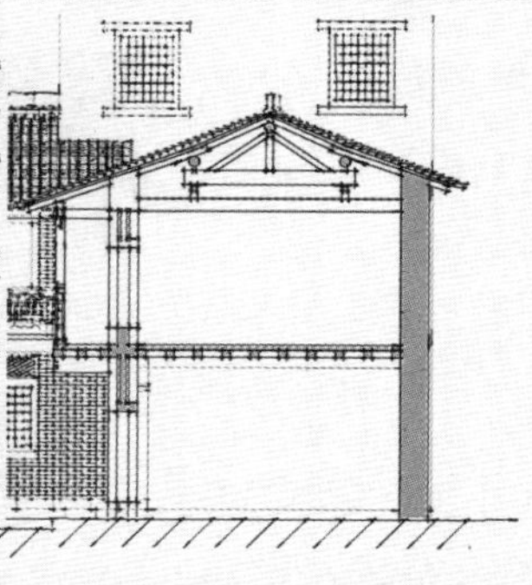

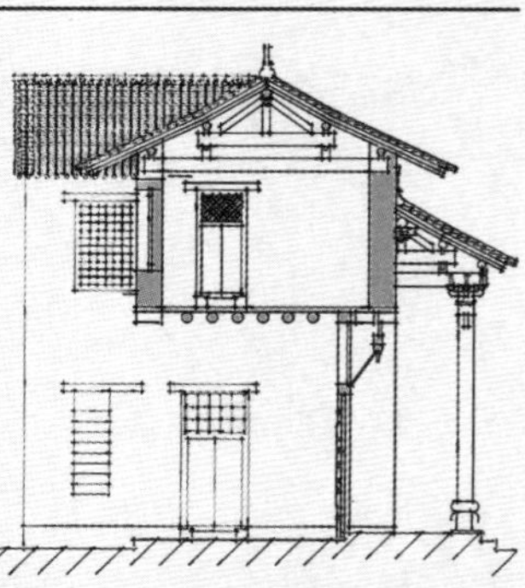

则弯曲的木材作梁，形成不同的屋架效果。绿芸坪园林中某建筑单体采用卷棚顶的形式，屋架主体与抬梁式大致相同，但屋顶不设脊檩，而是用瓦片直接铺过形成柔和的转折，颇具园林美感。

图3–8 郭家大院平顶院正房屋顶结构

（3）防寒保温

周村地处北方，民居具有冬季防寒保暖的要求，古代没有现代设备的支持，纯粹依靠构造手段解决保温问题。首先，民居的墙体厚实封闭，北墙还通常被特别加厚，有的达到1米厚，利用墙体来抵挡寒冷的北风（图3–9、图3–10）。同时，房屋朝南开窗面积较大，以保证充足的采光，北墙及西墙基本不开窗或只开小窗，避免热量的流失。值得注意的是，周村所处的晋东南地区风沙较大，即使是南向开窗也出于遮挡风沙的考虑而适度减小，少有南面全部为格扇的情况。

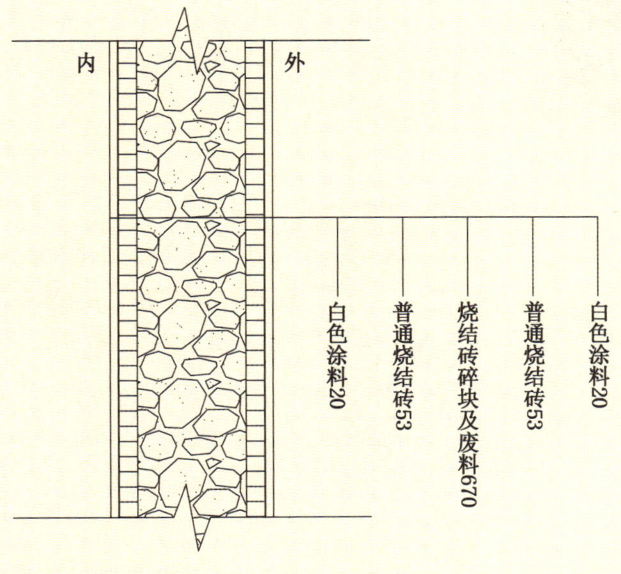

图3–9 墙体剖面详图

图3–10 郭家大院窑洞墙体

图3-11 防潮防洪石基

图3-12 外墙上的排水沟

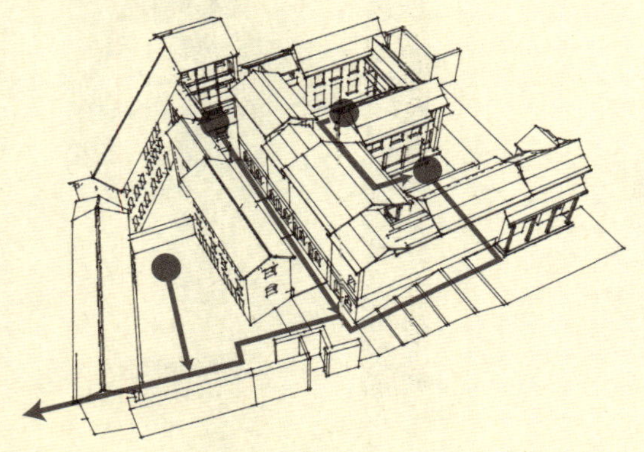
图3-13 郭家大院明沟排水路线图

(4) 隔热防晒

山西南部夏季炎热，周村民居采用构造方式保证房屋通风隔热的要求。厚实的墙体不仅在冬季保温，夏季同样起到很好的隔热效果，这与窑洞黄土的原理一样，通过砖墙较强的蓄热能力达到冬暖夏凉的室内效果。在夏季，合院中的二层连廊同样起到了很好的遮阳效果，为院落带来凉爽舒适。

(5) 防潮

晋东南地区一年中大部分时间较为干燥，但夏季雨量集中，并且当年有两条河流流经村落周围，这些因素使防雨防潮成了周村民居的又一重要功能要求。合院内不仅用石材作为台明、铺地，还常在房屋砖墙及木格扇下加设一圈石基以保护墙体及木格扇不受潮气侵蚀（图3-11）。

(6) 排水

周村老城内的民居通过在面向低处的外墙石基上开设排水孔的方式解决院内排水问题，而村落整体则通过街道台阶上的排水孔及沿街挖设的小排水沟自然高效地疏导雨水（图3-12、图3-13）。

4.立面构成

周村民居绝大多数为两层，且正房、厢房、倒座均以三开间为主，因此立面效果多为两行三列的形式（表3–4）。最基本的形式为上层三窗，下层二窗一门，门位于明间。这种形式多为民居偏院或主院厢房的立面形式。更高等级的是上层加入连廊的形式，这种形式上层明间多为门，可以由连廊进入室内，该形式多用于正房或大户人家的厢房。最高级的即三开间柱廊，下层明间为占满整个开间的四扇格扇，使立面效果更加气派，装饰也更加精致，大户人家的主院正房多采用此种形式。

民居立面色调以棕色调为主，看似朴实无华，实际蕴涵着多种材料组合形成的和谐效果及精美装饰构成的立面细节。周村的房屋由于用地紧张、距离较近而显得较为高耸，其

立面构成形式分类示意图　　表3–4

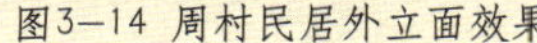

图3—14 周村民居外立面效果

图3—15 周村民居内院效果

面向街道的外立面一般平淡低调，近人尺度上只有堆叠的砖墙与底部的条石构成外部的第一印象（图3—14）。

丰富的内院立面体现出了太行重镇的晋商文化，即使百年后的今天，人们仍能从残败的砖石木构上窥见宅院初建时的精致华美。大部分宅院内的门窗、楼梯、走廊等都为木质，且大都保留了木材原色，多为深棕褐色。也有的民居将木材涂刷成暗红色，地位显赫的家族则有红、黄、绿、白等色的彩画装饰。木质以外的部分则是大面积的砖墙，周村砖墙多为土黄或青灰色，采用错缝砌筑的方式，在门窗、转角等边缘处多为半砖，整体效果规整大气（图3—15）。屋顶一般采用青瓦，屋脊等屋顶装饰都为青黑色。

蕴藏在这些立面构成元素中的是精致的装饰——柱础、斗栱、门窗、鸱吻以及多处砖雕石刻。由于古代周村通商频繁，受外来各地文化的影响，同时又有晋商文化熏陶，形成了多样的装饰风格，其中院落中轴线上的大门、正房装饰最为集中。

5. 建造思想

（1）天人合一

“天人合一”的中国传统哲学思想不仅影响着宫廷建筑及达官府第，同时渗透于普通百姓的生活之中，蕴涵在周村民居的建造方式里。周村房屋的建造讲求与周边环境相

图3-16 与自然相协调的周村民居

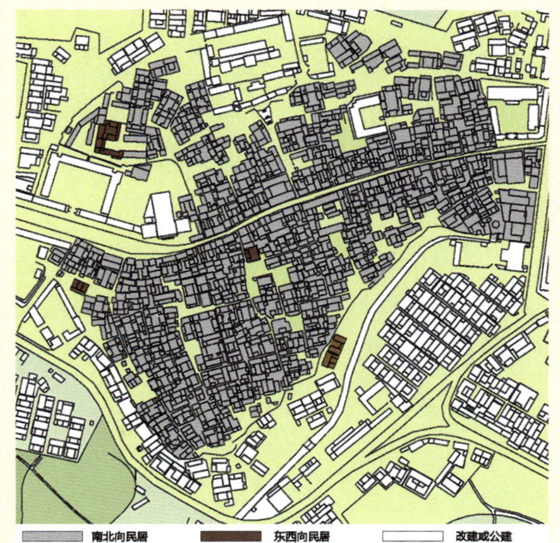

图3-18 民居朝向统计图

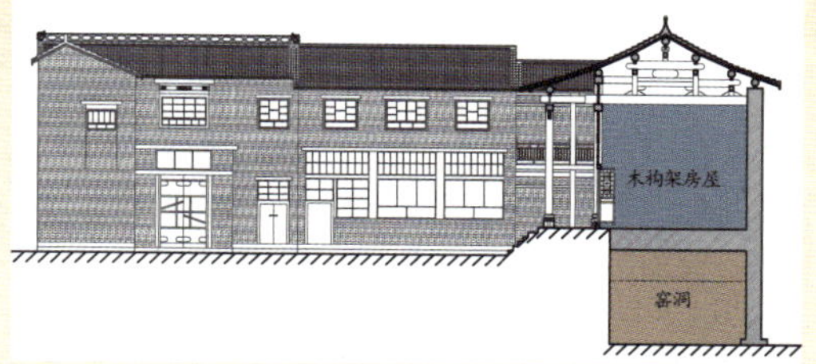

图3-17 郭家大院正房剖面图

融合，对土地保有着极大的尊重（图3-16）。几乎所有民居都顺应地势，遇到小幅高差就以台阶的形式在院内形成错落，若有大幅高差则直接在土中建设窑洞，使得村中出现了窑洞上支撑木构架建筑的形式，充分利用地形，同时减少土方量（图3-17）。

（2）负阴抱阳

“负阴抱阳”是我国古代最基本的房屋择建“风水”思想之一。周村内地形的高差使建筑选址受到较大的限制，同时有限的用地面积及盛时急剧增长的民居数量也不容普通民众进行较好的住宅规划。但绝大部分周村民居在困难的条件下实现了坐北朝南的建筑格局。通过轻微的扭转、院落变形、增加小房间等方式，周村形成了形态丰富却朝向基本统一的民居群落（图3-18）。

从图3-19可以看出，周村民居多为南向偏东，少量南向偏西，极少数民居为东西向。

图3-19 周村由北侧高点向南望

二、郭家大院

1.历史背景

郭家大院（图3-20、图3-21）亦称“西园”，坐落于周村西北角，属于北城门区域，是号称“山西第一才子”的郭象升(1881～1941年)[1]的故居。郭氏系晋城望族、书香世家，以“一门三举人”饮誉乡里，东边老宅门口石墩上高高竖起的旗杆正是其举人之家的标志[2]。

大院共有院落十八进，其规模之宏大、厅堂装饰之精美在周村镇绝无仅有。大院的建造也不是一蹴而就，而是在郭家子弟中举做官后由祖宅“旗杆院”逐渐由东向西扩建而成的。据其一进院（厅堂院）正殿主梁上写有的“大清道光十二年”字样，推断其建造年代至少是西片扩建年代应为1833年左右。新中国成立后，大院一直为周村小学利用至2001年，虽然根据学校的使用需要进行了多次的扩建和改建，但是其院落格局、空间形制仍然清晰可见。

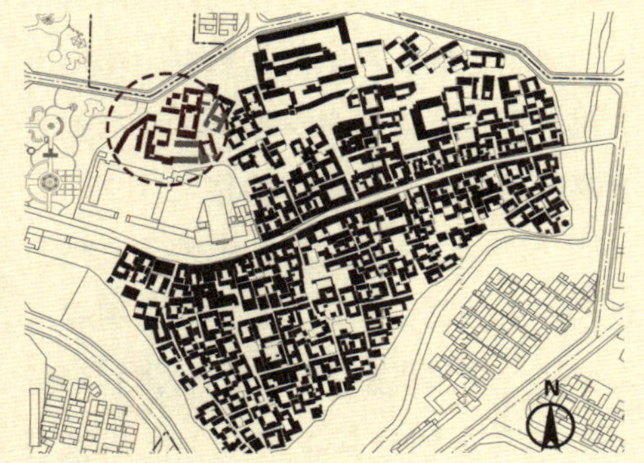

图3-20 郭家大院区位图

1 郭象升其人详见第一章郭氏家族及附录人物传记。

2 晋城一带民俗，凡谁家有中举者便在谁家门口左右竖起两根高高的旗杆，以示崇仰之意。后世遂称这样的人家为“旗杆院”。

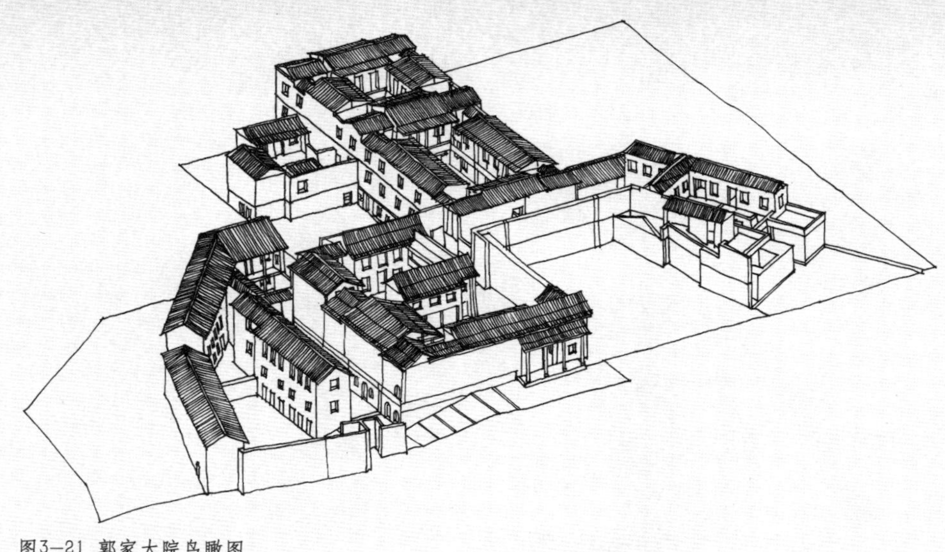

图3—21 郭家大院鸟瞰图

如今的郭家大院历经历史的风霜，部分院落损毁严重，亦已无人居住。但昔日的古瓦青砖、雕梁画栋仍然穿越历史的长河，向人们讲述着清代郭氏家族的显赫与繁荣。

2.整体布局

郭家大院分为东、西两部分，原有平顶院、书房院、旗杆院等18院之多，占地约12000平方米，现较完好的院落有6个院（图3—22）。

郭家大院布局考究，整体呈“U”字形或“凹”字形。故居按修建年代分为两部分，东侧部分以旗杆院、书房院等为主，为郭家老宅；西侧部分为清道光年间的扩建院落，以平顶院、平地院为主。郭家大院包围的南部中心位置原为周村土地庙的位置所在。过去，人们的丧葬事宜要拜祭土地庙，所以土地庙并不吉利。郭家扩建时，通过影壁、高墙将土地庙围住，利用视觉掩蔽的方法达到“去土地庙化”的效果。

旗杆院位于郭家大院东南角，是一个三角形院落，正房朝向东南，为一进三合院。书房院坐落在建筑群北侧，为二进四合院。书房院正门与旗杆院北侧以东西向通道相连。大院西南处设有扩建部分的主入口，入口正对进入厨房院的交通轴线。轴线右侧旧为两层高砖墙，左侧由南向北依次为厅堂院和平顶院。从大门左侧可进入郭家大院长工院入口，顺

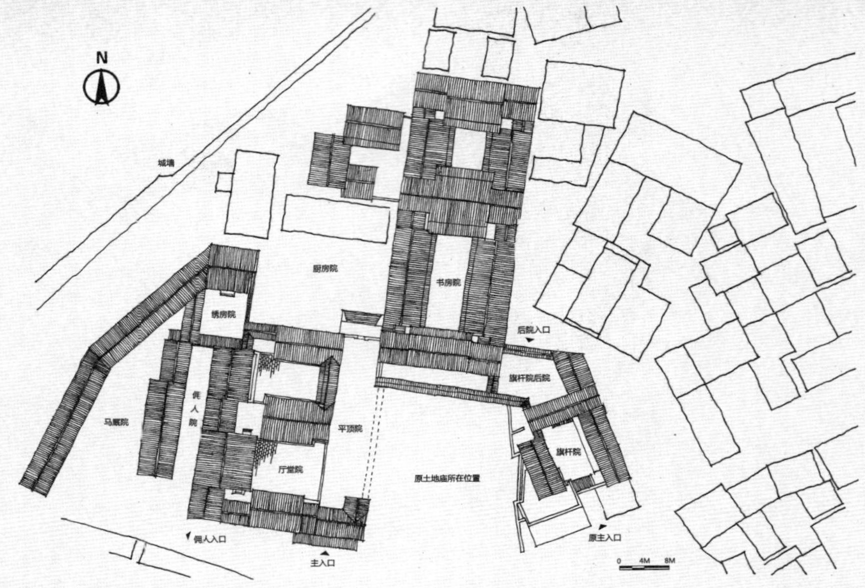

图3—22 郭家大院总平面图

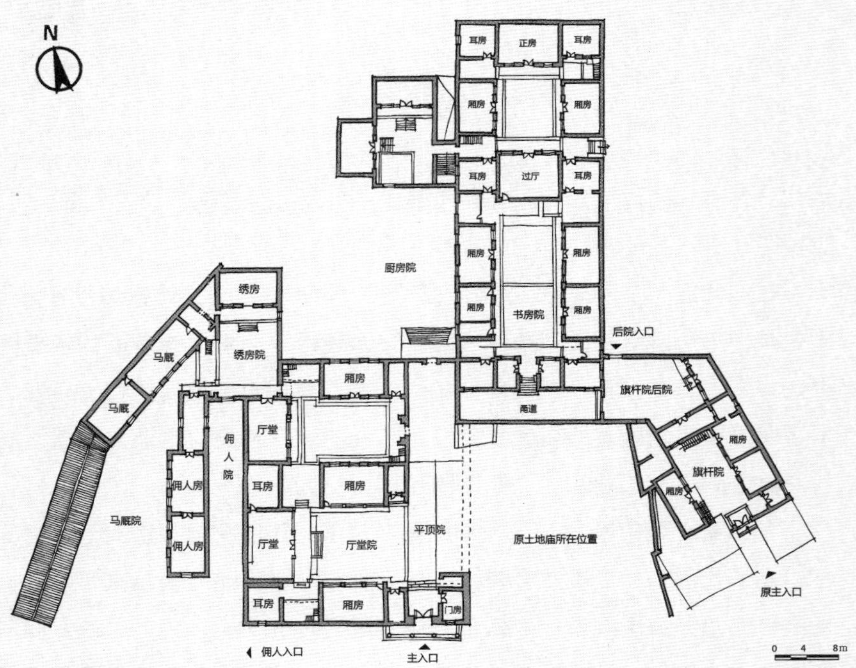

图3—23 郭家大院平面图

坡而下，即来到厅堂建筑西侧，自厅堂建筑向西为长工房、马厩。马厩西侧设有门洞，穿过门洞即来到郭家大院西北。沿马厩北侧向东上坡，即可来到厨房院。厨房院东北角即为郭家大院北门。厨房院由建筑物围合，东侧为书房院西厢房，南侧为平顶院北厢房，西侧为书房院套院建筑物，北侧紧邻周村城墙。

郭家大院扩建部分依地势和城墙走势而建，院落紧邻周村城边缘，又受到土地庙位置影响，建筑布局并不规整。但其规模宏大，交通流线组织独具匠心，巧妙利用高差变化营造了平顶院等具有特色的空间。

3.空间特点

院落空间是中国古代建筑布局中重要的组成部分，通过对称形成院落轴线。郭家大院中，各院落拥有各自独立的形式、空间和功能，院落之间以通道相连，建筑与室外空间组织布局成和谐统一的整体。郭家大院的院落布局打破传统，空间组织巧妙、灵活、富于变化，是因地制宜精心设计的代表作。

郭氏故居院落东南两侧有高墙围合，从南侧正门外隐隐看见屋顶，仍能感受到当年的气势恢弘；西北侧紧邻城墙，建筑面向城外的立面为小开窗的石墙，体现了郭氏家族的内敛，营造向心的“家”文化空间感受（图3–23）。

（1）视觉连通

除使用影壁、照壁的传统民居手法之外，郭氏故居兼具视觉通达手法，尤其体现在建筑物中高层与院落之间。马厩东侧长工房共有三层，一、二层为下人房，三层则为小姐闺房。闺房开窗正对长工房，与马厩围合院落，视野开阔。但是闺房的进入流线却是从正门，穿过平顶院，经过过廊进入。

（2）巧妙的高差变化

与周村上了年纪的老人谈及郭氏故居，多次提到“平顶院”（也有的称“平地院”）的建筑设计巧妙，实际则是建造者巧妙地利用了高差变化（图3–24、图3–25）。郭家大院的高差地势以建筑物分割，通常情况下，建筑物朝向正门方向的院落呈现为二层，而朝向厨房院、长工院等后院的部分呈现为三层。以书房院西配楼为例，站在书房院一进院中，中间过厅与东西配楼围合完整，呈现传统的山西民居院落格局，感觉不足为奇。从厨房院方向观看书房院西配楼则为三层。高差变化巧妙之处有二，一方面完美结合地形，利用建筑物的分隔营造了多个相互之间有高差但各自保持地面平整的院落，保证了坡地上院落与建筑内空间的舒适平整；另一方面顺应时代背景，在古代封建社会尊卑分明的社会文化中厨房院、长工院、下人院、马厩院等场所为仆人所居住，建筑等级低，位于建筑底层。

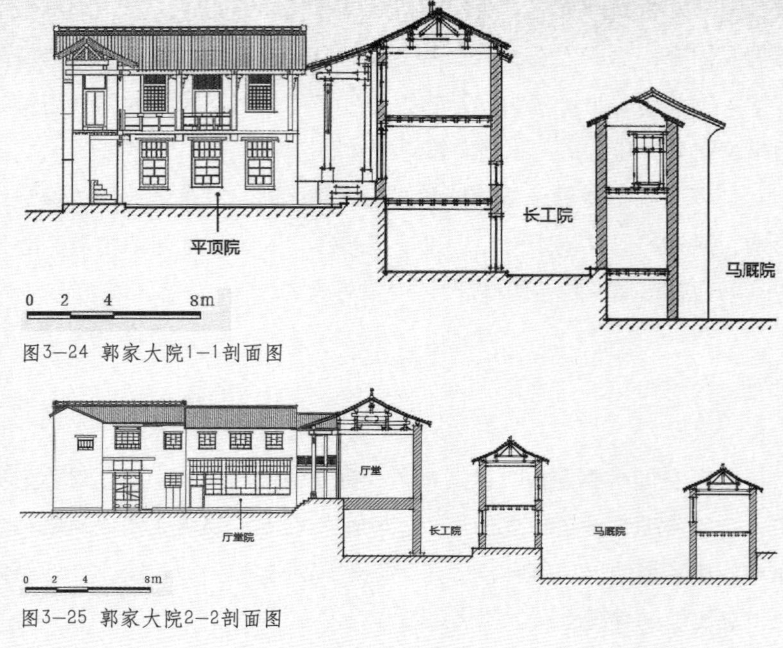

图3—24 郭家大院1—1剖面图

图3—25 郭家大院2—2剖面图

（3）合理规避土地庙带来的不良影响

据北城门附近村民介绍，书房院南侧，旗杆院西侧，扩建院落以东，原为周村土地庙。周村有丧葬事宜祭拜土地的风俗，所以土地庙是不吉祥的象征。郭家大院基地限制因素除城墙和高差外主要就是土地庙。郭家在土地庙东、西、北三侧砌筑高墙，由墙体连接处遗迹来看高约6米。相比于旗杆院西侧厢房紧挨高墙的处理方法，北侧和西侧的处理就巧妙得多。北侧为书房院正门，建造者在书房院门口设置了一面两层高的巨大影壁，规避得很自然。西侧扩建院虽同为高墙手法，但是在人的视平线高度望去，墙体给人一种建筑背立面的错觉，使人模糊地认为此处墙体就是旗杆院西厢房背面，从心理上弱化土地庙的存在。

总体来说，郭象升故居东西两部分通过书房院门口通道紧密相连，建筑形制相对独立。

4.院落分析

(1) 老宅部分

①旗杆院

在古代，功名等级在“举人”以上的人可以在宅第门前竖“旗杆”——用四个石墩子，每两个中间夹着一根高杆，竖在大门外的左右两边，名字虽说叫“旗杆”，实际上并不挂旗。郭象升父亲郭焕芝，博学多才，能诗善文，同治十二年（1886年）中举，竖旗杆后，故居东南院落更名为旗杆院，郭象升幼年成长于此。

旗杆院（图3–26～图3–29）基地呈近似三角形，院落形制并不遵循晋东南地区“四大八小”的规则，旗杆院南边左右两侧有一层的建筑。旗杆院西侧临土地

图3–26 旗杆院院落空间

图3–27 旗杆院二层

图3–28 旗杆院后院通往书房院的入口

图3–29 旗杆院后院

庙，一层建筑与土地庙的外缘平行，形成一个近似于三角形的空间。二层平面为矩形。东厢房同样为两层，与西侧不同的是，一层建筑进深比二层大，导致二层建筑后退，形成平台。从旗杆院正门进入，正前方为石砌楼梯，通往东厢房二层。整个旗杆院布局克服了三角形基地形状的不良影响，以规整的矩形平面营造良好的空间感受，虽已年久失修，但仍然无法掩盖其曾经旗杆高耸的风采。

旗杆院的后院与书房院入口通道相连，形状依旧不规则，呈折线型。后院西南侧临近土地庙的角落为高墙，只有东侧有二层高三开间的房屋。西南侧高墙的存在同样为弱化“土地庙”的影响，而北侧则是满足古代建筑封闭、防御心理的典型做法。北墙西侧有小门，穿过后院，向西即可进入书房院。后院空间狭小，围合高度大，停留感很差，作为书房院的入口缓冲空间和工房院落使用。

②书房院

书房院（图3—30～图3—40）在整个郭氏故居中居北侧，朝向正南，形制最高，南北二进院，是故居主人的起居用房。书房院入口在南侧正中，位于院落轴线上，正门南侧为土地庙，宅第建设时在正门外修建两层高的影壁将院落与土地庙巧妙隔开，弱化影响。第一进院落为典型的“四大八小”布局模式，建筑高度均为两层。入口正对建筑一层为过厅，二层与南侧倒座相对，为三开间。东西厢房各为六开间，三间一组形成居住组合。这可能是由于原来院落中间有隔墙，后来又拆除而形成的。二进院东西厢房为三开间，所以南北距离较一进院小，置身于二进院落中，感到空间局促，私密性很强，让人不经意间体会到

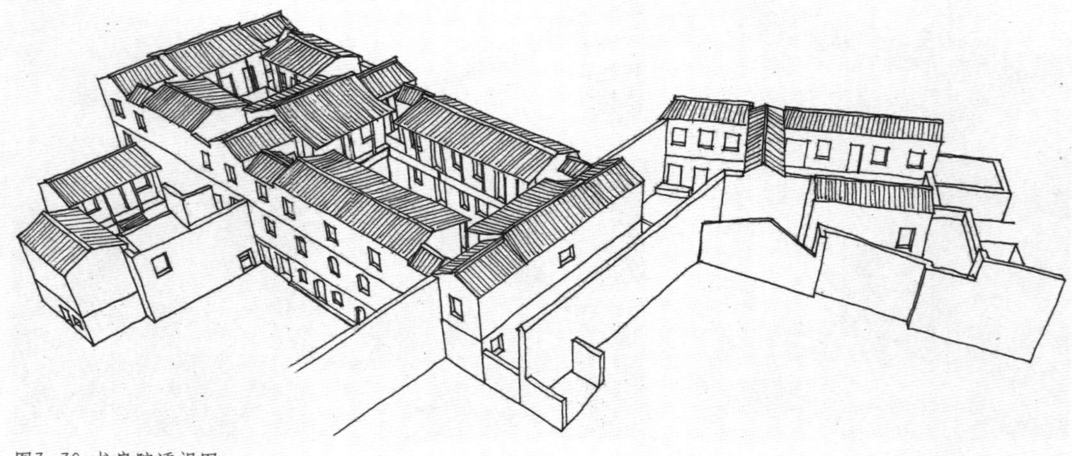

图3—30 书房院透视图

图3-31 书房院入口倒座空间

图3-32 书房院（2012年摄）（一）

图3-33 书房院（2012年摄）（二）

图3-34 书房院（2006年摄）（一）

图3-35 书房院（2006年摄）（二）

图3-36 书房院正房二层梁架

图3-37 书房院后院入口

图3-38 书房院后院（2012年摄）

图3-39 书房院后院正房（2006年摄）

图3-40 书房院通道砖图案

作为主人起居空间的空间特点。不过二进院落正房的形制、高度等要比过厅更高，是古代封建等级制度在建筑中的直接体现。书房院南北二进院的二层均有悬挑的回廊，梁柱打磨笔直，栏板上的木浮雕构造精美。

过厅入口由于经过拆改，并非传统地位于中轴线上，而是中间偏东一些。过堂一层的三间房中，东次间后退形成入口空间，过厅的门即是从东侧进入。穿过过厅有两个出口，一个为通向二进院的出口，另一个经过耳房，到达了西侧的套院。过厅一层进深较大，入口形成一个封闭的过廊，向上延伸到与二层悬挑的过廊齐平的位置。

③西侧套院

西侧套院为不规则的三合院，正房三开间居北，南侧倒座仅为两开间，西侧厢房为三开间。套院虽小却起到了重要的交通节点作用。套院东侧连接书房院过堂，顺延东南角楼梯便可以来到厨房院，而厨房院又与主院落部分紧密相连，所以套院实则起到了连接居住空间与辅助空间的过渡作用。在郭氏故居中，套院并不引人注意，所以当地居民已经无法回忆起其建筑年代和使用对象了，鉴于其处于主人可能经过的交通流线上，猜想其使用对象应该是郭氏家族成员，而并非长工。

图3-41 新宅入口

图3-42 平顶院（南）

（2）新宅

以厨房院为分界，西南方向为郭氏故居的扩建部分，建筑年代在大清道光年间，距今已有将近两百年历史。由于西方文化随传教士等已经逐步传入中国，西方砖石建筑的风格也在中国建筑中有所体现（图3-41）。郭氏故居的扩建部分就融合了部分西洋建筑的特点，比如门窗的装饰元素等。

①平顶院（南院）

郭家大院扩建部分最主要的两个院落被合称为平顶院（图3-42、图3-43），其中南院为一进三合院。正中坐西朝东为厅堂，两侧配楼高二层，均为三开间，东侧设置耳房，两配楼呈对称布局。围合院落方砖墁地，铺地边缘辅以条石修饰，虽然方砖已不完整，仍难掩其当年的极致奢华。

厅堂是郭象升故居中形制最高的建筑，是主人待客接物的重要场所。花梁下有文字记载，郭氏故居厅堂落成于大清道光十二年（1832年）。

图3-43 厅堂入口北侧空间

图3-44 厅堂一层正殿主梁

图3-45 平顶院（南院）北厢房

图3-46 平顶院正房立面

新中国成立后故居被政府收回并设立小学，厅堂一直作为校长室使用至2001年。由于厅堂曾几次以制作纸糊吊顶，才使得屋架及其彩画保存得非常完整。厅堂采用七架梁，梁上鎏金彩画笔触考究，雕刻刀工精美，保存完好，仅有少许部分彩画遭到腐蚀（图3-44）。厅堂正立面两次间曾经过修改，经仔细观察可以断定其原本为木质格扇。其余三面由砖墙围合，仅正门外有两排柱形成门廊，厅堂内部无柱。

厅堂的正立面装饰独具特色（图3-45），采用了很少见的木质雀替样式，梁头间的浮雕样式精美。正门上方的装饰采用细木条设置的榫卯结构，木条很细，更体现了古代能工巧匠的纯熟技艺。

②平顶院（北院）

此院为进入正门后西侧的第二进院落（图3-46），南侧与厅堂院毗邻。院落建筑均为两层，正房三开间居西，朝向东。厢房四开间，居南北两侧，东侧一层为入口空间，二层为连接过廊。院落并不遵循“四大八小”的营造规则，但处理方式没有完全摆脱传统的营造法式。比如院落正房与北侧厢房的衔接处就有两个耳房相连。但从院落的另外三个角落来看，处理手法则很新颖。正房与南侧厢房断开，东侧二层回廊则直接与两侧配房相连。

连。从设计变化的角度来看，可以认为配房西侧三间为传统的房屋布局，而东侧一间则是由耳房变异形成。从立面上的痕迹可以看出，院落东侧、南侧和北侧均有悬挑的二层过廊相连，正房二层也有悬挑的二层过廊，由于作为学校时进行过修改，加之年久失修，目前只有东侧和南侧的回廊现存。从房屋砌砖的痕迹上可以发现，西侧正房一层入口居中设置，后经拆改后调整到正房北侧。通往二层的竖向交通设置在西北角的耳房连接处。从正房北侧耳房穿过，经过二层连廊即可到达小姐居住的闺房。

图3–47 厨房院（一）

③厨房院

厨房院（图3–47～图3–49）是郭氏故居中婚丧嫁娶、逢年过节摆酒席宴请宾客的场所，是由四周建筑物围合而成的较为开放的空地。从扩建院落的大门进入后径直走，穿过富有欧洲古典装饰色彩的门阙，拾级而下即可来到厨房院。其北倚书房院套院，南接平顶院配楼，东邻书房院西厢，西侧有院墙包围。厨房院的特点在

图3–48 厨房院（二）

图3–49 厨房院（三）

于巧妙地处理了高差变化，由此充分利用了四周建筑的底层空间。从厨房院遗留的立面痕迹上来看，厨房院中原有东西走向的两层建筑，将现状厨房院分为南北两院。该建筑的二层类似于过廊。值得一提的是，厨房院在周边建筑底层的杂物窑中设置了一口水井供人使用，这是郭氏故居中两口水井中的一口，另一口布置在长工院中。厨房院方砖墁地，凸显郭氏家族盛极一时的社会地位，矗立院落中，远眺西北，无限开阔，虽方砖易碎，杂草丛生，然往日酒醉喧嚣依稀浮现眼前。

图3-50 长工院（一）

④长工院

长工院（图3-50、图3-51）三面围合，由两排多层建筑在尽端通过一个二层过廊相连。长工院位于扩建院落西侧，建筑主体主要由西侧长工房与平顶院厅堂正房建筑底层空间组成。长工院东西两侧建筑，从建筑空间上两者都巧妙地贯彻了郭氏故居对于高差变化的处理方法。东侧厅堂院地坪高度在长工院二层高度位置，因此面向长工院的方向即存在底层空间。同样的道理，西侧建筑面向长工院的部分为两层高度，而面向马厩院落的部分则呈现为三层。长工院南北长23米，东西宽4.6米，西侧一层共九间，三间一组，为长工生活居住用房。东侧底层空间中，偏北的六间为杂物房，每三间一组，每组各带一个局部的杂物窑，其中一眼窑里有一口水井。厅堂的下部空间均匀分布两眼

图3-51 长工院（二）

图3-52 马厩院（2006年摄）

完整的窑洞，但其进深仅为厅堂进深的三分之二。长工院从北向南的地面均匀划分为三级平台，每级平台相差仅一个台阶高度。地面东侧铺设排水明沟，能够利用地势将厨房院的积水有组织地排出到院外。

⑤马厩院

此院落（图3-52～图3-55）形状不规则，平面近似呈三角形，东侧上层为长工院居住建筑，西侧建筑由两部分组成，南侧部分高两层，一层为马厩，二层为马夫长工等居住的房间，二层竖向交通为在建筑连接处的楼梯间。北侧部分高三层，各层的建筑功能无从得知。二、三层的进入方式不同，三层的入口在主人生活的区域，穿过平顶院的过廊即可到达；二层的

图3-53 马厩院（2012年摄）（一）

图3–54 马厩院（2012年摄）（二）

图3–55 长工院、马厩院入口坡道（2012年摄）

进入通过设置在一层北侧的楼梯间实现。两层建筑虽然只有一层楼板相隔，但却不能直接到达，也是郭象升故居“视觉连通”的直接体现。

5.总结

总体看来，郭家大院建筑面积庞大，建筑形制规格高，合理地规避了土地庙带来的消极影响，沿城墙建设保证了占地面积的最大化，同时充分利用地形，巧妙地利用了高差变化，营造了趣味横生的空间。私密与开敞对应，主人仆人活动区分离，功能布局合理。故居梁架保存情况较好，梁上鎏金彩画生动逼真，浮雕刀工技艺精湛，实为晋东南地区乃至中国建筑史上的瑰宝。

三、郭家花园

1.历史背景

郭家花园位于城西街的西端（图3–56），距原西城门约500米，为城中郭家氏族所有（图3–57）。其南院门题字落款“光绪癸巳（1893年）年菊月穀旦”（图3–58），推测此园在1893年已经建成，距今至少有110余年历史，是一处颇得佳趣的北方私家花园，至今围

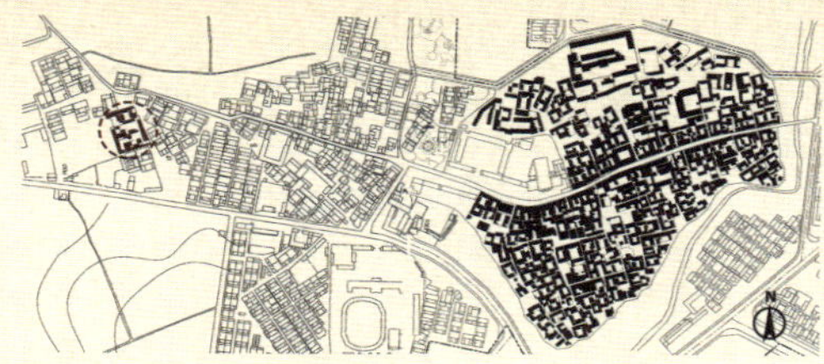

图3—56 郭家花园区位图

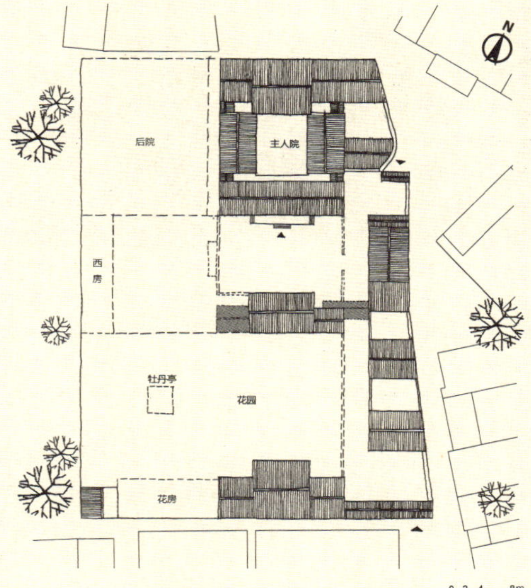

图3—57 郭家花园总平面图

图3—58 郭家花园东南门

墙依然，门廊尚在，院中部分石雕禽兽仍遗留昔日风貌。据周村一些老人回忆，旧时，每逢春暖花开之际，郭家的太太、小姐们就坐着轿子，从旗杆院前往城郊花园赏花，在那里一住就是月余。

2.整体布局

郭家花园整体朝东南方，地势上北高南低。东西宽约45米，南北长约62米，占地近3000平方米。原由大小多个院落组成，现仅主人院保存较为完好。园中形状各异的镂空园窗、不同形状的卵石铺地以及镇内少有的卷棚顶式建筑是其最大的亮点（图3—59）。

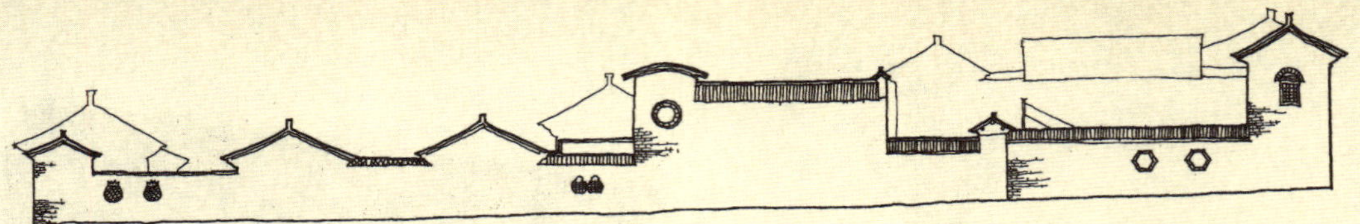

图3-59 郭家花园东立面图

图3-60 郭家花园东北门

图3-61 郭家花园园窗

园设两门，均为拱券式洞门。正门开在东南巽宫，门首书“绿芸坪”三字，无落款。正门内为龟裂纹影壁，其东侧院墙上开有石榴园窗，填以瓦片，留有缝隙，园内花景可以透出园外，使游园之人情趣顿生，也预示着园内非同一般的景色。另一门开在东北艮位，上书“宜西园”，右上款书“光绪癸巳（1893年）年菊月穀旦”，左下款书“文玉卫瑍题”（图3-60）。特别的是，门外一段弧形院墙恰好遮挡了北侧正对大门的视线，避免了城西街上来往人流对花园的视觉干扰与噪声影响。墙上设六边形园窗，增添了入口空间的趣味性，与正门园窗相呼应（图3-61）。

花园中，正北为一标准四合院，供赏花的主人居住，东南角毗连一小院，供佣人居住。主人院院门前为卵石铺地，带颜色的卵石摆放成植物以及蝎子、蜈蚣、蜘蛛等“五毒”的形态，作为地面装饰的同时，还有驱凶纳吉的民俗寓意，园内植物与卵石铺地掩映成趣，可见造园之人对细节的考虑（图3-62）。其正南方为过厅，即观花厅，是主人赏花期间接待宾客的地方，与主人院成一条轴线。原建筑用木制格扇围合，较为通透。现以砖墙代之，为居民使用。据村民描述，在过厅与东侧房屋之间原有二层过廊相连，廊下为连接南北院落的院门，但均不复存在（图3-63）。

过厅南面及其西南面是花园。据院中老人讲述，每逢春夏之际，万紫千红、郁郁青青，月季、牡丹、海棠等花卉争奇斗艳、竞相开放。花园里原来还有一大一小两个鱼池，

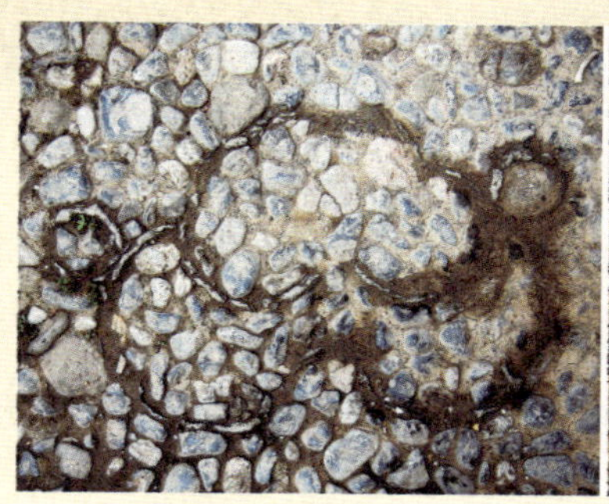

图3-62 郭家花园卵石铺地

过厅西南方有一座牡丹亭，供赏花人饮茶休憩。现园中花卉植物与牡丹亭已被新建房屋与硬质铺地取代。

由此，主人院、过厅、花园形成一条较为明显的轴线。

花园的南侧排布着花房，仅西南角花窑保存较为完好。花窑为两层卷棚顶。一层并排布置两座暖花窑，用以帮助园中珍贵花草度过当地寒冷的冬季。其二层为眺远楼（图3-64），相传这里曾作为郭家小姐的绣楼。卷棚式的屋顶使整个花园顿生典雅韵味，使人联想起江南园林，但相比江南园林的小巧，这里的建筑风貌更为硬朗大方。

在轴线的东侧，由北向南，错落布置着二层的东房（图3-65）以及花匠、佣人

图3-63 郭家花园主人院南立面

图3-64 郭家花园眺远楼西南立面

图3-65 郭家花园东房

图3—66 郭家花园主人院正房

图3—67 郭家花园主人院透视图

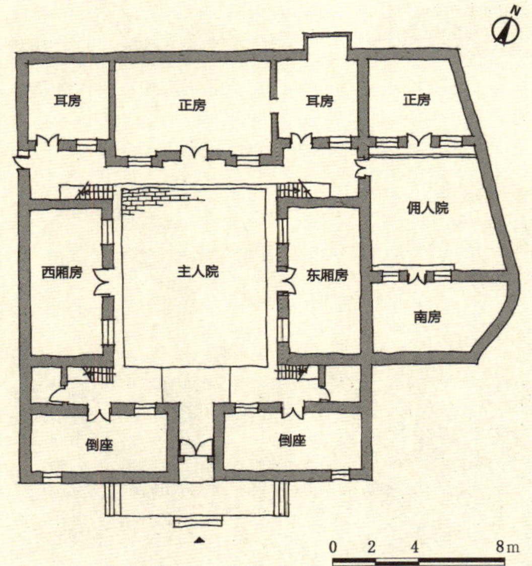

图3—68 郭家花园主人院首层平面图

所居住的单层房屋，这些建筑均保存较为完好。一堵山墙正对东北门，其南为三开间二层硬山顶房屋，紧邻建筑二层、为卷棚顶，曾与过厅通过二层走廊相连，极大地增添了花园的典雅气氛。其东侧为两栋单层硬山顶房屋，两两之间围合出两个小院，经月亮门进入，供花匠、佣人居住，并安置马匹。

据老人们讲述，在花园西北，原先还有一座与主人院并排，且规制基本相同的院子，故与主人院又分东院与西院，两院之间曾有院门相连。但西院在抗日战争时期被日军炸毁，清理残垣后被新建筑取代。

3.主要院落

主人院（图3—66）的入口设在院落南侧正中，门前设三级台阶，以与园内其他院落相区别，彰显等级。门首书“敬修居”三字，木板之上以颜料涂刷，可能为后人书写。

主人院内四周房屋均为二层建筑（图3—67、图3—68），抬梁式木构架，砖木混合结构，面阔三间，进深五檩，砖墙围合，条状长石台明。硬山式屋顶，屋面平坦、檐口硬直，屋脊上饰有雕花砖。院落建筑风格简洁，立面形象庄重大方，正房进深5.3米，面阔较厢房更宽，体现了它待人接客的功能。四周房屋均为普通木板门加木格窗的形式。仅正房设有檐廊，挑廊处的柱子落在一层的梁上，而不落地，由院内东北角台阶通向二层房屋及檐廊，檐廊下尚存少量精美木雕装饰。倒座两侧均有石台阶通向二层。各建筑单体在形制与装饰上都无太大差别，房屋向内院开门窗，倒座向院内也有开窗。

正房两侧分别设有院门通向东侧小院与西侧后院。现东侧小院保留比较完整。院内北侧二层建筑为主人院正房向东的延伸。南房为一层硬山式屋顶。东侧即为郭家花园东北入口处的弧形围墙。此院可能为佣人居住，以方便照顾花园主人起居。

四、范家大院

1.历史背景

范家大院建造之初为明崇祯年间的范锵所有。其主院大门上现今仍有木质匾额，匾额上雕刻的三行文字——“□□□登仕佐郎鸿胪寺序班范锵”、“□登仕佐郎鸿胪寺司仪署署丞范四知”、“鸿胪寺序班范和羹”字样即可对主人身份予以佐证。据明崇祯·杨时化《明故鸿胪寺司仪署署丞范君暨配卫氏李氏合葬墓志铭》所描述，范锵曾先后位居登仕佐郎、鸿胪寺序班（从九品）。其过继的儿子范四知，也曾先后就任登仕佐郎、鸿胪寺序班和司仪署丞，官至四品。四知之子范和羹后也曾位居鸿胪寺序班。范四知为官时期，官场腐败，钩心斗角，范氏因无心权位相争，毅然辞官，告老还乡。回到周村后，开始修建范家大院。据郭大红老人介绍，相传明崇祯时期范四知组织重修周村东南西北四城门，小南门城楼，由于工程量繁大，需要一个商议建造事宜、指挥整个工程运作的场所，这样一个相当于工程总部性质的指挥中心就坐落在范家的主院里，被称为“工上院”。相传范家鼎盛时期富甲一方，以今范家两院为中心向外辐射，四周的民宅均为范家产业。后家道中落，仅存的范家东西两院在土改时分与多户人家。直到20世纪70年代，范家后人范有才老人又将祖宅（范家大院偏院）购回。从明崇祯年间到今天，范家大院已见证了300多年人世沧桑，虽然历经风雨侵蚀，但范家大院仍然保持着它精致而古朴的风貌，向人们娓娓诉说着一大家族的兴衰荣辱。

图3-69 区位示意图

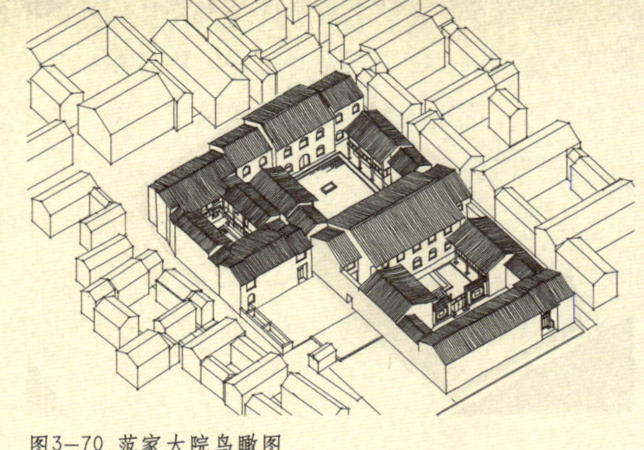

图3-70 范家大院鸟瞰图

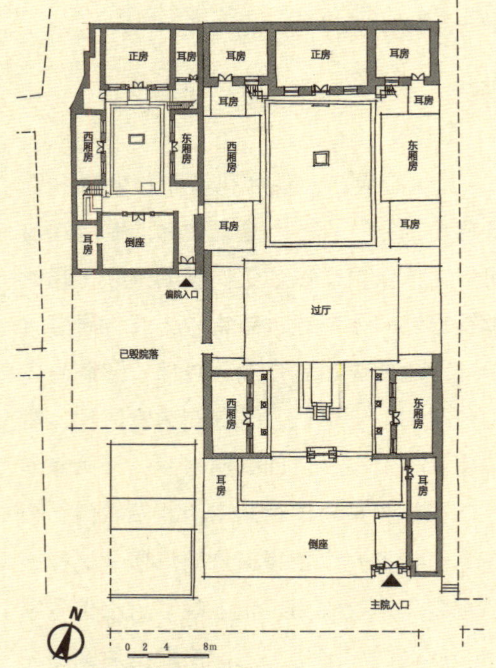

图3-71 范家大院两院平面图

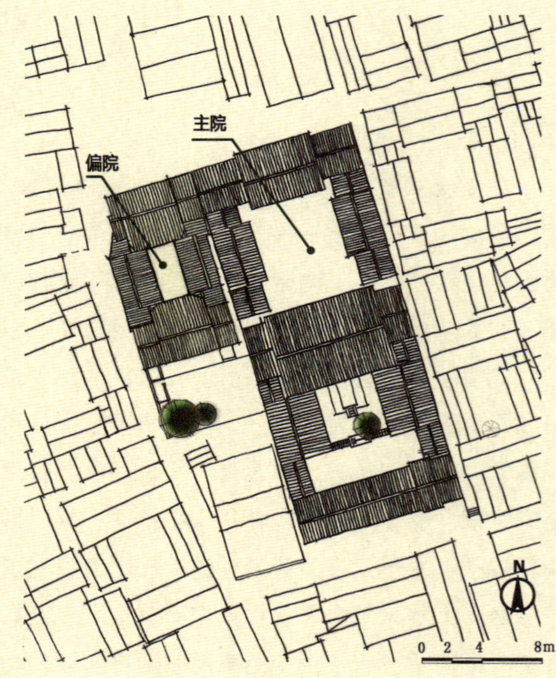

图3-72 范家大院总平面图

2.整体布局

范家大院位于周村镇南片偏西的位置（图3-69），包括东侧主院和西侧偏院两个院落（图3-70～图3-72），北侧外墙相互齐平，两院只有一墙之隔。据范家后人范有才（生于

1928年）描述，范家大院的西偏院原是两进，抗日战争时期前院被烧毁，只留下了后院，也就是现在所能见到的这个院落，前院的原址现在是一片空地。主院西侧外墙上开有小门，原与偏院的前院连通，因前院已毁，现在主院与偏院内部并没有直接连通。

东面主院是规模较大的三进院落，作接待之用；西为偏院，格局较小巧精致，尺度宜人，是范家的主要住所。

图3-73 范家大院主院大门

图3-74 范家大院主院大门斗栱

3.主要院落

(1) 主院

主院共有三进，东西宽22.6米，南北总长54.3米，占地面积约1230平方米。其中，倒座、二进院正房、三进院两厢房已经毁坏重建。院落格局和建筑形制都体现了它以待人接客为主的功能。

院落整体布局规整，呈矩形。院落入口位于东南角（图3-73、图3-74），原有木质大门仍保存较为完好。该院的大门在周村镇为最高等级，大门建造得非常高，达8米，宽2.87米。门楼整体气势宏大，但甚少装饰。斗栱和三排记录主人身份的匾额大约占据了整个门楼一半的高度，使门楼看起来更加气势恢弘，也凸显了主人的身份地位。门前有抱鼓石（图3-75）和镇宅石狮，石狮子已在抗日战争中被毁，仅剩基座。

原有的倒座已毁，现存的倒座是20世纪90年代重建的，但外墙仍然是原始的老墙。按院落东西向尺寸推断，原有倒座房面阔三间，共二层。

图3-75 大门抱鼓石

图3–76 范家大院主院两照壁

二进院有照壁相隔，两照壁中间是木制牌楼门，该门有明显的焚烧过的痕迹，现今有残存的垂莲柱，形式与入口大门的垂莲柱完全一致。由此推断该门的形式应与入口大门形制相似。两边的照壁（图3–76），左右对称，且正反两面都有雕刻图案，但南面的中心部分图案已被新建的房屋堵死，无法得见；北面砖雕仍清晰可见。该照壁雕刻之精细在周村镇绝无仅有。壁顶为硬山顶，砖雕精美，檐椽、檐桁、檐枋、斗栱、平板枋、额枋、垂莲柱等诸多构件，一应俱全。屋脊上装饰有菊花纹样。照壁中心的图案部分高2.7米，宽2.9米，整体朴素庄重，上、左、右三边各有宽15厘米的花草浮雕装饰带：上边雕莲花，象征清廉，左右两边是菊花纹样，寓意长寿。中间是1.17米×1.17米的“犀牛望月”图案的砖浮雕，寓意翘首企盼。

二进院的东西厢房共两层（图3–77），抬梁式木构架，面阔三间，砖墙围护。硬山式屋顶，檐口硬直，屋脊上饰有莲花图案砖瓦，在脊端安设吻兽，建筑风格简洁。

二、三进院之间的过厅地坪被抬高，前面设有月台，由此可见范家院主人的官职、地

图3–77 范家大院主院东厢房

图3–78 范家大院主院第三进院落

位，该过厅现在已毁，据范家后人范兴留介绍，该过厅原面宽五间，进深三间，是三进院落中最大的建筑。古代过厅不用作居住，下人需要从旁门进入到第三进院落。过厅西墙与院落西外墙之间有廊，西外墙开的小门与原偏院的前院相通，但现在偏院只剩第二进院落即后院，前院已夷为平地。

第三进院（图3–78）建筑更为高大，墙厚0.8米，出檐短，为防御性很强的建筑。现今保存下来的仅有正房及正房两边的耳房。正房三开间，建于条状长石台明之上。硬山屋顶，屋脊及山墙边缘都有莲花图案雕砖的装饰，正脊的雕花砖比垂脊的雕花砖尺寸稍大，且正脊两端和垂脊端头都有吻兽。这

图3-79 范家大院偏院南立面

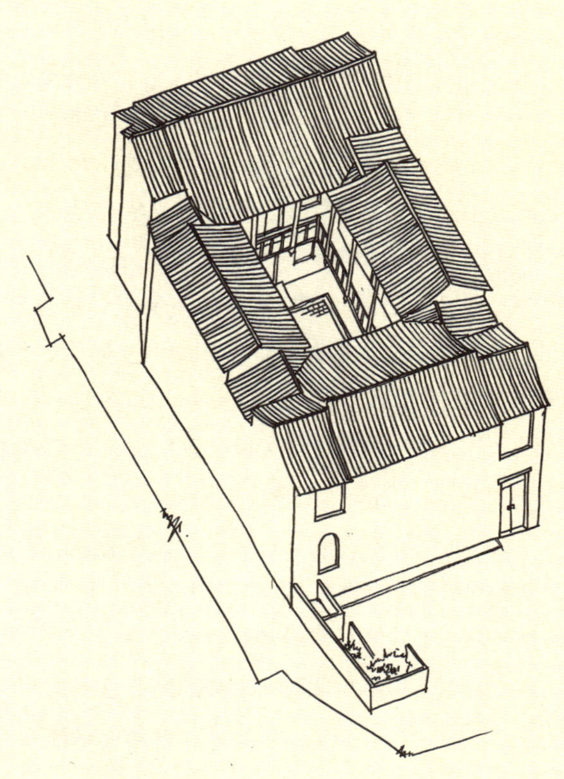

图3-80 范家大院偏院鸟瞰图

样的屋顶装饰方式在周村镇也是独一无二的，可见其等级之高。两边耳房屋脊为卷草图案雕花砖，等级略低于正房。房屋向内院开门窗，均为拱门拱窗。

厨房设在耳房内，厕所则设在西南角，旱厕坑口在院外，体现了"污不入院，秽不入宅"的思想。二层各房间皆有门，通过耳房的二层可以来往互通。按照当地的习俗，房屋二层不宜作为主要卧室，而是储粮、贮物、祭祖等的空间。

（2）偏院

偏院（图3-79）是范家子孙的主要住所，现居四户人家。院落主人为范家后人范有才老人，其他住户为租住。据范有才老人介绍，范家院的居住传统是正房一层由户主即家中老人居住，其子及儿媳住在楼上厢房，这样的居住模式体现了传统的长幼有序观念。

偏院相较主院可谓装饰典雅、精雕细琢。虽然同为"四大八小"四合院，主院朴素、庄重、围合性较强，看上去有些严肃和刻板；而偏院则恰恰相反，正房、两厢、倒座形式都各不相同，装饰淡雅明快。

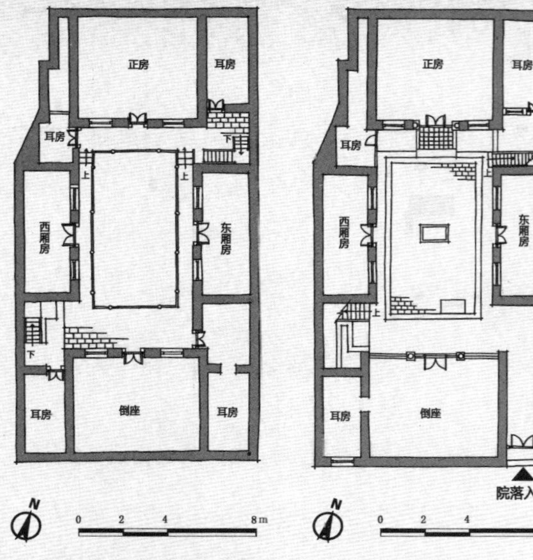

图3—81 范家大院偏院平面图

偏院不是严格意义上的“四大八小”的格局（图3—80～图3—82），由于街道空间与用地的限制，偏房将八个耳房中的西厢房南耳房和东厢房北侧的耳房作为过渡空间，而将西厢房北耳房和东厢房南耳房与相邻的耳房笼统地处理为一间，是“四大八小”的简化格局，二层设有环廊，有廊柱，有出挑，一层无柱廊。

院落坐北朝南，东西宽13米，南北长24米，占地面积约312平方米，由正房、东西两厢和倒座四幢房屋围合成。院落入口在东南角，南墙作为其对外的主立面，朴素中不乏精致，二层两窗下均有砖砌图案，大门的形制相较于主院要简单含蓄得多，高3.43米，宽1.75米，是典型的普通民居的大门尺度。但其细节处理却很考究。大门的铺首为圆形，熟铁打制，边缘为卷云形花边图案，门环为光滑圆形，制作精良。门上匾额刻有“石□□业”（图3—83）。

中心院落呈长方形，四周房屋面阔都在7～8米，正房（图3—84）、倒座均进深6.4米，厢房进深为3米。所有房屋均为二层，抬梁式木结构，砖墙围合。硬山式屋顶，坡度平缓，屋脊均有雕砖装饰。正房倒座屋脊雕砖为莲花图案高浮雕；东西厢房及耳房则是较为简单的菊花图案。从房屋装饰程度可以看出它们之间的重要性依次是：正房最高，倒座次之，东厢（图3—85）再次，而后是西厢，耳房则最次（图3—86～图3—89）。

正房、东西厢房的二层柱廊相互连通，高差部分设置台阶，外围栏杆保存完好，轮廓清晰，正房栏杆为挡板式，回纹作边饰，中央为圆形寿字浮雕；西厢房栏杆则用“步步锦”形式，图案具有强烈的几何感与秩序感。东厢房则由于重修而变成了朴素的木条栏杆。

正房一层明间采用了整体的槅扇门立面，正房二层及其他房屋各层都是普通的木板门和木格窗。槅扇门窗、木板门、木格窗在院落建筑中交替使用，使得院落建筑等级落差有了明显而流畅的过渡，也加强了院落的整体性。

偏院主要房间的一层的结构大致相似，都是典型的晋东南民居做法。以正房为例：

图3—82 范家大院偏院院落空间

图3-83 大门上匾额拓片

图3-84 偏院正房大门

图3-85 偏院东厢房

图3-86 偏院二层柱廊雀替

图3-87 正房槅扇

图3-88 正房二层栏杆

图3-89 西厢房二层栏杆

院外一侧以墙承重，院内一侧以柱子承重。两根主梁延伸到屋外作为水平的承重结构，同时解决二层柱廊出挑问题。进深方向有11根方形檩依次排开，檩条采用的是规整的方形截面，在周村镇的民居中并不常见，应是官宦人家的地位的象征。

二层是坡屋顶的结构，前面由柱承重，后面由墙承重。沿开间方向有两榀梁架，每组两根，上下布置。椽子分段搭接到檩上，椽子交错搭接。

屋顶四大四小之间相互搭接，有机地连成一体，既保证外观的严整美观，又能达到优良的排水和防漏的目的。

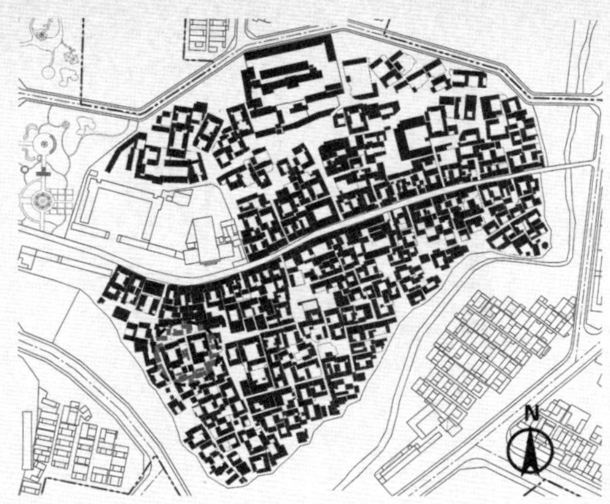

图3—90 范家兄弟院区位图

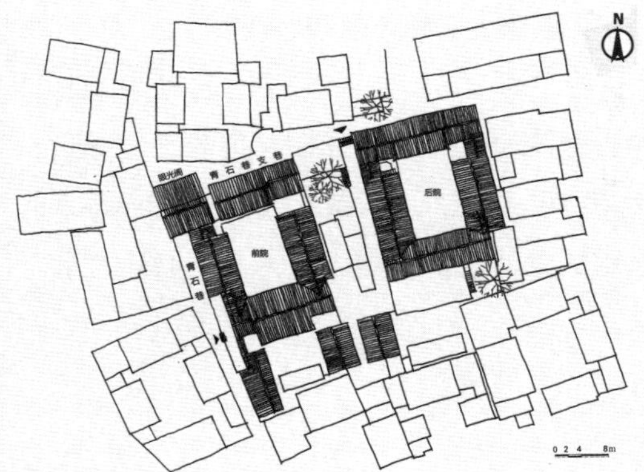

图3—91 范家兄弟院总平面图

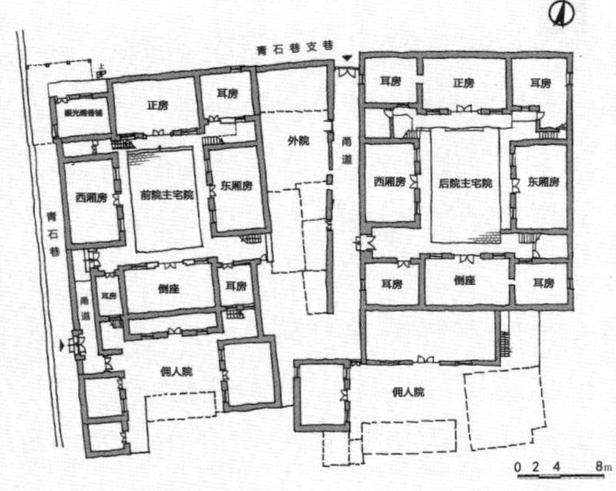

图3—92 范家兄弟院平面图

五、范家兄弟院

1.历史背景

范家兄弟院位于青石巷内中段（图3—90），西北角紧邻眼光阁，分为前院与后院，坐北朝南，最初分别由范氏兄弟居住，具体姓名未有记载。据村民描述，范家兄弟可能是当地地主，可能与范家大院主人有亲缘关系，从事商业买卖，具体经营内容不详。现存两院保存均较为完好，其规模、形制较为相似，是当地院落形态的典型代表。前院青石巷对面即为眼光会所在地，其住宅与商会如此之近，可能与范氏兄弟在商界的影响力有着重要关系。

2.整体布局

前院东西宽约19米，南北长约32米，占地约600平方米，由北面的标准一进四合院与南面供佣人居住的三合院并排构成（图3—91～图3—94），主宅院与佣人院入口均在西侧。院门外有一狭长甬道，宽约1.5米，长12米，宅门位于其西侧，主宅院与佣人院即由此连接，其形成一道空间屏障，将喧闹的街道与宅院隔离，保证宅院内部不被打扰。

前院正房西侧耳房独立于前院，入口

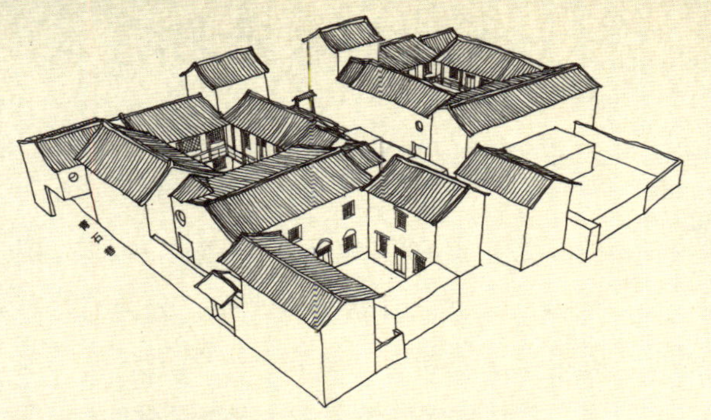

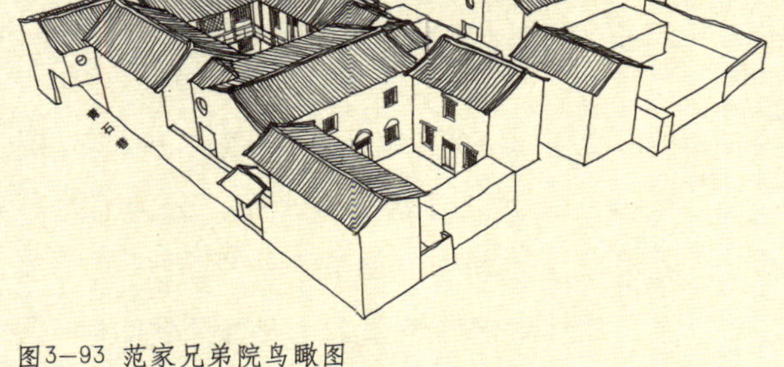

图3-93 范家兄弟院鸟瞰图

图3-94 范家兄弟院交通组织及私密性分析

直接面向街道，一层出售香、纸，二层供奉神像，是镇内重要公共建筑眼光阁。其二层分别向西侧、北侧街道挑出，形成过街楼，同时在一层留出灰空间，供香客停留。

后院并列于前院东侧，东西宽约30米，南北长约35米，占地约900平方米，由北面标准的一进四合院、南面的佣人院以及外院组成。除去外院，其布局与形制与前院极为相似。主宅院与外院之间为一条甬道，宽约2.5米，长约28米，甬道北面为宅门，三院均向甬道开门，联系了各辅助用房，成为公共区域与私密区域的过渡空间，增强了内院的私密性和安全性，把主人与佣人的活动区域隔离开来。

3.主要院落

（1）前院

前院（图3-95～图3-98）正对青石巷的宅门装饰简洁，悬挂“处善循理”四字，出自汉代大儒董仲舒《天人三策》的第三策中的“明于天性，知自贵于物；知自贵于物，然后知仁谊；知仁谊，然后重礼节；重礼节，然后安处善；安处善，然后乐循理；乐循理，然后谓之君之”一句，意指一种待人处事的原则。大门正对宅门的佣人院，院墙上设有龟裂纹影壁。

主院门楼位于院落西南角，门洞上方为挑阁，开圆形阁窗，装饰简单大方，下悬“高平世泽”四字。范仲淹的许多文章的落款经常用到“高平”的字样，范仲淹的后代称“高平世泽”、“高平家风”等，由此即可判断宅院主人是范氏一支辈。其对面院墙上设有龟裂纹影壁，形成对景，同时，也将街巷内的“戾气”挡在院外。

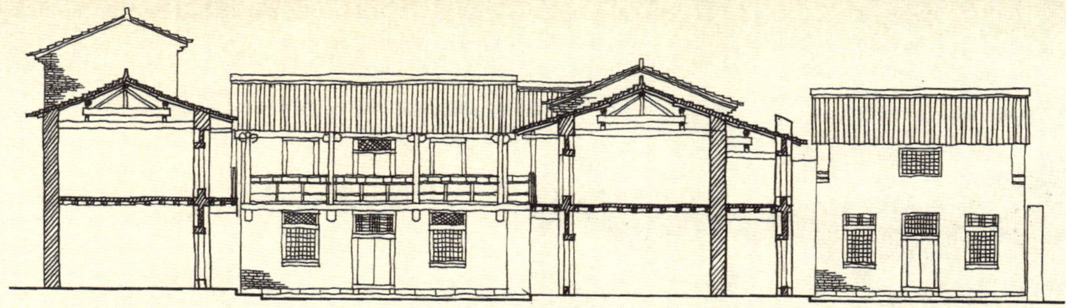

图3-95 范家兄弟院前院纵剖面

图3-96 范家兄弟院前院甬道

图3-97 范家兄弟院前院主宅院正房

主宅院除东北角耳房为三层外，四周房屋均为二层檐廊式建筑，抬梁式木构架，砖木混合结构，面阔三间，进深五檩，砖墙围合，条状长石台明。硬山式屋顶，屋面平坦、檐口硬直，屋脊上饰有雕花砖，檐部饰以木雕。挑廊处的柱子落在一层的梁上，而不落地，走廊下形成没有竖向隔断的灰空间。院落建筑风格简洁，立面形象庄重大方，正房进深5米，与倒座都特别用了四扇槅扇门，面阔较厢房更宽，体现了它待人接客的功能。两厢为普通木板门加木格窗的形式，除此之外，各建筑单体无论从形制还是装饰上都无太大差别，房屋向内院开门窗。其厨房设在倒座耳房内，厕所则设在东南角，旱厕坑口在院外，体现了“污不入院，秽不入宅”的思想。二层两厢房与倒座通过室外连廊来往互通。正房西侧耳房为眼光阁，入口直接面向街道。按照当地的习俗，正房一层为家中年长者居住，二层为儿女居住，其他房屋二层主要用于储粮、贮物、祭祖等的空间。通过土改的房屋再

图3-98 范家兄弟院前院主宅院西北角

分配，现在主宅院四幢房屋为不同的主人所有，二楼年久失修，上下不便，已无人居住。倒座东南角有门与后院相通。

佣人院为三合院，入口为随墙门，正房与两厢房为二层，面阔三间，基本无装饰。正房门窗起拱，形制等与两厢无差别。

（2）后院

后院（图3-99～图3-101）宅门面向青石巷的支巷，上悬“气象万千”四字。院门与宅门错动布置，视线进行两次转折。这样的处理隔离了街巷外部的

图3-99 范家兄弟院后院主宅院院门及甬道

图3-100 范家兄弟院后院主宅院西北角

图3-101 范家兄弟院后院主宅院正房及西厢房

视线，遮蔽了院落的内部空间，弥补了没有影壁的不足。后院西南面有甬道与前院相连。

主宅院入口为随墙式门楼，设在西南角，悬挂“守心箴”三字，此三字出自康熙年间进士杨名时的《杨文定集》：“脉尔守心箴，长希入圣治。高山望岂赊，一仰一倾写。”其对面外院墙上为龟裂纹影壁，设三级台阶，与佣人院作等级区别。

与前院区别较大的是，后院主宅院的三层耳房设在西北角，除此之外，其四周房屋亦均为二层檐廊式建筑。前后两院均设三层耳房，可能是出于风水考虑。因其主宅院北侧正对着一条小巷，在风水学上较为不利。为防止街巷中的“晦气”传入家院之内，加设三层耳房以辟之，达到“辟邪祈福”之用。主宅院采用四大四小式布局，抬梁式木构架，砖木混合结构，面阔三间，砖墙围合，条状长石台明。硬山式屋顶，屋面平坦檐口硬直，屋脊上饰有雕花砖瓦。建筑高度与院落之比接近1：1.2，尺度适中，从整体着眼加以精雕细琢，看上去大气典雅又不失细节点缀，蕴涵一种静谧而亲切的气氛。与前院主宅院相比，后院主宅院仅在院落南北长度上增加2米，正房正脊两端安设吻兽，其他形制、装饰与之基本相同。在其正房花梁上题有“民国□□岁次丙□五月初玖日未时上梁创修东厢上下四间、

图3-102 范家兄弟院后院主宅院正房花梁题字

图3-103 福星楼区位示意图

图3-104 张士达故居西院正房立面

北房上下六间、西厢三接六间、大门上下两间，宅主范景文率男本信伦孙德□阁宅……”（图3-102），由此确定后院修建于民国时期，而前院修建时间也可能相同。

佣人院为三合院，院门正对宅门，上书“迎新居”。仅存两层的西厢房与一层的正房。正房屋顶连起三拱，拱与拱之间以梁搭接，顶为平顶。

外院建筑仅剩断壁残垣，但通过房屋基石，依稀可见当年房屋的痕迹，猜测为马厩、厕所以及门房。

六、张士达故居

1.历史背景

张士达为清朝晚期的文人，曾出资主持修建村内地标性公建魁星楼，并为多处石碑题字，是周村内非常有影响力的人物。其故居位于周村老城的东南侧（图3-103、图3-104），紧邻东南城墙，与南门离得最近，属于村内南片。宅院西侧有一片空地，现为公共活动空间。目前，在该宅院内居住的为67岁的张家后人张杰山。据张大爷称，张士达宅院曾经有三院并列加一个偏院的规模，现如今偏院已非张家所有，东侧两院无人居住，只有西侧一进院为张家后人居住，保留得最为完好。张士达院为周村典型的小型民居院落，历史悠久，装饰精美，具有很高的研究价值。

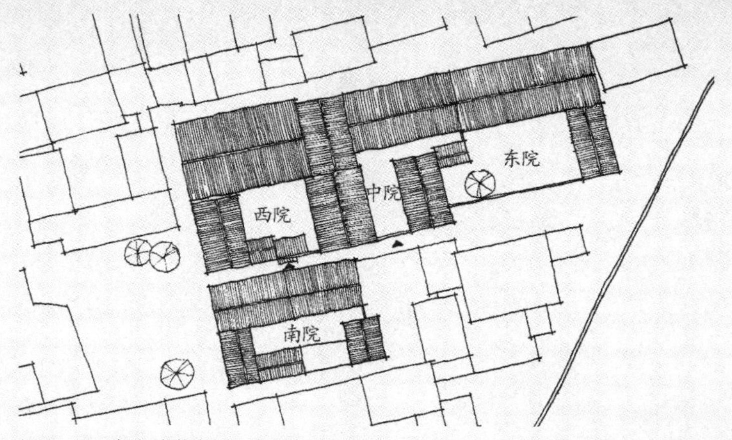

图3-105 张士达故居总平面图

2.整体布局

张士达院落群位于南片区，该片区房屋较为密集，宅院与周围房屋毗邻，因此也不可避免地形成了一些房间的转折和错落。为顺应周村房屋道路的整体走势，该院在坐北朝南的大方向上有小幅度的逆时针倾斜，稍偏东（如图3-105、图3-106）。在张家兴盛期间，家族宅院西侧临近村内公共空场，东侧紧靠周村东南城墙，北侧三个东西并排的宅院，院间有墙体或房屋相间隔，内部并不连通，而是靠南墙大门分别进出，现北侧东端的院落已经损毁，其西侧两座院落得以保留，共两个南向入口。院落连通走道南侧的小院也曾为张家所有。这四座院落之间不存在明显的轴线关系与形制联系，每个院落自成一体，可能为张家先后购置而非统一布局建造。

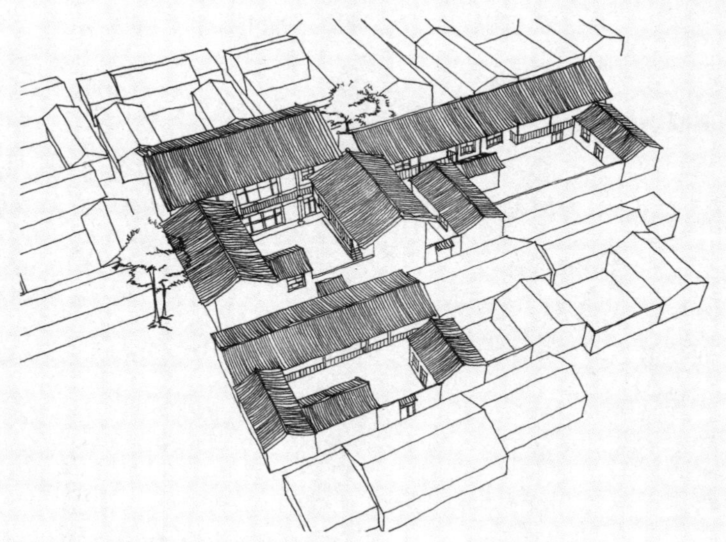
图3-106 张士达故居透视图

3.西院

西院为三合院，东、西两侧有厢房，北侧为正房，南侧只有墙体与大门。宅院整体为砖墙木构架，院内为石材铺地，院内檐廊下有多处精美木雕装饰，同时其镂空石柱础也是村内一大艺术瑰宝。

西院的入口位于一狭窄的小巷道内，大门位于南侧，门上的屋檐宽大，形成了较深的灰空间。门下有台明，门板为木材原色，质朴大方。屋檐下有娟秀的梁枋装饰花卉，垂莲花苞柱凸显了主人的雅趣。由于大门位置本身比较隐蔽，该范围内的用地也比较紧张，张家院的一进院大门直接对着内院，大门与正房相对，虽然格局本身使内院并不隐秘，但门前的窄巷也达到了很好的遮挡效果。大门的屋檐西侧有一只向外翘首以盼的小石狮，为张家镇宅之物，雕刻圆润细致，通体青黑色，形象生动。

内院约6米见方，地面为规整的石条顺次铺装，正房、厢房都为两层，围合感较强。正房较两厢房高出1米，建于台明之上，建筑主体为木结构，正房一层明间的大门为四扇木格扇组成，东、西次间及二层为砖墙木门窗。木材均为原色、未刷涂料，装饰纹样都为基本的四直方格或四斜 文，古朴大方。一层门前的廊柱装饰较为精美，雀替与大门花卉纹样对应，柱础则为极富艺术价值的镂空莲花纹石柱础。

房屋的主体结构为砖木混合承重，厢房二层连廊为木构架，门窗都为与正房对应的木质门窗。西厢房一、二层之间为石阶相连，东厢房则采用木梯上楼，正房、东厢房的二层采用连廊相互连通，正房二层连廊较高，二者高差采用木梯相连。从残留的屋顶瓦片看出张氏大院内的屋顶原为仰瓦配合盖瓦的合瓦形式，并且具有小巧精致的瓦当装饰，现在盖瓦及瓦当大多损毁。

4.中院

中院入口同为南向（图3−107），与西院大门处于同一面墙体上，入口大门较为质朴，其上屋檐出挑较小，檐下为砖砌的简化斗栱造型，门洞上还镶嵌有石刻匾额，现被住户的贴纸遮挡。中院的内院为“L”形，从南侧入口进入后有一方形小院，小院前方还有一东西向较宽、幽深窄小的狭长院落，狭长院落地坪比方院更高，使人进入院落后随着转折逐层登高，更有空间序列感。狭长院落的南北两侧有两个长条形建筑，由于宅院已经脱离一般的形制，故而无法定义房屋为正房或厢房，相比之下北侧房屋更大，占据主要地位。两房屋与西院房屋构造手法相同，都为砖木混合结构，木质二层走廊。东院整体较为朴素，基本没有细部装饰，且有翻修过的痕迹，虽基本按照周村古建风貌进行翻修，仍不如西院的研究价值。

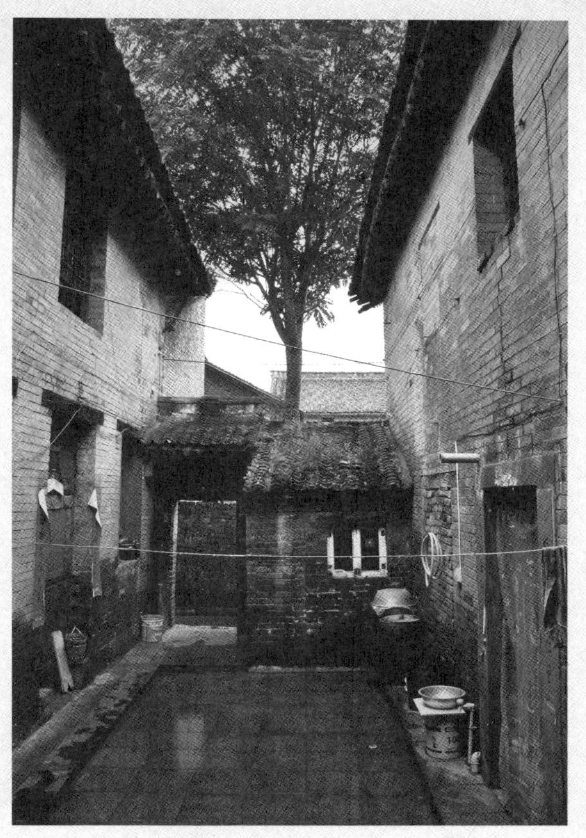

图3—107 张士达故居中院入口

七、福星楼

1.历史背景

福星楼位于周村小学以东的街巷之中（图3—108～图3—110），院子西面正对一条小巷。其建造年代已无从考证，据现居其内的85岁的李引先老人介绍，该宅院据说建于清代晚期，宅主名为范可辛，经营银器生意，家底殷实。福星楼现为一进三合院，李引先老人介绍，传说福星楼三合院的格局是范家祖上出于风水的考虑，院落格局形如簸箕，据说这种形状有“不漏财”的寓意，并且可使院落在南边直接面对当时的商业街。但另有村内其他老人传说，福星楼在建造之初原本是完整的四合院，在战争时期南房被毁坏。20世纪80年代住户

图3—108 福星楼区位示意图

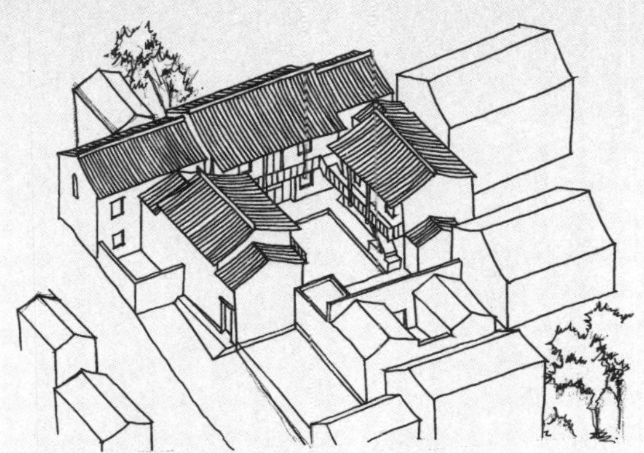

图3-109 鸟瞰图

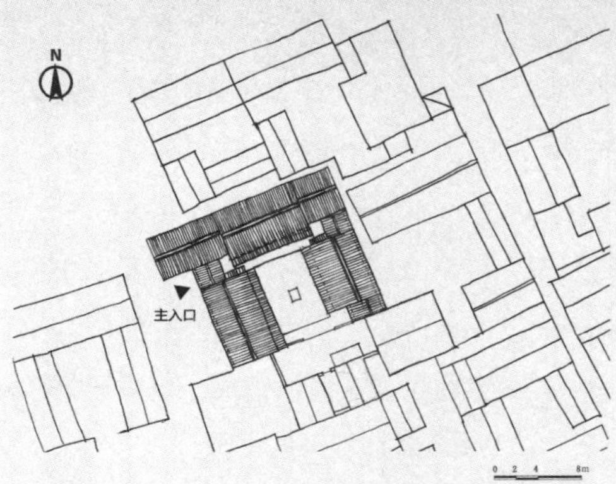

图3-110 福星楼总平面

图3-111 福星楼西外立面（部分）

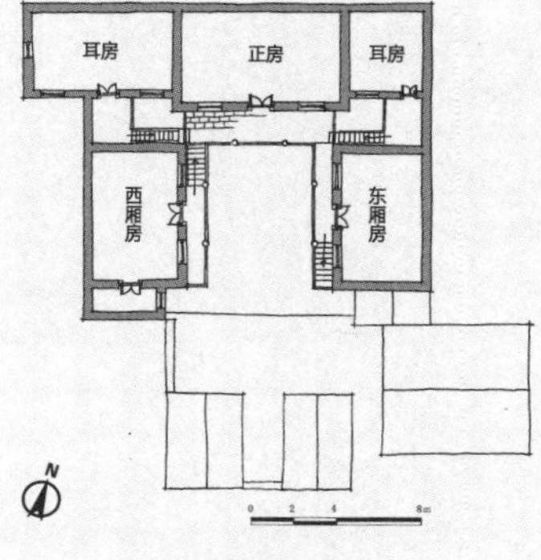

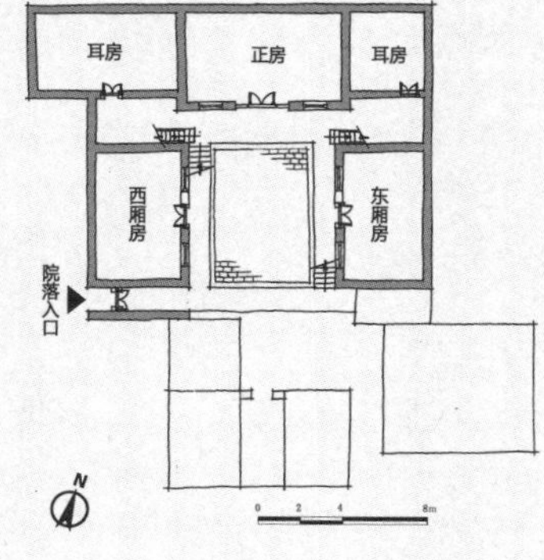

图3-112 福星楼平面图

在院落南部加建了数间一层房屋，现在的福星楼呈现出的是套院格局。土改后，福星楼分给数家共同居住。

2.整体布局

福星楼（图3-111、图3-112）并不是严格的四大八小格局。正房与厢房及各耳房均为两层，北侧为正房，正房西耳房较一般的耳房面宽更大，约为7.5米，因此从院落中凸出一部分。这样建造使得耳房更宜居住，弥补小院因面积限制而居住空间不足的缺陷；东西两侧为厢房，南侧原来的房屋已毁，20世纪80年代居民用墙分隔出又一进小院落，其内为新建的一层房屋。由于福星楼西侧的街巷由南向北地势升高，故福星楼北房及其耳房整体高于东西厢房。院内青砖铺地，房屋底部一周铺设青石板，作为台明及散水。

福星楼的建筑形式与村中其他老宅院基本相同，为典型的明清砖木结构建筑。以正房为例，面阔三间，砖墙围合，二层有出挑，条状长石做台明。在功能方面，各房首层用于居住，二层用于储藏。

3.空间分析

福星楼（图3–113～图3–119）的入口位于西厢房南耳房的一层，是普通民居常见的木板门形式，与整个外立面朴素少装饰的风格一致。内部庭院呈矩形，南北长约为12.5米，东西宽8.6米，尺度宜人。正房与厢房的二层出挑部分不相连通，这或许由北房地势高使得北房二层明显高于东西厢房的二层所致。东西厢房在出挑部分有各自独立的楼梯，由于厢房开间面宽限制，楼梯较陡。正房两侧有楼梯可通耳房及正房的二层。这样就使各房之间相互保持独立。

各房结构均为抬梁式木构架，硬山屋顶。屋面平缓且檐口硬直，屋脊上有莲花图案雕花脊瓦，象征高洁，在脊端安设吻兽。正房进深5.4米，面宽9米；厢房进深3.5米，面

图3–113 福星楼一隅

图3–114 福星楼大门

图3–115 福星楼庭院空间

图3—116 福星楼正房一层厅堂

图3—117 福星楼正房一层大门

图3—118 福星楼正房栏杆

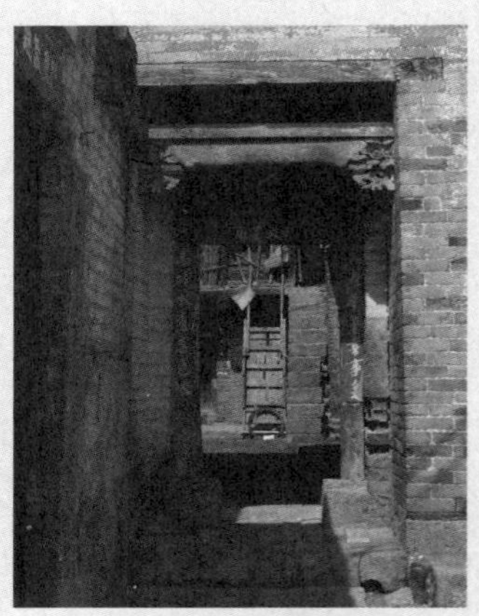

图3—119 从套院内向主院看

宽9米。正房一层的厅堂内部布置简洁，古朴的木制家具仍然保存完好。

院内细部装饰精致细腻，不论是门窗图案、二层檐廊部分的雀替等，无一不是雕刻精细。雀替以植物茎作连续波卷状变形。正房一层明间采用隔扇式，其他门窗是简洁的普通木板门直棂窗，凸显了正房的核心地位。

福星楼小巧精致的合院空间，不仅创造了灵活多变的空间感受，更在每一处细节精雕细琢，装饰精彩而不赘余。这里没有宫式建筑的繁缛规矩，洋溢的是一派自然的气息。

【第四章】

周村古镇的公共建筑

GONGGONG JIANZHU

一、综述

周村镇古代公共建筑数量众多，以寺庙为主，按照地形与风水的讲究分布在村落的不同方位（图4–1）。

结合地形，在北城门附近建有东岳庙，是全村制高点。与此相应，为弥补镇东南角地势较低的不足而在东南城墙上建魁星阁。根据古代风水上的需要，在东、南、西三个城门附近分别建有东佛庙、观音阁与三官阁。由此，镇内四方均得天神镇守庇佑。西城门外桥西街为明清时期进城经商的咽喉要道，设咽喉阁与金龙四大王庙威慑一方。

周村镇现存南城门、小南门、晋周处墓、准提禅院等公共建筑，南方及西南方还曾散布着广福寺、南岩玄帝庙多座寺庙，今已不存。从现存碑碣看，村中还曾建有三教堂、北阁、土地祠、天地神阁、高台寺、山神庙、黑虎庙、周孝侯祠等诸多庙宇祠堂，惜均已毁（表4–1）。

周村镇公共建筑一览表[1]　　表4–1

名称	别名	坐落地点	始建年代	院落规模	礼教类型	备注
东岳庙	—	衙道巷北端	北宋	一进四院	神鬼崇拜	现存三院
东佛庙	—	古商业街东段	民国	一进	佛教	残存
观音阁	—	南城门之上	明	—	佛教	现存
魁星楼	红阁楼	城墙东南角	清	—	儒家	现存
广福寺	宝林寺	城外西南方	唐	四进	佛教	不存
准提禅院	—	小南岭以南	清	一进	佛教	残存
南岩玄帝庙	—	小南岭	明	一进	神鬼崇拜	不存
眼光阁	—	青石巷中部	清	—	佛教	现存
咽喉阁	—	桥西街中部	清	—	神鬼崇拜	现存
金龙四大王庙	大王庙	桥西街中部	明	一进	神鬼崇拜	残存
南城门	—	城南	清	—	—	现存
水门	小南门	城西南方	清	—	风水	现存
周处墓	—	桥西街东端	—	—	人物崇拜	现存
周孝侯祠	—	城外西南方	—	—	人物崇拜	不存
将军坪	—	城外西南方	—	—	人物崇拜	不存
城墙	—	—	明	—	—	残存
长桥	东桥、西桥	桥西街东端	—	—	—	残存
高台寺	—	衙道巷北端	清	—	佛教	不存
三官阁	—	商业街西端	—	—	神鬼崇拜	不存

1 此处仅列举现存、碑文有所记载或村民仍存有回忆的公共建筑。

庙宇中供奉神像以道家诸神居多，包括东岳大帝、魁星、龙王、咽喉神等。在佛教建筑中，有供奉观音菩萨、准提佛母等佛像。镇中眼光阁供奉周文王夫妇，是儒家文化的代表之一。

镇中庙宇祠堂多由富户资助修建或翻修，设立的石碑多由两块组成，第一块记录修建时间、原因、规模，第二块则记录捐款者姓名及捐款数额。

庙宇的功能因其位置与供奉神像的差异而各不相同。《重修大王庙碑记》中载："斯地本多山，而山神之祀，村村有之。至言水神之祀，则自西自（至）东、自南自（至）北，计百里许，惟斯镇城西有金龙四大王神庙。"可以看出，村民通过修建不同的庙宇，望以此求得生活平安与心理寄托。位于特殊地理位置的庙宇还起到了军事防御的功能，如位于城西骆驼店西侧端头的咽喉阁，在明清时期，镇守城西要道，以护一方平安。

镇中防御设施以城墙与城门为主，历代修葺，为这片古战场及通往丝绸之路的咽喉要道提供了重要的安全保障。

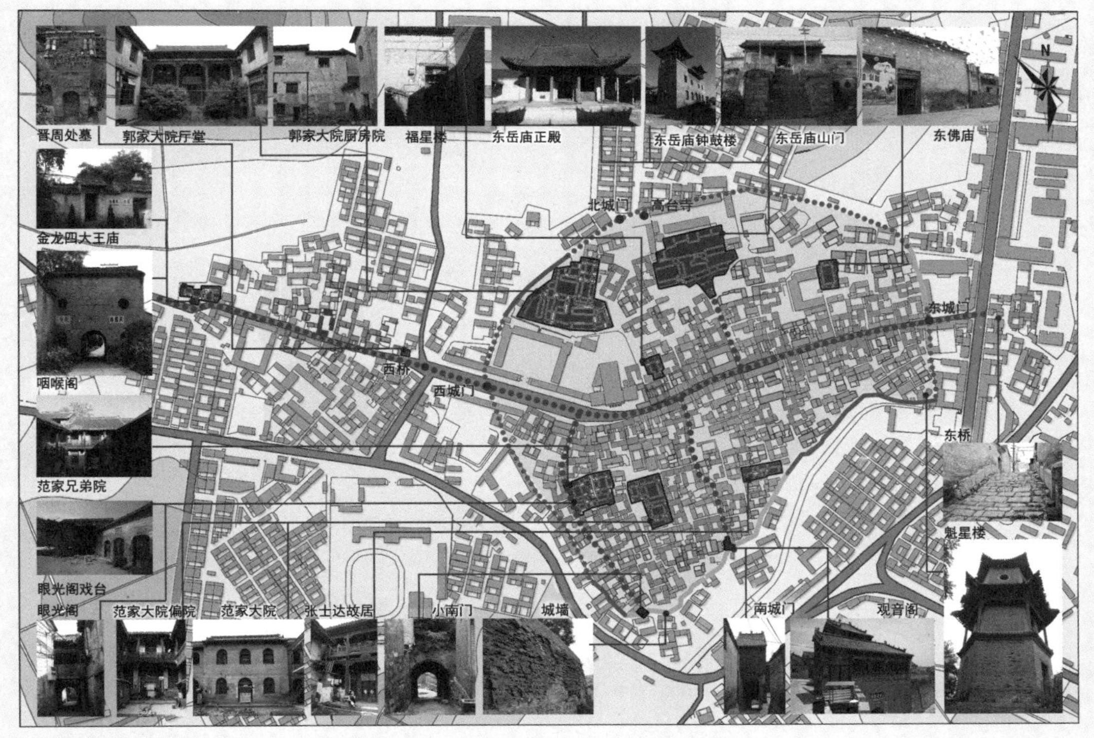

图4—1 建筑遗产分布图

第四章

周村古镇的公共建筑

综合而言，镇内公共建筑可大致分为庙宇建筑与防御设施两大类。纵观这些庙宇祠堂，千百年来周村的发展与兴衰更迭依稀可见，其中，道教文化、佛教文化、儒家文化以及商贸文化在这里交融共生，衍生出数量众多的公共建筑，密集丰富，宏伟多彩。

二、庙宇建筑

1.东岳庙

（1）历史沿革

东岳庙位于周村古镇北部，原北城门东侧，衙道巷北端，坐北朝南，位居周村镇制高点。东岳庙始建年代虽无翔实的史料可证明，但据明穆宗隆庆四年梁寀撰文《泽州周村镇重修庙祀记》记载："经史莫考。重修于宋元丰五年（1082年）。靖康丙午（1126年），地陷于金。贞祐（1213～1216年）金亡，庙经兵燹。迨元大德、至正间再修。我朝洪武、宣德、正德初增修。历五十余年，镇人张仲让、司蛟等倡众以新。工始于嘉靖丁未（1547年）夏六月，落成于壬子（1552年）秋九月。"东岳庙始建年代至少可追溯到宋元丰五年（1082年）。

综合史料推断，周村东岳庙很可能建于宋神宗在位期间。原因是宋神宗在位时曾举行封禅大典，而全国各地广建东岳庙正是从宋真宗封禅[1]这一历史事件开始的。《海盐县图经》有云："自古帝王告成、受代、升中、纪德之盛必于泰山，而四海之民朝献祈禬，皆不远万里，不能至者，各随所处，建立行宫，以为请命之地。"[2]宋真宗在1008年的封禅堪称历代帝王封禅中最为隆重的一次，也是东岳大帝香火向各地扩展、建立行宫的开端。封禅后，宋真宗统治时期任用王钦若大兴祥瑞，广建寺庙道观。历史资料中对神宗时期始建东岳庙也有详细记载。《事物原会》说："东岳之遍天下，则肇于宋之中叶。"[3]又有《山右时刻丛编》收录宋真宗大中祥符九年碑"大宋国忻州定襄县蒙山乡东霍社新建东岳庙碑

---

1 封禅制度是历代帝王以祭祀泰山为立国安邦的大典，泰山神东岳大帝屡受褒封，由此奠定了他在中国诸神中的崇高地位。历史上只有汉武帝、汉光武帝、唐高宗、唐玄宗、宋真宗曾举行封禅大典。

2 引自天启《海盐县图经卷三·方城》第一之三"祠宇"。

3 转引自：车文明.山西晋城周村东岳庙考[J].民俗曲艺，1997（110）。

铭”。碑载，宋真宗于大中祥符三年降敕：“……越以东岳地遥，晋人然备蒸，常难得躬祈介福，今敕下从民所欲，任建祠祀。”[1]诚如《山右石刻丛编》编者胡聘之所言：“是碑所载祥符之敕，《宋史》、《长编》（续资治通鉴长编）俱无此文，足补史缺。”

事实确实如此。现今文物、文献资料中，找不到早于此时各地建东岳庙的记载，而此后则“东岳之庙遍寰宇矣”。晋东南地区这一时期建造的东岳庙就有六座。综合以上，推断周村的东岳庙很可能最初建于宋真宗时期。而由庙内明宣德二年（1427年）的《重修东岳行宫庙记》到清乾隆三十三年（1768年）的《补修高台寺碑记》等十余块石碑亦可知其几度兴衰，分别于明嘉靖二十六年（1547年）、明隆庆四年（1570年）、清顺治十七年（1660年）、清乾隆二十七年（1762年）大规模重修（表4-2）。

历代碑文记载修葺东岳庙时间表　　表4-2

修补时间	修补对象	庙宇损毁原因	所出自的碑文
宋元丰五年（1082年）	不明	不明	梁宲《泽州周村镇重修庙祀记》
元大德年间（具体年份不详）	不明	靖康丙午（1126年），地陷于金。贞祐（1213～1216年）金亡，庙经兵燹	梁宲《泽州周村镇重修庙祀记》
元至正年间（具体年份不详）	不明	不明	梁宲《泽州周村镇重修庙祀记》
明洪武二十年（1387年）	各殿、廊庑	庙迄年深，风飘雨沥	《重修岳庙记》
明宣德二年（1427年）	各殿	风雨洒累，经年欠庀木零	李□□（宝或卖）《重修东岳行宫庙记》
明正德初年（具体年份不详）	不明	不明	梁宲《泽州周村镇重修庙祀记》
明嘉靖年间（1547～1552年）	不明	不明	梁宲《泽州周村镇重修庙祀记》

1 （清）.胡聘之编.山右石刻丛编（影印本）（卷一二）[M].太原：山西人民出版社，1988：21.此碑光绪《山西通志·金石记》亦著录，但出版时间为大中祥符五年，见该书卷九四，第6647页。

续表

修补时间	修补对象	庙宇损毁原因	所出自的碑文
明隆庆四年（1570年）	各殿大修	不明	梁宲《泽州周村镇重修庙祀记》、司台衡《重修东岳庙碑记》
明万历七年（1579年）	各殿装饰	不明	梁宝《重饰岱岳神记》
清顺治十七年（1660年）	各殿装饰	不明	《重饰东大殿记》
清康熙二十一年（1682年）	不明	不明	《重饰东大殿记》
清乾隆十六年（1751年）	西大殿并西壁各小殿、正大殿并东戏楼、东大殿并东壁各小殿、前宫西卷棚并西戏楼、前宫正殿并西厂房、前宫东厂房内外十间并大厨房	鸟鼠败毁，风雨摧残	马雨烛《补修各殿碑记》
清嘉庆九年（1804年）	不明	奈岁月遥深，至今檐楹黯淡	司丙暄《重修东岳大殿序》
清嘉庆十一年（1806年）	增福财神像	年深日久，节棁凋残，法像无光	《重饰东大殿记》
清嘉庆二十年（1815年）	正山门	岁月遥深，风雨剥蚀，甍栋之间，几于不支。左右两廊房庶就倾圮，观者有榱崩瓦解之忧焉	刘锦《重修正山门碑记》

东岳庙各殿在抗日战争期间曾用作侵华日军指挥部、新中国成立初期为人民政府办公地，之后被泽州县粮食局周村粮站占用，故所有殿宇廊柱间砌墙填实，扩大殿内空间用作粮仓。庙宇在使用中得到了一定的保护，因此也免遭“文化大革命”的摧残。2006年5月，周村镇东岳庙被国务院公布为国家级重点文物保护单位。2012年年底，粮站搬出，东岳庙修缮工程正式开始。[1]

1 笔者于2012年年底到访东岳庙，恰逢施工工期，得见拆除部分围墙后大殿结构，由于仍有部分吊顶、墙体未拆除，未能一览全貌。殿内墙壁留有新中国成立后涂刷的白色涂料，未曾发现村民口头传说的神像、壁画。

（2）格局

据庙内隆庆四年（1570年）石碑《泽州周村镇重修庙祀记》关于东岳庙在明代繁盛时期的记载，“镇故有庙，正殿祀东岳神。按《公羊传》曰：‘触石而出，肤寸而合，不崇朝而雨天下者，泰山之云也；兴云致雨，生育万物，仁庇斯民，祀之正者也。’庙制宏敞，殿之左翼祀增福，右翼祀吴王，各三楹。东序祀二郎，西序祀关王。中为礼拜殿，南为乐舞亭。又南为庙门，楹数咸如正殿。”可见明代东岳庙的大体布局，有正殿、朵殿、配殿、戏殿、戏台、山门，气势宏伟，规制完备。清代又在庙东增建文庙一座，庙西增建武庙一座，在北部增建高台寺一座，在其东北增建迎祥观一座，在现存碑文中皆有记录。据村民描述，西配殿以西曾有四奶奶庙，东配殿以东为马王庙，由此形成一个古庙建筑群（图4−2）。数百年后，清代增建部分均于抗日战争时期毁坏，只留下东岳庙三殿、西配殿之关帝殿、钟鼓楼、山门依然巍峨矗立，成为周村的标志性建筑。

现存东岳庙整体布局宏伟壮观，为前后两院，前院山门正对钟鼓楼及一处舞台，东西侧各存一处舞台，三座舞台分别正对后院一字排开的三座大殿（图4−3、图4−4），殿前原有石桥、鱼池，宏伟壮观。可惜在“文化大革命”时期，很多结构构件或装饰被锯除。

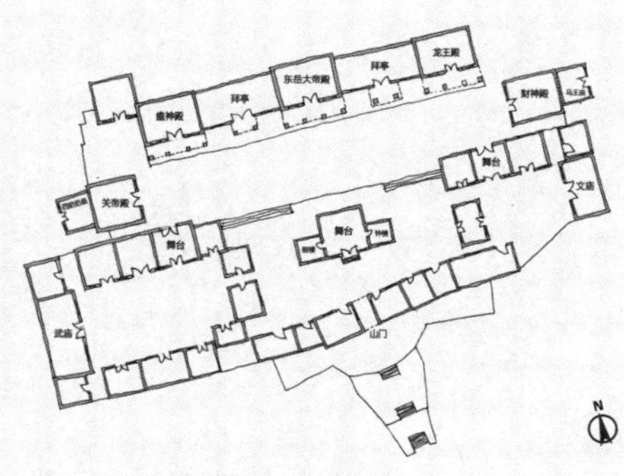

图4−2 东岳庙推测复原平面图

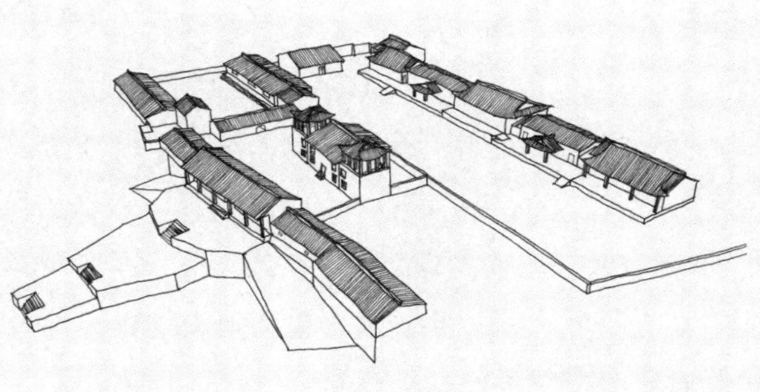
图4−3 东岳庙现状鸟瞰图

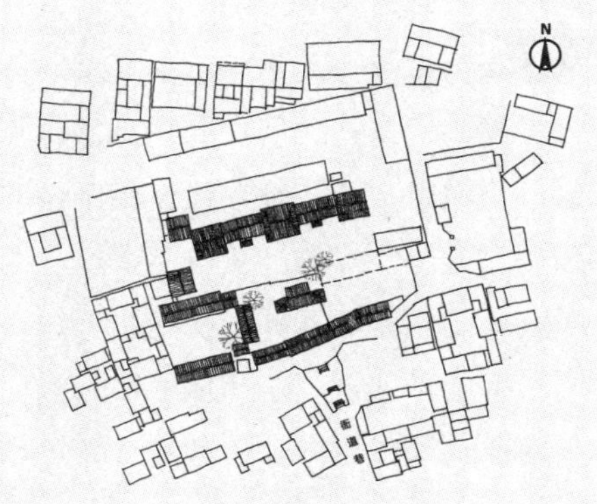

图4−4 东岳庙现状总平面图

(3) 建筑单体

东岳庙山门五间（图4–5），悬山顶，屋脊施琉璃，余用灰瓦。前檐用方形抹角石柱，双层鼓磴础，下为方形，上为鼓镜。柱头承阑额、普柏枋、雀替、斗栱三踩。柱头斗栱出假昂一跳、明间补间斗栱一朵，出斜拱，耍头刻作龙头，昂嘴被锯掉。次间、梢间、补间斗栱各一朵，单杪。正心瓜栱上置拱额枋，隐出万栱，上承正心枋。厢栱承挑檐枋、挑檐檩、六架椽屋，上金桁处砌墙，前为廊，后檐及左右山面亦砌墙。明间辟为门，次梢间为屋。

图4–5 东岳庙山门

山门前有四级踏道。山门左右门枕前各有一只石狮，东边门枕上刻有“大清康熙四年仲冬吉旦创造”。大门为板门，有穿带，门楣上有门簪四枚，门后为拱形门洞，东壁上嵌有石碑两通，共刻一篇碑文，清咸丰元年解元邑人张士达撰《补修东南城隅碑记》，同治元年立。西壁嵌有石碑一通，阳城县庠生马坤撰《补修高台寺碑记》，乾隆三十三年五月立。山门内额书“见离”，草书龙飞凤舞，无落款。从建筑风格上看，山门为典型的清代式样。

山门踏道之下现存台阶三十四级，高约7.8米。古代曾有八棵柏树、六尊石狮分立台阶两侧，因而村人称之为“八柏六石狮”。

山门之后为三重楼式建筑（图4–6、图4–7），五开间，悬山顶，上层为戏台，中间三间为舞台，左右两间为耳房（戏房），于东岳庙三殿前作“演戏酬神”之用。左右为钟鼓楼，单檐歇山顶。外层覆以红色涂料，远近观看均极为显眼。戏台屋脊、滴水与钟鼓楼屋顶用琉璃瓦，火珠、龙吻、垂兽、戏兽俱全，有仙人、悬鱼、惹草，无走兽。

戏台坐南朝北，通面阔7.3米，进深7.25米，台口已被封砌，现已改作他用，梁架亦为现代之物。戏台下层房屋高5.15米，采用过路台形制，从结构上看，应为清初之物。钟鼓楼面阔进深俱三间，施阑枋、普柏枋，柱头斗栱三踩单昂，转角斗栱亦三踩，并用鸳鸯交首栱，由栱作龙头，口含珠。钟鼓楼雕刻彩绘都较为华丽，为清代建筑。

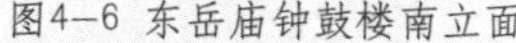

图4-6 东岳庙钟鼓楼南立面

图4-7 东岳庙钟鼓楼北立面

正殿因被用作粮站库房，故戏台与正殿之间被围墙隔开，将庙分为两部分。

正殿（图4-8）建在1.8米高的砖石台基之上，面阔三间，六架椽屋，单檐歇山顶。殿顶出檐平缓，有三彩琉璃剪边，龙吻尾部翘起，有垂兽、戗兽，无仙人、走兽，有悬鱼、惹草。构架形式为乳栿对四椽栿、四柱。廊上立柱，柱高4～5米，柱头四铺做出琴面真昂，昂嘴三角形，栌斗粗大，栱面抹斜。转角铺作亦四铺作真昂，用鸳鸯交首栱。补间铺作一朵，形制与柱头铺作一致。耍头蚂蚱头，上置齐心斗。令拱上用替木承檐檩，替木不通长。正心瓜栱承正心桁，不用枋。中间两廊柱上刻有对联“浩浩两仪之秀万年中土镇封疆，巍巍四岳之宗三代东巡秩□□”，无落款。一廊柱内侧刻有“赐进士第关中纯菴张，偕群弟子，游此偶书”、“隆庆六年壬申闰二月吉旦北京部”等题字，还有梁 等人名。正殿大门两侧各开一窗，窗下内外墙壁内均嵌有石碑。

图4-8 东岳庙正殿南立面

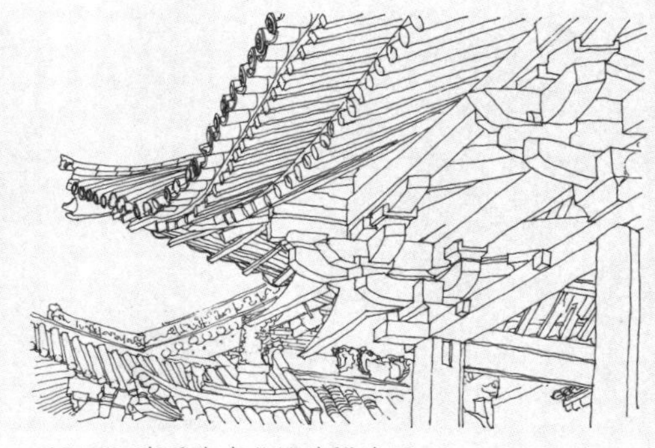

图4-9 东岳庙东朵殿斗栱速写

正殿左右有较小耳殿各三间，悬山顶。明间前各有歇山顶门亭一座，山花向前。耳殿左右又为两个较大朵殿，石砌台基1.3米高，低于正殿，以示等级区分。单檐歇山顶，结构与正殿相似。其中东朵殿前廊未封，可见结构之一二。前檐四根方形抹角石柱，素平础，阑额已掉，普柏枋扁平。柱头铺作四铺作单杪，华栱后尾为乳栿，乳栿上置合沓。合沓前出为耍头，后固定蜀柱。蜀柱柱头置一斗，斗上置替木以承下金桁，两蜀柱间用穿插枋。转角铺作四铺作，正面出华栱，角上出真昂，昂上为由昂，后尾挑梁，梁头置斗，上承下金桁与前后穿插枋。补间无铺作，角柱上有阑额残存，不出头（图4–9～图4–13）。

从形制上看，正殿及朵殿年代较早。如素平础，斗栱粗大，阑额不出头，替木不通

图4–10 东岳庙东朵殿

图4–12 正殿与朵殿间的拜亭

图4–11 东岳庙西朵殿

图4–13 东朵殿东立面

长，令栱上置齐心斗等均为典型的宋金建筑风格，虽经元、明、清、民国历代重修，但其主要构件依然为宋、元代遗物。

根据《泽州周村镇重修庙祀记》记载，东岳庙在明代祀五位神灵。正殿祀东岳神，主生育万物，仁泽天下。本庙配享之神有四位：东朵殿祀增福，即增福财神，主人间财宝、福禄；东配殿祀二郎神，代表忠贞；西朵殿祀吴王，即吴泰伯，又作“吴太伯”，周太王长子，代表贤德；西配殿祀关王，即关羽，代表气节、忠义。凡此种种，均与百姓的物质、精神生活密切相关，反映出当时人们的宗教民俗观念：既重利，也重义，二者不能偏废。此所谓“勿徒祀东岳以求生”，还要“以善自勉”；不能“直祀增福以谄福”，还要“法吴伯仲之让，效杨公之忠，秉云长之节”。另外，据村中老人介绍，大殿供奉的东岳大帝保佑国泰民安，龙王掌管人间降雨，为求风调雨顺，即“国泰”，东朵殿供奉龙王，而瘟神控制百姓健康，为求百姓长命安居，即“民安”，西朵殿供奉瘟神。此传说因无从考据，明清两代配享之神可能有所不同，可作为清代祭祀神像的参考。

东岳庙东西两侧原有文庙、武庙，分别供奉孔子、关羽，俗称东小庙、西小庙。据村民描述，文庙曾作为书堂之用，武庙前原有一匹石雕大马与两米高的石狮，均于解放战争期间拆毁。庙内西院中躺有两根石柱，刻有“正气直精一腔忠义天地脉，生员司助题金”、“贻封徽褒千古肃隆圣贤心，州河里张汝兴地内起石柱两根”。应当为武庙所配。

（4）民俗活动

古代以东岳庙为起点，每年农历二月十三与五月十三，举行庙会，届时到东岳庙礼佛者络绎不绝，香火鼎盛，衙道巷与商业街上商贩云集，三座戏台同时开唱。正如光绪《山西通志》“风土记”记载：“三月二十八日为东岳天齐神诞，省垣中东西两泰山庙香火最盛，各州县亦有赛会演戏者。俗谓神权天下人民生死，故酬答尤虔云。”村民回忆，最后一次唱戏是在1955～1956年。

庙内现存明、清两代维修碑记大小20余通，为研究东岳庙历史变迁，当地民情风俗、经济状况以及宋金元明清时期山西地区的建筑风貌提供了珍贵的资料。

2.魁星楼

魁星楼（图4-14）位于古镇东南角，俗称“红阁楼”，据其花梁记载，肇建于清道光八年（1828年）。魁星是天上二十八星宿之一，最初在汉代《孝经援神琦》纬书中有“奎主文章”之说，东汉宋均注：“奎星屈曲相钩，似文字之划。”由此后世把“奎星”演化成天上文官之首，为主宰文运与文章兴衰之神，故而在衡文选拔人才的封建社会，各地多建魁（同“奎”）星楼，士子拜魁星，以求金榜题名。其作为科举时代士子们“夺魁”的象征，很富时望。

古镇中的魁星阁最初建在衙道巷巷口，始建年代无考，因年久失修而废弃。据村中老人[1]听说相传，因镇中多年来有中举者，而无进士，乡绅张士达德高望重，建议重修魁星阁，以期弥补其未中进士的遗憾。据《列子·汤问》记载：“物有不足，故昔者女娲氏炼五色石以补其阙；断鳌之足以立四极。其后共工氏与颛顼争为帝，怒而触不周之山，折天柱，绝地维；故天倾西北，日月辰星就焉；地不满东南，故百川水潦归焉。”周村地形与之极为相似。张士达援引其说法，主张将魁星楼建到镇中东南角的城墙之上，得以增加全镇东南方视觉高度，与镇北衙道巷齐高，满足风水之说。他号召乡人捐款，并主持该工程。相传因他的儿子张成成游手好闲，不务正业，张士达为避免周村士子受其影响，将其打至半死，活埋塔下。同时，将原魁星阁内的魁星泥塑埋于塔下奠基，故有了“死埋魁星，活埋成成”的说法。魁星楼建成之后，清咸丰辛亥（1851年）张士达撰《重修魁星楼记》，现已无考。

图4–14 魁星楼

现魁星楼下月台高1米，其下城墙已毁，修路填土至与月台同高。楼平面呈六边形，外边长3.8米，内边长1.9米，

1 郭大红，男，1945年生。

三层，高约12米余。楼身主体结构为砖结构，二、三层有木构出檐，楼内有石阶可绕楼身而上。二层还外设围廊一周，各角设四铺作，雕刻精致龙纹，两角间设两个补间铺作。各层檐角坠一小铜钟，于风中“叮咚”作响。楼顶为六角出檐，铺以黄、绿色琉璃，玲珑挑角，美观大方。因其似塔却供奉神像，似阁而下方非空，似楼而非四角矩形，村民也称其为“三不像”。

据村民描述，二楼内曾供奉一文人模样的坐像，与其他地区魁星楼所供奉的鬼形神像有极大的不同。清代士子们对这座“魁星”像毕恭毕敬，每当秋闱开考之前，朝拜者争往不绝。20世纪50、60年代，在“除四害”的浪潮中，神像被毁。

3.眼光阁

眼光阁（图4–15）位于青石巷内，距商业街大约60米之遥。据清康熙六年（1667年）《重修观音阁记》记载：“吾郡西巷□旧有佛堂一所，栋宇极其卑隘，凡登临拜祷者，皆有更新意，奈无为首者以成之……继而信士范彩云等，目击心感，复为之化缘鸠工，金玉其像，绘素（塑）其形，饰以丹青，焕然改貌。上为神栖所，下为主持居。中楹祀观音，非仅为激福计。”眼光阁于清康熙年间重修，但始建年代无考。

图4–15 眼光阁北立面

眼光阁首层部分架空（图4–16、图4–17），拱顶过街廊的西壁上嵌有乾隆二十二年（1757年）撰刻的《重修观音阁碑记》，东壁嵌有乾隆四十五年（1780年）撰刻的《补修中阁碑记》。一层有房屋专门用于卖供奉时烧的香与黄表，二层供奉四奶奶、四爷爷、黑虎灵官等神像，其中四奶奶、四爷爷身上爬满小孩，相传为周文王夫妇，即床公床母，二层内还有一夹层，供奉眼光菩萨。但这些神像均在 “文革”期间被毁，之后则变为供奉毛主席画像之地，直到今日阁楼里面还挂着毛主席的画像。

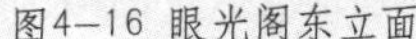

图4-16 眼光阁东立面

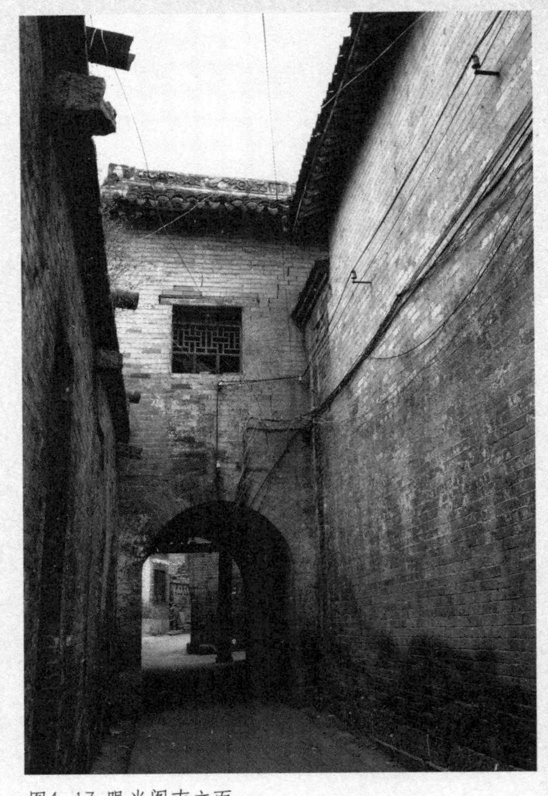

图4-17 眼光阁南立面

距村民描述，眼光阁香火鼎盛时期，每年农历三月二十二到二十四在这里举行集会，称为“眼光阁会”，届时青石巷内商贩沿街排满摊位，眼光阁西侧有戏台（图4-18），连唱三天，但戏台20世纪50年代时被毁。赶会期间，周围村镇的百姓都来这里上香。村中有习俗，小孩年满13岁时，大人要带小孩来眼光阁烧香，在神像前将准备好的圆饼掰开，将用三根谷子秆编成的三角圈戴到孩子脖子上，向神像磕头。然后将三角圈取下，与黄裱一同烧掉，寓意告知天神，自家孩子已经13岁了，感谢天神的保佑。故而此会又叫“送子会”。另外，孕妇与家中有孩子、不要再生孩子的妇女也会来这里拜祭，祈求并感谢天神的保佑。村民回忆，由于战争等因素，送子会一度停办，最后一次举办是在1953年。

在眼光阁与戏台之间为一处一进四合院，入口处悬有“眼光会”三字，据村民描述，此为村内商户聚集讨论、办公的商会，开创年代不详。

图4-18 残存的戏台及“眼光会”旧址

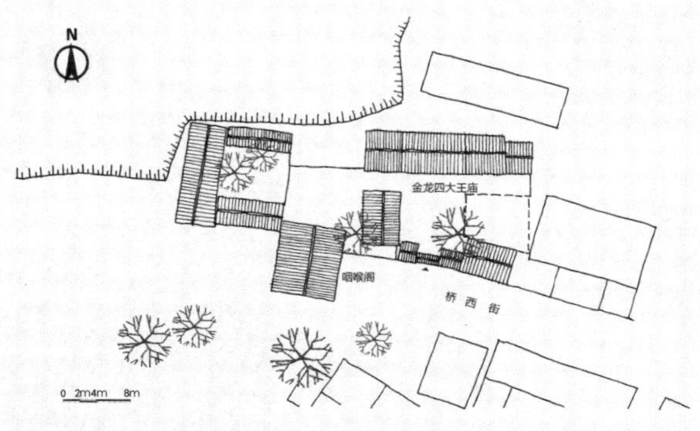

图4-19 咽喉阁及金龙四大王庙总平面图

4.咽喉阁、金龙四大王庙

在古代，周村古镇作为泽州通往晋南的通衢大镇，出村西行便是晋南翼城，然后进入陕西、甘肃通往欧洲的丝绸之路，为咽喉要地，历来被人们所重视。镇北东岳庙中的《泽州周村镇重修庙祀记》则说它“当秦、晋、魏之交，东逾桃固、西陟东乌、南越开井。止于斯，往来于斯，亘古今之达道也。”咽喉阁（图4-19）距原西城门约800米，处于进城咽喉要道之上，因此得名。

据乾隆十二年（1747年）《重修咽喉阁碑记》记载：“长桥西关旧有咽喉神阁，创自康熙三十三年”，可知咽喉阁创建于1694年，且于乾隆年间重修。阁内供奉咽喉神，咽喉神本为地方戏神，但此处为普通百姓供奉，其一推测与其所处交通要道有关，取“咽喉”

之意祈求地方太平，其二推测与该地区频发的地方病有关。据《泽州府志·卷五十》记载："康熙四十一年，泽州疾疫，喉肿即死。"所以，百姓可能通过供奉咽喉神以求得咽喉健康。

阁下建有2.26米宽、7.80米长、拱顶2.70米高的砖券洞。其门首内悬"古翼通衢"（图4—20），外悬"连行接沁"四字（图4—21）。桥西街即由此通过，同时将骆驼店夹在其与西城门之间，对商队驻扎区起到防御作用，形成进入商业街前的过渡空间。

阁北侧紧邻金龙四大王庙遗址（图4—22），金龙四大王庙创建于明万历四十三年（1615年），据《创建金龙四大王庙记》中"建正殿三楹，两角殿各二楹，东庑三楹，西庑三楹，南三门三楹，东角楼三楹"的描述，可见其始建时规模。庙内原供奉金龙四大王、汤帝公及十八罗汉等神像，取四大王在庙内镇守，卡此咽喉，要道难通之意。现主体建筑已毁，院内可见牌坊遗迹，入口门饰尚存，木雕精美。

图4—20 咽喉阁东立面

图4—21 咽喉阁西立面

图4—22 金龙四大王庙

5.东佛庙

东佛庙（图4—23）位于镇内东北方向，据民国三十一年（1942年）《东佛庙创修碑记》记载："嗣于民国二十二年（1933年）召同志公开会议，皆愿于本镇东北修建佛庙一区，以培地脉，而扬佛化。"由此确定其始建年代。碑中还记载，此处人口稀少，原有庙宇一所，但残败不堪。村民出于风水需要，而创建东佛庙。其中描述到："先修上院大殿三间。中供西方三圣，两旁供白衣、地藏大士。东西角殿各一间。左供龙王，右供高禖，东西平房各三间，以作办公款宾之室。继修下院南面舞楼一座，并左右耳房各一间，暂为停工。次岁孟夏，又复鸠工庀材，加修下院东西看楼上下各五间，两面各辟小门以作便道。全院规模略备，乃于舞楼之下向南开作山门。颜其门额，曰东佛庙。"由此可知其初建规模。据村中老人描述，此庙本计划用于寓意"春祈秋播"的祭拜之用，但自其建成之后，从未供奉佛像，仅在新中国成立前后，用作小学教室，小学搬至郭家大院后，废弃至今。现庙内主殿、配殿已毁，其他建筑格局基本保留完整。舞楼入口处砖雕极为精美，东小门悬有"迎旭"字样。

图4—23 东佛庙正门

图4—24 准提禅院南立面

6.准提禅院（残存）

准提禅院（图4—24）位于周村镇城外以南的杨泉沟，据南岩玄帝庙约1公里之遥，而正殿及左右殿堂已然塌毁，至今残存。在《白宝口抄·卷第六十》

中的“准提法”记载：“准字门者，于一切法是无等觉义；题字门者，于一切法是无取舍义。”准提有清静、明觉之意，准提佛母是汉传佛教中流行的本尊法门之一，为观音大士的化身，其形象为三目十八臂。

据清康熙五十一年（1712年）撰刻的《创建准提禅院记》记载：“讵期三十五年（1696年），承寰竞捐馆舍矣。师叹息良久，虽工程无藉，而初志弥坚，储材蓄石，积至四十二年（1703年），创修大雄殿三楹，两翼角楼二座，□□□□□（弟）字守一，迩来啐诵他刹，见斯盛举，携（比）年藏积，倾囊来助，且谢绝彼方檀越，与师焚育一堂。至四十四年（1705年），师复（挂）锡江南，谯邑化镇人卫封翁太寰并伊请释迦檀像一尊。析城卫公锡远，造请准提檀像一尊，自请观音檀像一尊，于归刹日，遂建观音阁焉。至四十九年（1710年）□□□□详于别碣。是举也，自康熙己巳（1689年）迄庚寅（1710年），二十二年中，几经营造，不得不借力檀越。”由此可知，准提禅院创建于康熙四十二年，至康熙四十九年规模才基本完备。

据康熙五十二年（1713年）《建准提阁序》记载：“阁居大雄殿之侧，功成，次第相为甲乙，而纪事之词，自宜合撰。殊不知缔造有由，经始自□非表而出之，有不可先是迎请□像，浚诸宫草创，各有专祠，独准提一阁未建。”由此可知，在准提禅院基本建成之

图4—25 准提禅院正殿残垣

后，还进行过重修补建。

现存准提禅院分前后两院。前院入口悬挂“西方胜境”四字，无落款。院中仅入口西侧有一层建筑，其西侧院墙向外开两个圆窗，以丰富入口空间。后院入口处悬挂“准提禅院”四字，无落款。正殿仅余二层残垣（图4-25），南房尚存，二层硬山顶，已无装饰。

7.广福寺（已毁）

广福寺位于周村城外西南方向，现周村中学附近，原名宝林寺。清代秦峤《读大阳镇北齐碑》诗“法林亦有天保记，凋零寒沏不可监”句中的“法林”，即指宝林寺。

据《晋城金石志》记载：“广福寺经幢，在郊区周村镇广福寺（今周村中学）。北齐天保元年（550年）镌。石分八面，前书《大威德经》及施主姓名，字多漫灭。前后均有‘大齐天保元年’字，末行书‘月日壬申立石’。见《山西通志·金石记》及《凤台县志》。不存。”

另据《山右石刻丛编·卷九》对广福寺经幢的记载：“幢高四尺八寸，八面，面广五寸，记二行，行字不一，字径五分，正书。额题‘金刚般若波罗蜜经幢’，今在凤台县。《金刚经》正书，不录。弟子李宗大为累遭离乱，骨肉团圆，发愿造宝林寺一所。敬画造迦像一铺；又画西方净土一铺；敬画维摩居士功德一铺；又画土王像一铺。以此功德□□□□□等岁岁四海□□□□□□□□以往社稷□□官寮禄位、转迁星神，合度农稼丰饶，当处灵神□□□地广富者，男女孝养。伏愿诸佛□护，家眷安享，百患不侵。时大唐天复三年岁次癸亥七月己亥朔二十五日癸亥。”

由以上两则对经幢的记载可知，广福寺的创建年代可追溯到北齐天保元年（550年），距今至少1450年有奇。而此寺旧名宝林，广福乃金所赐。

据周村老人介绍，广福寺原有殿宇宏敞，建筑威严，寺中桧柏浓荫蔽日。连连四进，一院多殿。广福寺最为鼎盛期间，寺内和尚就有三百人之多。惜其毁于20世纪40、50年代。因在镇东北方苇町村建兵工厂，急需大量砖木，为解燃眉之急，将广福寺拆除了。其砖瓦石料，尽为民用，木料及寺中古松，则采伐析离，运抵兵工厂，制造手榴弹柄。原寺中部分碑碣，仍可见于周村东门居民院内。

旧时以广福寺为核心，于农历十月初一举行庙会，称为“广福寺会”。由于广福寺影响力极大，届时来自山东、河南、陕西、河北、湖广等十余个省市的客商在这里坐贾行商，十里八乡的百姓均前来赶集，到广福寺烧香，盛况可持续一月之久。广福寺被毁后，庙会也再未举行，现村内的“十月会”即来源于此，但盛况难及当年。

图4—26 《重修玄帝庙序》碑

8.南岩玄帝庙（已毁）

南岩玄帝庙位于周村镇城外的小南岭，据明天启三年（1623年）撰刻的《重修玄帝庙序》记载：“嘉靖四十二年癸亥冬，神显灵于岗，光耀若星，巨灿如烛，倏忽闪灭，腾空飞烁，可瞻而不可即。人知其为异，而不知其为神，即知其为神，而不知其为玄帝神也。越明年，甲子春复然。始讹口于神人司完者云云，镇人遂集髦艾，经营殿宇，创建正殿三楹、东角殿二间、西角殿二间，妆塑圣像，金碧辉煌。”由此可知，南岩玄帝庙创建于明嘉靖四十三年（1564年）。碑中还记载，“隆庆二年建东西两庑廊。逾岁，又建三门三楹、东西角墙。是殿有以正位乎中，而庑又有以翼位乎旁者也”、“扶立三门，以大其观。起接东角楼一座、西角楼一座，以耸其望。砌阶级十二层，以峻其涉。是庙之赫然鼎新，悉众维持，补葺之功居多也。回视向殿阙，巍峨如故。壁立万仞，门辟周行，较前功若倍增庙貌威仪矣。工始于万历二十一年九月，止于次年三月终。”由此可知，此庙于隆庆二年（1568年）、万历二十一年（1593年）重修，由正殿、东西角殿、庑廊、山门、东西角楼组成，规模基本完备。

此次修缮之后，由于缺乏资料，无从考察之后重修之事。直到抗日战争爆发，南岩玄帝庙部分毁损，“文革”以后，基址无存，今仅存《重修玄帝庙序》一碑（图4—26）独耸于小南岭之上，见证其历史与昔日的沧桑。

9.将军坪、周孝侯祠、周处墓

图4-27 周处墓护碑阁

相传古代周村有“三害”，其一为南河中的蛟龙，每遇下雨河涨，兴风作浪；其二为老牛坡上的巨牛，见人则伤，毁坏良田；其三为村中猛士周处，他一顿饭能吃掉一斗的粮食，古时一斗即达三四十斤，因胃口巨大被村民口传成一害。但周处帮村民除掉了蛟龙与巨牛，而对于第三害——周处，村民皆不敢言。后因周处勇猛过人，被召作战，并任命为将军。在战役中牺牲后，欲运其身体回老家江苏宜兴，到周村时，一阵巨风将其尸体埋于土中，形成一座坟。后人为纪念周处，在坟旁修建周处墓、将军庙、戏台等建筑，形成将军坪。后来其尸体被运走，留下的只是其衣冠冢。现镇内西南方向仍有一处名为将军坪的土地，将军庙及庙内周处像在抗日战争时期被毁，其他古建筑亦不复存在。《凤台县志·卷十七》记载，蒋与作《周侯祠》诗曰：“坟穿金甲去，英气孰能齐？射虎城南麓，斩蛟祠下溪。政声传宇宙，文焰拂云霓。莫怪征西事，令人倍残凄。”

周处墓（图4-27）现位于周村镇西门外，原三孔拱桥旁，始建年代无考。《凤台县志·卷十二》记载：“平西将军周处墓：相传在周村西，当以常州荆溪县为正。然处力战殁，尝赐葬地一顷，则高都或所赐地。否则，则其将士以衣冠招魂葬此。”现其墓碑尚存，上书“晋周处墓”，石碑长高分别为0.7米、1.7米，坐北朝南。外罩护碑阁为明清仿木构风格，长宽高分别为1.4米、0.98米、3.7米。

清代西吕匠人秦百里[1]作《周孝侯墓》诗曰：

1 选自乾隆《凤台县志》。秦百里，泽州（今山西泽州县）人，“字宛来，乾隆庚午（1750年）辛未（1751年）联捷成进士，改庶吉士散馆，擢编修，己卯典试贵州，庚辰会试同考官，提督河南学政，寻授颍州府知府，百里素有弱疾，星驰赴任，以劳瘁道卒，著《和声集诗文》十余卷。”

地是周村名，村有周处墓。首邱在荆溪，此墓似有误。马革裹尸还，讵能纡其路？或者从军人，招魂衣冠附。墓前古祠荒，阴森锁夜树。时有寒鸦栖，长夜啼晓露。我来展遗像，威灵犹如故。力能除三害，名在一死赴。丰碑古道旁，过者多感慕。日慕天雨来，如闻英风怒。

墓碑被置于村口，以周处之名，扬古镇之威，同时起到道德教化之用。

三、防御设施

1.城门

周村城墙设东、西、南、北四门，加上西南角上的水门，四门加一水门，使周村有“四门五关”之说。南北门小，东西门大。五门之中，唯南门至今完好。

南城门（图4—28～图4—31）为两层砖木结构，高约6米。首层门洞宽1.7米，高约2.3米，门内坡道长约14米，南低北高，供行人出入之用。门首悬咸丰元年（1851年）张士达写的“金汤巩固”四字；内书“凝瑞”二字。南城门二层为观音阁，始建年代无考。其门内西壁嵌有大清咸丰二年（1852年）撰刻的《重修观音阁碑记》，东壁嵌有《南门巷补修》等三块石碑。据清咸丰二年《重修观音阁碑记》记载：“周村镇压南城上旧有观音阁，不知创自何时，重修于前明嘉靖年间，天香缥缈，久承法雨之施。”由此可知，观音阁（图4—32）

图4—28 南城门南立面

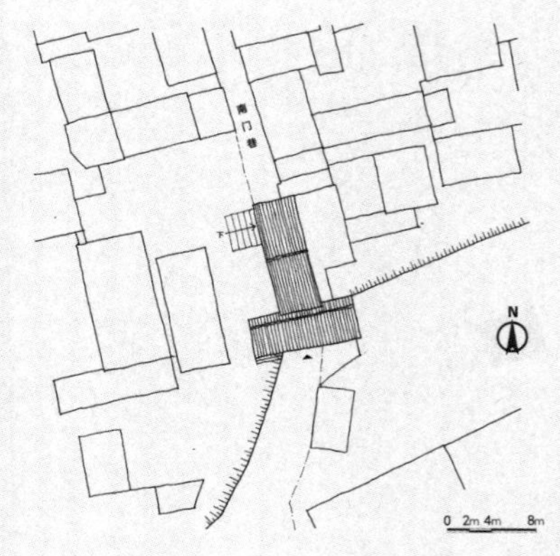

图4—29 南城门总平面图

图4—30 南城门速写

图4—31 南城门北立面

图4—32 观音阁南立面

图4—33 小南门外立面

在明嘉靖年间已经建成，在咸丰元年（1851年）八月经行重修。据村中老人猜测，古代在南城门处斩罪犯，婚丧嫁娶亦不走此门，故南城门人烟较为稀少，环境清静，将求子观音供奉于此，以期繁荣地区文化，保一方平安。

西门于1999年扩建街道时拆毁，门首悬凤台知县刘端题于咸丰七年（1857年）的“行山重镇”四字。北门和东门早毁，据村人回忆，北门内书“藩垣”二字，外书失传。由于北门为全村制高点，日军曾在其上建有炮楼，点燃烽火，向东示于晋城，向西示于阳城，相互接应。战争中连同东岳庙左下方的日升昌老店被日军炸毁，所幸东岳庙在这次浩劫中保存下来。东门则是在20世纪50年代拆毁，部分石材被用作村内民居的房基。

水门位于镇西南方向，始建年代无考。外悬朱樟题于乾隆元年（1736年）十一月的“固圉”二字，内悬张德崇书于乾隆三年（1738年）的“守望”二字。由于村中有婚丧嫁娶不可走南门北门，只能走东门西门的习俗，加之南门附近人口较少，经常关闭，于此多生犯罪。村里为方便商贩、百姓、婚丧嫁娶队伍出入而修建小南门。门洞宽1.6米，上起拱，最高处2.6米（图4—33）。

从各座城门的题刻基本可以看出周村虎城在清代始终不间断地修缮，而其毁坏时间，则是在抗日战争时期至20世纪末。

2.古城墙

关于周村城池的规模，清同治元年（1862年）张士达撰的《补修东南城隅碑记》记载："本镇居凤邑要冲，旧有城，形似虎踞，俗名曰虎城。周三里一百九十五步，墉高四丈，睥睨六尺四正。各辟门，而水门介南城之西偏。峰峦层抱，河水周环，仡仡乎一方保障也。"因城墙与村落合塑为虎状，且顺山势坡形而筑，其立体感更显得此城虎虎生威，故而碑载"虎城"。虎城城门之上筑有城楼城堡，城外围有护城河，流水潺潺向南注入沁河支流。夜里城门一关固若金汤，加之城东南角高高矗立的犹如守城勇士一般的魁星阁，更显其"一夫当关，万夫莫开"之势。

据周村居民传说，此城是周处战殁之后，晋武帝为偿其死而拨款赐建于此的。当时，朝中有一大臣，祖籍山东周村，谎称周村是彼而非此，武帝遂将赐币给予山东周村。不久，有大臣奏称其误，武帝又二赐于此。关于此事，《晋书·周处传》这样记载："遂力战而没。追征平西将军，赐钱百万，葬地一顷，京城地五十亩为第，又赐王家近田五顷。诏曰：'处母年老，加以远人，朕每念，给其送药酒，赐以终年。'"但其中并未提及赐建城郭之事。因此，这种传说并不确切。

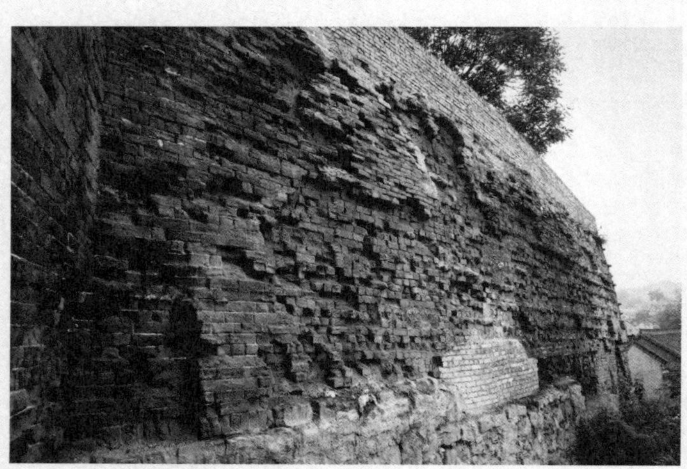

图4—34 城墙

据村民描述，城墙厚达2～3米，分里皮和外皮，外层为砖石，内填泥土夯实，高为12米左右。其下部约1米为青石砌筑，上为砖砌（图4—34）。

明隆庆四年（1507年）梁宋在《泽州周村重修庙祀记》中记述："暨石勒、慕容永僭据，金粘没喝位没闰于宋，岳武穆义旗北指，镇之梁兴筑岩响应……明兴，元平章贺宗哲弃城遁走。冯胜平定安辑，改忠昌军仍泽州，晋城并入。镇属于泽。”由此可以判断，明兴时早已有城，很可能在南宋梁兴抗金时就已形成城郭。从碑碣所示，所有古建筑在明清两代间都经过不断修葺或重修。可见，历代村民对虎城建设都极为重视，如大清同治元年（1862年）补修好城墙后，专门将“公议城垣条规”刻碑立石以示。由其中“大清同治元年季秋吉日阖社重立”一句的“重立”二字可知城垣保护是历代延续下来的。

虎城城墙始建年代无从考证，正如张士达于同治元年（1862年）在《补修东南城隅碑记》中所述：“明际流寇之乱，屡攻未陷，全活人命者约十余万。惜其创始碑碣，经兵燹之后，毁裂无稽。迄于今，惟慎公范君之重修石巍然独存，乃乾隆五年（1740年）十一月立也。里之人，览其遗迹，犹往往坠泪云：‘第百余年来，颓垣残堞，日就荒芜。’咸丰丁巳（1857年）夏，先君子与司晓峰、司玉琛诸公，感粤匪前窜，垣曲邻壤，平潞各属，蹂躏几遍。爰按籍决志更筑，经营倍至，寝食匪遑，乃工。”从中可知，有清一代，城墙经数次翻修（表4–3）。

历代碑文记载修葺城墙时间表　　表4–3

修补时间	修补对象	出自碑文
清乾隆五年（1740年）	城墙	张士达《补修东南城隅碑记》、贾瑞清《补修周村堡记》
咸丰七至八年（1857～1858年）	堡垣	贾瑞清《补修周村堡记》
同治元年（1862年）	东南城隅	张士达《补修东南城隅碑记》
民国六年（1917年）	西南城垣	卫捷魁《修补城垣碑记》

据民国六年的《修补城垣碑记》记载：“谓此工因近来砖质不坚，难以持久，不如用石砌之可望巩固”，可知，城墙的最后一次修缮应该是在1917年，以石材为主，修补西南城墙。

1999年拆毁西门时发现，大量的城砖表面刻着凹形的“公”字。从《条规》中“内外城垣，不许攀取砖石”看，说明以往不断有人攀取过。砖上刻字的做法大概就是为防攀取，在重修或补修时特意制作的。

尽管前辈对古文物竭力维护，但难以战胜战争、水火灾患、群众运动等。如今只能从南门和小南门之间一段完好的城楼城墙去想象当年虎城之雄伟壮观。

3.五里七孔桥

五里七孔桥分东桥、西桥与一座一孔桥，又称“长桥”。东桥与西桥分别位于镇东门、西门外，据对应城门约50～100米的距离，均为三拱。单孔桥位于东桥以东2公里的岸村，现已不存。

现东桥（图4–35）仅桥面中间部分露于道路之上，桥拱已无法得见。该桥长10米，桥面高约2.5米。用长条石料砌筑。据村民介绍，桥头原有记事石碑，现已不存。桥面条石也已坑洼不平，栏板保存基本完好，两侧被新建房屋所夹，桥身不可见。

由于修建道路路面抬高的原因，西桥被埋于路面之下。据村民描述，西桥中间一孔起拱半径约4～5米，两侧孔洞起拱半径约1～2米。

图4–35 五里七孔桥之东桥

【第五章】

周村古镇的装饰艺术

ZHUANGSHI YISHU

周村的古建筑富有其自身独特的历史价值，通过建筑空间与结构形式诉说着它们的故事。但建筑的形式语言是含蓄而内敛的，人们需要透过装饰这个相对具象的媒介去了解这座千年古村的建筑魅力。

作为曾经的“行山重镇”，历史悠久的周村既有着山西古村落所共有的晋商文化，也有着与众不同的士大夫风范与宗教特色。这些丰富的内涵不仅通过形态各异的住宅、寺庙等建筑体现，还通过分布在屋顶、梁柱、基础上千姿百态的装饰更加清晰地呈现。

周村的装饰从精神内涵上大致可以分为追求幸福安康等美好寓意，体现天人合一等宗教思想，以及彰显超凡脱俗的人生品位几种类型。同时，由构件位置及类型还可分为屋顶、结构及立面三类。从制作材料又可分为木、砖石、瓦等。

一、瓦作的艺术

1.吻兽

古建筑坡屋面相交产生“脊”，屋脊的两端即为“吻”，《营造法原》[1]中记载了许多屋脊形式（图5–1）。从秦汉时期的画像石与画像砖中也记录着一些吻的图画装饰，由此可见吻兽装饰的历史之悠久。

周村古镇的大部分民居的吻兽图样具有典型的山西特色，即形态张扬，彰显晋商的地位与喜好（图5–2）。而村内最庞大的庙宇建筑东岳庙以及大户民居郭家大院都较为特别，与皇家宫殿的吻兽非常相似，都是在整个建筑群中采取统一的形式，每个单体建筑的吻兽再从统一中求变化。其中东岳庙铺琉璃瓦，形制等级很高。

（1）哺龙吻兽

双坡屋顶相交形成的脊称为“正脊”，而处在正脊两端的吻兽则为“正吻”，也叫“大吻”。郭家大院都为双坡屋顶，因此只有存在于正脊上的正吻，分布在大门及各院正房、厢房的屋脊上，都为左右对称。虽然不同屋顶上的吻兽形态并不完全一样，但都为龙

1 姚承祖：《营造法原》，第十一章屋面瓦作及筑脊。

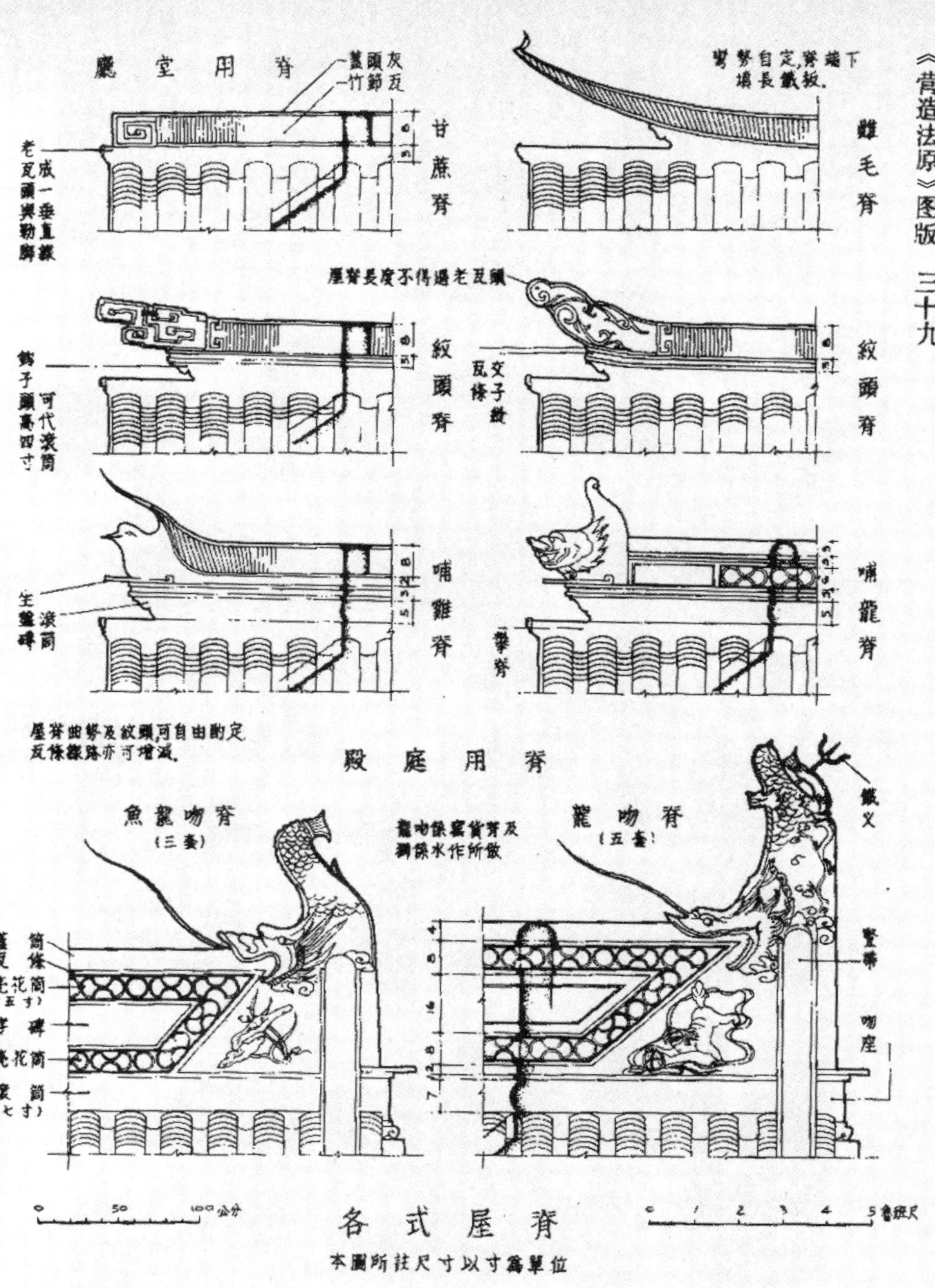

图5—1　《营造法原》中的各式屋脊图

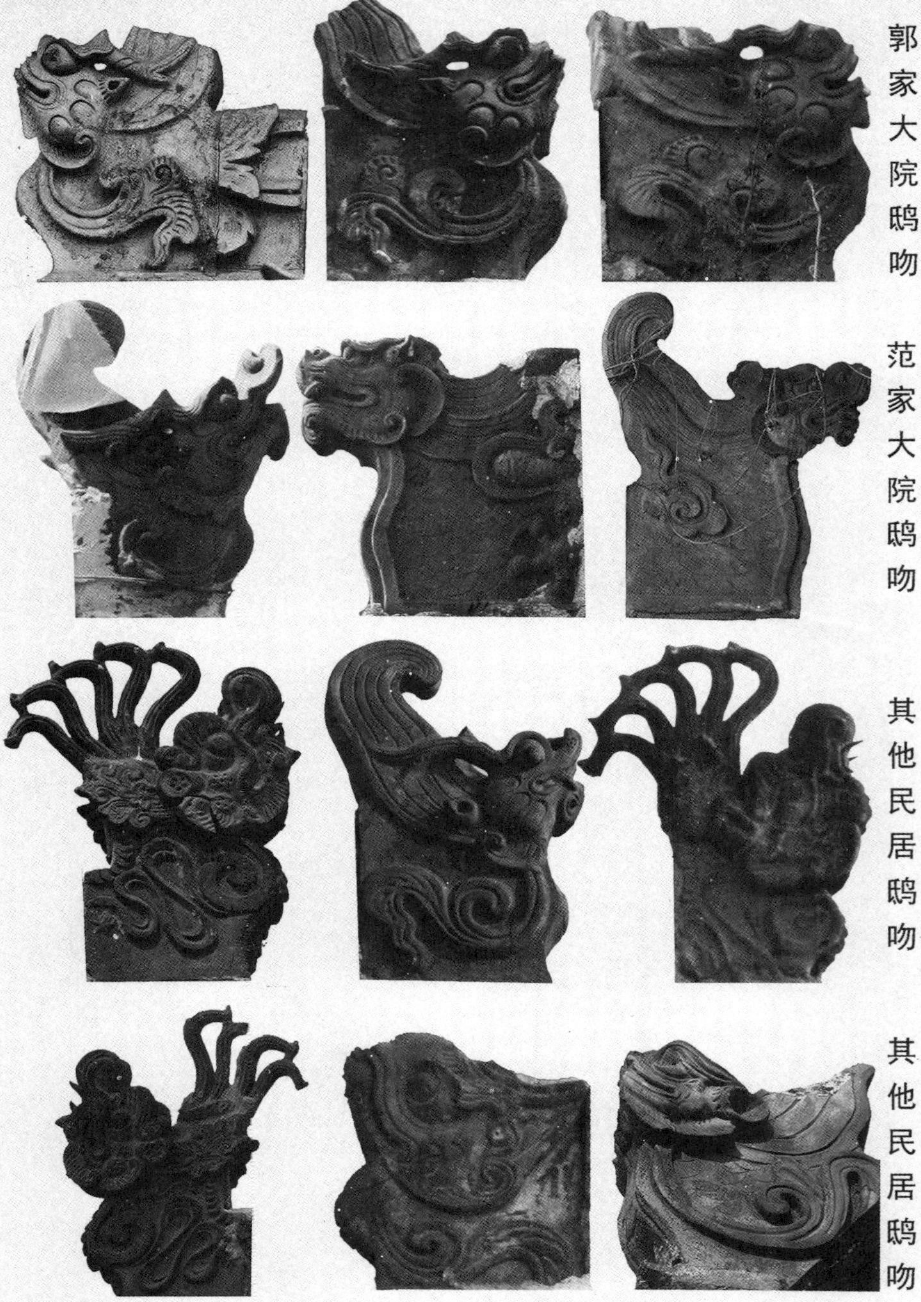

图5-2 周村民居鸱吻

头鱼尾的造型。龙作为中国古代传说中的神异动物，与白虎、朱雀、玄武一起并称“四神兽”，能够呼风唤雨，而常被放在屋顶的螭吻则是龙头鱼尾的造型。传说螭吻为龙的第九个儿子，将其放在屋顶上可驱逐厉鬼，守护家宅平安，并可帮助家族人丁兴旺，丰衣足食。《营造法原》[1]将屋脊分为“甘蔗脊、雌毛脊、纹头脊、哺鸡脊、哺龙脊、龙吻脊、龙鱼吻脊”几种。郭家大院的吻兽与哺龙脊最为贴近，整体长宽相似，龙头向外，鱼尾微微翘起与屋脊相接，在其腹部还有卷曲的植物形态花纹。但根据《营造法原》的记载：“龙吻脊大多用于寺庙的殿、楼建筑上，较少应用于民居”，由此足以显示郭家曾经的地位。

除了郭家大院外，郭家在周村西门外还有一处别院，为郭家花园，花园内的装饰相比郭家大院更加具有园林风韵。郭家花园的螭吻与郭家大院同样非常相似，显示着两座建筑群的联系，稍有不同的便是腹部的植物花纹走势与龙头下类似胡须部位的形态。

（2）鱼龙吻兽

相较民居，周村公建的吻兽更加的气派华丽，其中最杰出的当属村东最重要的公共建筑——东岳庙。东岳庙建筑群以琉璃作顶，正吻有三种，都足有半人高，是标准的鱼龙吻脊（图5–3）。这三种正吻都以绿色琉璃为底色，黄色琉璃为纹饰，龙嘴大张咬住屋脊，鱼尾向上高高翘起，气势恢弘，造型华丽。位于前院钟楼上的正吻鱼尾卷曲，鱼尾转折处有花卉雕饰；位于后院正殿上的龙头面部表情更加狰狞，眼神上挑，尾部还有龙身与龙爪的雕饰，整体看来更加气派；另外一种位于后院朵殿上，朵殿损毁较为严重，吻兽的尾部有部分断裂，但仍可见其上的龙尾龙爪造型与双目圆瞪的龙头。

图5–3 东岳庙鱼龙吻兽

1 姚承祖：《营造法原》，第十一章 屋面瓦作及筑脊。

与正脊垂直的屋脊称为“垂脊”，垂脊尽端的吻兽则为“垂吻”。除了正吻外，东岳庙还有多处垂吻，它们相较正吻来说等级要低很多，但也是以琉璃制成，前院钟楼垂吻基本都为黄色，有表情相对柔和的龙头与简易的鱼尾，腹部还有龙爪雕刻；后院正殿的垂吻也为黄绿相间的琉璃，龙头相对较大，龙身较小，其上有花卉装饰，小巧而精致（图5–4）。除此之外，东岳庙还具有周村罕见的走兽装饰，在前院大门的垂吻下还有人形走兽雕饰，其形态酷似东岳大帝，体现了这座宗教建筑独特的风格（图5–5）。

图5–4 东岳庙垂脊吻兽

（3）其他吻兽

村南的范家大院内的龙吻脊龙头更加出探，腹部鳞片分明，同时还有鱼尾高高翘起，形似鱼龙吻脊。范家兄弟院内更有呈现腾飞之姿，龙头与鱼尾均翘起的吻脊。虽然范家院内的吻脊与郭家大院相同，都是龙头向外、鱼尾与屋脊相连，但更加英气的龙头造型与灵活的鱼尾形态都使这个经商世家比以文人官宦闻名的郭家显示出更多的张扬。

图5–5 东岳庙走兽

此外，周村其他民居的形制等级都稍低一些，许多人家屋脊以砖稍加装饰，并无吻兽。少数人家正房有一对正吻，形态多变，较为新奇。有的可算作哺鸡脊，是鸡头与代表鸡尾的几条曲线相结合的造型，也有将龙头与鸡尾相结合的形态。加入鸡尾造型的吻兽都比较明显且高耸，非常引人注目。另外，也有龙头极小、鱼尾很长的龙鱼，以及龙嘴大张的变异形态，充满丰富的变化与趣味。

2.屋脊

与吻兽相辅相成的屋脊也是周村的一道风景，除了东岳庙的琉璃屋脊外，其他的官宅民居基本都采用青砖材质，并且雕刻出各种花纹，形成一条平直的线砖，以此凸显主人的审美情趣与地位权势。这种在屋脊上做文章的方式非常具有山西特色，在村中随处可见。

(1) 花卉屋脊

周村中最常见的屋脊装饰即为花卉图案，位于多处宅院的大门及正房、厢房之上。花卉屋脊多为荷花荷叶造型（图5-6）。荷花是古建装饰中经常采用的图案，具有多重寓意。首先，荷花“出淤泥而不染，濯清涟而不妖”的高尚品格被人们所推崇，可用来比喻人保持纯真的品质而不沾染坏习气；另外，荷花也称莲花，缠枝莲的图案具有吉庆之意，可寓指富贵缠身；此外，一径荷花也有一品清廉的寓意，可表达为官之人追求廉洁的态度。由此可见，郭家既追求大气简洁，也借由装饰对高尚品格与美好生活表达期望。

郭家花园相比大院更加随意，屋脊基本都为花卉雕饰，正房屋脊虽也以荷花为主题，

图5-6 莲花纹样屋脊砖

图5-7 郭家花园荷花屋脊

但与郭家大院的一径荷花不同，为中间一朵盛开的荷花，右侧一径荷叶，左侧还有一径待开的花苞，更具清雅的园林感（图5-7）。

除了夏季盛开的荷花外，花园内还有以秋菊为主题的屋脊，菊花线砖纹路清晰，线条柔和卷曲，一径菊花从侧面伸出，与荷花屋脊共同形成花园的氛围。菊花也是古人非常喜爱的花卉之一，中国古书记载菊花："苗可以菜，花可以药，囊可以枕，酿可以饮，所以高人隐士篱落畦圃之间，不可一日无此花也"。[1]同时，菊花象征高雅，并能代表着名士的斯文，这与文人辈出的郭家的追求相契合。

随着屋脊装饰的不断发展，不仅屋脊两端有吻兽装饰，连屋脊的中央也发展出了突起的装饰，这些突起的雕刻有的为珠宝形态，有的为飞禽走兽，装点屋脊。起初这种屋脊装饰多在寺庙等公共建筑使用，后来渐渐地被用于民居，在以星辰为主题的屋脊中央便有走兽装饰。这个屋脊雕刻左右对称，形态奇特，有手有角，中间有曲线纹样装饰。另外，郭家花园的菊花砖屋脊上有飞禽走兽装饰，这些装饰以鸟类造型为主，一般一条屋脊线上会均匀分布着三五个这样的禽鸟，雕刻栩栩如生，仿佛落在屋脊上的鸟一样，为建筑平添几分情趣。

范家院的线砖相较郭家院更加多变灵活，一进门的隔墙上便有菊花雕刻的线砖（图5-8）。这种线砖的尺寸略有变化，长度更长，高度稍矮，呈扁平状，上面的菊花雕刻与郭家花园的有很大的区别，起伏更加明显，花卉相对较小，四分之三的面积为突起的菊花叶片，造型更加生动。院内厢房上同样有菊花雕刻的屋脊，但这种菊花不同于隔墙线砖，它的线条更加纤细，纹路更加细致，同样是叶片占有较大的面积，立体感很强，精致而活泼。

与范家大院邻近的范家兄弟院内亦有许多富有特色的屋脊装饰，以荷花为主，具有各种各样的变化（图5-9）。有的比较规矩，紧贴于屋脊砖上，一块砖饰以一支荷花；有的稍显张扬，花瓣翻起高过屋脊，并有翻卷的荷叶作陪衬，立体生动。先前提到的线砖基本

1 陈泳：《全芳备祖》。宋代花谱类著作集大成者。

图5–8 范家大院菊花屋脊

图5–9 范家兄弟院荷花屋脊

均为相同的一条砖重复排列形成一条屋脊线，而范家兄弟院正房屋脊上的每块砖图案不尽相同，有的砖上雕刻荷花，有的砖上饰有荷叶，有的则只有一根弯曲的荷茎，几块砖连接起来组成一个完整的图案，使屋脊线更加丰富且有趣味。

（2）禽鸟屋脊

由于人类天生渴望飞翔，古人崇拜鸟类。曾在河姆渡文化遗址中发现双鸟朝阳的象牙雕刻等以鸟类为题材的工艺品，可见中华民族的鸟类崇拜早在7000余年前就已经形成。鸟与龙、凤、龟等动物成为图腾，被古人运用于各种器物。范家大院内除了花卉线砖外还有着周村比较罕见的鸟类图案线砖（图5-10），虽然鸟图腾很多时候是一种经过演化的神鸟形态，像龙一样并非实际存在的动物，但范家大院屋脊上的禽鸟具有鸽子的一些特征，却不完全是鸽子的形态。作为古代重要的通商集镇，周村历来受到较多外来文化的影响，所以受到西方和平鸽文化的熏陶也不无可能。另外，中国古人也和鸽子有着不解之缘。《开元天宝遗事》[1]中记载：“张九龄少年时，家养群鸽，每与亲知书信往来，只以书系鸽足上，依所教之处，飞往投之，九龄目为飞奴，时人无不爱讶。”可见飞鸽传书的历史悠久，古人对鸽子有着特殊的感情。

（3）腾龙屋脊

相比民居，庙宇建筑的屋脊装饰更加丰富多变，也更加华美繁复。东岳庙屋脊的主要母题有三，分别为龙、花卉以及祥云。琉璃颜色以黄、绿、白为主，通常是以绿色为底，黄色为花卉及龙身，白色作为点缀。东岳庙内的屋脊变化丰富，基本没有一块重复的屋脊砖，并且都是通过一整条屋脊线来表现一个完整的图案，不存在相同线砖的重复排列。

图5-10 鸟类图案屋脊

1 仁裕：《开元天宝遗事》。该书根据社会传闻，分别记述唐朝开元、天宝年间的逸闻遗事，内容以记述奇异物品、传说事迹为主。

大门上的线砖内外两侧形态不同，外侧左右对称，以四条龙为主要造型，龙身周围祥云环绕，辅以精美自由的曲线装饰。屋脊中部有两个相背的龙头走兽（图5-11），中间夹着一块竖直的袖珍牌匾，上书繁体的“岱岳行宫”，牌匾虽小，却非常精致，字的两侧有菊花雕饰，上部还有白色的鸟类纹样。大门内侧的形式与外侧相呼应，中间对应位置也有两个龙头走兽，两侧为伸展的龙身与繁复华丽的菊花相间隔的图样，菊花的茎叶缠绕龙身，龙身的周围间或出现一些点缀的花苞。值得一提的是龙屋脊上龙的形态各不相同，有的张牙舞爪，有的回首探看，各具特色，栩栩如生。

东岳庙大殿上的屋脊装饰更为特别，为龙与牡丹相结合的纹样（图5-12、图5-13）。牡丹被喻为百花之王，娇艳美丽，一直深受古人的喜爱。刘禹锡的“唯有牡丹真国色，花开时节动京城”表达了牡丹在人们心中的崇高地位。我国素有“太平盛世喜牡丹”的传统，所以牡丹反映人们对太平昌盛的一种追求。作为皇家寺庙的东岳庙，它的建造代表着该地区经济文化等各个领域的昌盛，所以以牡丹作为正殿的屋脊装饰非常符合建造者的追求。除了这些正脊装饰外，东岳庙还有少见的垂脊花雕，同样为琉璃材质，菊花纹样。此外，村中的另一处宗庙建筑眼光阁的屋脊也为琉璃材质，以龙身及花卉为主题，并且有荷花、菊花装饰同时存在于屋脊。

图5-11 东岳庙大门屋脊中部

图5-12 东岳大殿腾龙屋脊

图5-13 眼光阁腾龙屋脊

图5-14 其他屋脊

(4) 其他屋脊

此外，福星楼等村内多个民居均有精美的屋脊装饰，基本以花卉形态为主，荷花、菊花居多，雕刻形态变化丰富，有的具象有的抽象，有的张扬有的内敛，并常在端头有所变化，经常以不同于屋脊花卉造型的茎叶雕刻作为尽端的装饰砖（图5-14）。另外，还有镂空的屋脊装饰，这种方式在周村比较少见，依靠砖搭出简洁朴实的造型，这种方式既保证了美观，又能减小风阻，使正脊更加稳固。另有几何形态的屋脊，倒圆角的矩形顺次排列，有时为突出中心还将中间的一块砖分为两半并反转放置。此外，郭家花园的内院中还有周村非常罕见的以星辰为主题的线砖，该屋脊上的雕饰形似星星与太阳，并被中间的横向曲线分割。

3.瓦当滴水

(1) 瓦当

为了改善茅草屋顶防水性差的缺陷，我国自西周中期开始在屋顶大面积地使用瓦片，分为仰瓦与盖瓦，盖瓦根据形态又分为与仰瓦相同以及呈半圆形的筒瓦两种。为了更好地保证瓦片的防水性，古人将屋檐最外端的瓦片做成封闭状。久而久之，人们发现这些封闭部位很容易受到人们的关注，故开始在其上进行装饰，使之逐渐成为古建中重要的装饰部位——瓦当。由于装饰内容不同，瓦当主要分为“字当”与“画当”两种，根据名称很容易看出，前者饰以文字而后者饰以图画。在周村目前保留下来的古建上尚未发现刻字的“字当”，基本都是以动物、植物为主题的“画当”。

根据瓦片的形态，瓦当形态也分为圆形与唇形两种。筒瓦瓦当多为圆形，这种形态的瓦当在周村比较少见，唯有东岳庙前院钟楼屋顶有保存较为完好的筒瓦瓦当。瓦当在泥坯基础上施黄色彩釉烧制而成的琉璃瓦，瓦当虽小，却雕刻着精巧细致的龙纹装饰，具有皇家的特色。龙纹是经常采用的装饰主题，由于瓦当有两种形状，所以龙纹在瓦当上也分为两种，一种是在盖瓦端头的“行龙”，另一种就是贴合圆形瓦当的“团龙”。东岳庙瓦当上的团龙绕周边盘绕，龙头位于中央，龙口大张，气势非凡（图5-15）。

盖瓦瓦当多见于民居，盖住仰瓦，呈扁平形，由于形态很像人的嘴唇，故也称“唇瓦”。范家大院的瓦当基本都为植物主题，分为大小两种，大的为清晰精美的莲花纹瓦当。莲花即荷花，有“吉祥”、“纯洁”之意，莲花纹在唐、宋时期非常流行，到明、清

图5-15 东岳庙的团龙瓦当

图5-16 范家大院的花卉瓦当

图5–17 马纹瓦当

时期皇家建筑均以龙纹作装饰，地方民居建筑中的瓦当装饰更加丰富多彩。范家大院中较小的瓦当上也是花卉纹样的装饰（图5–16），四片接近半圆形的花瓣围绕着中间圆形的花蕊，两侧还有简单的曲线形纹样代表植物茎叶，虽然精美却无法分辨其花卉种类。这种简化提炼的方法是古代工匠常用的一种手法。在大小有限的构件上为了保证装饰的精美，古人通过自身对现有动、植物的观察理解，对其形态加以改动，形成新的装饰纹样。村中还常见菊花瓦当，雕刻得饱满精细，茎叶分明。

除了植物图案瓦当之外，周村民居中还普遍存在着动物图案瓦当，在郭家花园、福星楼以及范家兄弟院等处均被使用。虽然瓦当上的动物经过了简化提炼，但仍能依靠其身姿分辨出它是奔腾中的骏马，骏马上下各有两个圆形雕刻，上部的形似太阳而下部的类似祥云，更有飘逸之感（图5–17）。马文化在我国历史悠久，一直伴随中华民族传统文化传承至今。马在古代属于重要的交通工具，满足人们的生产、生活、交通之需，被人们视为非常重要的动物。同时，马一直是“吉祥”的象征，“马到成功”等成语、诗句都在突出其吉祥之意。同时，中国古代有吉祥之意的灵兽众多，马纹瓦当并不常见，只有马背民族蒙古族等才会大量采用马纹进行装饰。周村作为古代重要通商集镇，对于马的依赖与推崇显然要大于普通地区，所以此地大量出现马纹瓦当也就不足为奇。

（2）滴水

滴水与勾头相配套，为仰瓦端头，多呈上平下尖的三角形，为了美观多将边缘烧制成如意形曲线，形态与唇瓦相似。滴水的分类方式也与瓦当类似，大体分为“文滴”与“画滴”，周村内的滴水以“画滴”为主。

滴水的大小、形态及位置与瓦当非常相似，其上的装饰大多数都和唇当相同，细微的差别在于瓦当为盖瓦端头，为下弦弧线的延续，呈凸面；而滴水为仰瓦的当头，作为上弦弧线的延续，呈凹面，装饰面积比瓦当稍小，并位于瓦当之后，所以其装饰往往比同屋面上的瓦当更加简洁朴素。

图5–18 滴水

周村不论庙宇或是民居，滴水的装饰多以植物为主题，出现最多的便是一径莲花（图5–18）。滴水上的莲花图样仿佛从滴水底部尖端生长而出，在中部面积最大处为盛开的多瓣花朵，两侧角部还装饰以两片小巧的莲叶，充分利用滴水的面积，并与之契合特殊的形状。常见的菊花图样以及抽象的四瓣花朵纹样同样遵循此种规律，多为中部开花两角饰以茎叶。

另外有的人家仰瓦端头虽没有传统的三角形滴水，却也在端部形成一段当头，并将当头下部处理成波浪形，作为一种简单的装饰，配合瓦当优美的曲线。

值得一提的是，周村的瓦当与滴水图案有着一些暗含的呼应规律。比如动物瓦当下多配以植物纹样的滴水，如东岳庙团龙瓦当下为菊花滴水，范家院马纹瓦当配以一径莲花的滴水等。而植物主题的瓦当下通常是抽象花卉装饰的滴水，或是波浪形的简单装饰。这体现出滴水的装饰等级多低于瓦当，作辅助烘托的作用，一同形成檐部的装饰效果。

二、木构的魅力

1.梁头

梁是在檐下外露的部分，梁头的形态受到人们的极大关注。早在汉代，梁头就已经成为一个重要处理的部位，只不过当时的做法较为简单，多是垂直切割，唐代开始出现批竹梁头的做法，后来形成的蚂蚱头、卷云头、挑尖头逐渐将梁头形式完善丰富起来。

图5—19 蚂蚱头结合卷云头

周村多处民居均有精美的梁头雕刻，并多以卷云头为蓝本，加以修饰改造。其中，范家兄弟院内的卷云头呈棕红色，前端圆滑丰满，回卷处似云似花，后部还有曲线形装饰。张士达故居的梁头非常具有特色，它不同于一般的对梁头进行细微雕凿的做法，而是将梁头大部分凿去，留下少部分雕刻成植物茎叶及花卉造型，形态较为抽象却感染力十足，整体形态舒展洒脱。

也有的民居将蚂蚱头与卷云头结合（图5—19），上部有卷云造型，前端突出部分与蚂蚱头极为相似，下部辅以三角形的层叠雕刻，使梁头更加生动，像是一只探头的动物。另有将卷云头与植物形态相结合的梁头，虽然能看出卷云头的基本形制，但整个梁头满布植物叶片或根茎的形态，卷曲柔美，独具一格。

最值得关注的还是郭家大院正房结合彩画的梁头（图5—20），明黄、墨绿为主色调的梁头华丽非凡，除了端部突出外，两侧还有植物叶片形态的镂空雕刻，茎叶上方还有小

图5—20 郭家大院正房梁头

图5—21 格式梁头挡板

斗栱与檐檩相连。这样的梁头可以说既起到了装饰的作用，同时也优化了整体结构受力。梁头前端为明黄色底，形似蚂蚱头，下部有白色勾黑边的花卉承托，主要部分为黑色“席纹”。古人将未干的陶器放在席子上，底部印出席子编制的痕迹，由此形成了“席纹”这种特殊的纹样。

当然，并不是所有梁头都采取这种雕凿方式处理，许多梁头都加一块挡板收尾，挡板的外立面也就自然成了装饰的对象（图5—21）。周村的挡板纹饰可分为两种，一种是方形挡板，这种挡板的周围一般会以回纹装饰，上部与梁挡板钉接，挡板中间通常不作装饰，唯有郭家大院内二进院的挡板中央有精美的团龙雕饰。另一种是做成悬鱼的造型，与屋脊下的悬鱼遥相呼应，造型多变，但周村内的悬鱼形挡板损毁得比较严重，基本只能辨别大致的外轮廓造型，其上没有雕饰。

2.间雕

除了梁头以外，古建房屋正立面精美华丽的装饰效果还要归功于间雕与雀替的辅助。间雕作为梁头之间的雕饰，既有极强的装饰性，又兼具使结构更稳定的实用性，在保持风格统一的同时又具有自身的特色，属于非常特别且具有价值的一类装饰。

周村的间雕主要位于民居正房梁头之间以及厢房、走廊的柱间空隙，由材质可分为砖雕与木雕两种，其中以木雕居多。保存完好的间雕中最具艺术价值的便是郭家大院正房梁头间的木雕，配合先前提到的席纹梁头，正房木雕上也涂刷了红、绿、黄等彩色涂料，使装饰生动非凡。郭家大院正房的四个梁头间共有三个间雕，长宽与梁头相似，雕刻题材各不相同，但都以凤凰为主题。凤凰作为百鸟之王，古人对它的推崇可追溯至鸟类崇拜。作为人们虚构出来的具有神性的灵兽，凤凰在人们心中的地位比普通的鸟类要高得多。凤是人们心中的祥瑞之鸟，它与龙一样，是一种皇权的象征，将它作为装饰是身份地位极高的体现。郭家作为周村官场地位最高且影响力巨大的家族，其宅院虽不能以皇家专用的龙作为装饰主题，用凤来体现自身的地位也实属自然。

位于中间的木雕以凤凰及祥云为主题，周身具有黄、红、绿、蓝、白等颜色的艳丽凤凰穿梭于单色的祥云之间，头顶处还有一红色圆形上书金色的“日”字，祥云的雕刻分为前后多层，将凤凰包裹其中，具有极强的立体效果，创造出了一幅云间翱翔的图景（图5-22）。两侧的两个间雕上各有三朵盛开的红色牡丹以及两只相映成趣的小凤凰，同时以大面积绿色叶片作背景，这两个间雕同样为镂空的雕刻，多层花叶以及圆润的凤凰躯体使

图5-22 郭家大院凤凰间雕

图5-23 郭家大院花叶间雕

整个木雕呈现非常立体逼真的效果。

周村其他间雕基本都为木质，且都为单色，虽不及凤凰木雕华美，却也都精巧细致。有同根而生的两颗圆润寿桃的造型，也有在扁圆形地盘上雕刻蜿蜒卷曲的花叶，还有精致有趣、凹凸起伏的祥云配合，各具特色（图5－23～图5－26）。

图5－24 民居花卉间雕

图5－25 民居花鸟间雕

3.雀替

古代木构建筑结构中最主要的部件即为梁与柱，分别承载房屋水平与竖直方向的力，而二者的交接处往往是压力、剪力的集中之处，简单的榫卯结构连接已不能满足日益复杂宏大的木构建筑需求。于是在梁与柱之间就出现了一种横向的辅助构件，它从柱的两侧伸出，比柱子略薄，却长出许多，该构件有效地减小了梁间跨度，使梁柱连接更加稳固，这就是后来我们所熟知的“雀替”。

雀替在周村比较常见，且非常具有山西地区的装饰特色。《营造法式》[1]中写道“檐额下绰幕方，广减檐额三分之一，出柱，长至补间，相

图5－26 其他间雕

1 李诫所著的《营造法式》是北宋官方颁布的一部建筑设计、施工的规范书，是我国古代最完整的建筑技术书籍。

图5–27 植物纹样雀替

图5–28 张士达故居雀替

对作梢头或三瓣头”，这句话不仅包含了前面提到的雀替形态，也说出了它的装饰纹样，左右对称，通常在端部做成“梢头”或是“三瓣头”形。当时的雀替还是发展初期，装饰手法非常有限，并且只在端头作处理，山西晋中地区的雀替大多装饰丰富且不受约束，拥有多变的主题与自由的造型，且雀替通常和其旁边的斗栱相结合形成装饰效果。周村的雀替多以植物为主题，形态灵活多变，却都有异曲同工之妙。比如一处民居中的雀替形态左右对称，但其中的花卉种类却不同，左为菊花右为山茶的浮雕层次感极强，植物叶片玲珑柔美，花卉完整写实，具有很高的欣赏价值（图5–27）。

张士达故居的雀替便以繁盛茂密的叶片为主题，缝隙处穿插一些小巧的花卉，起伏很

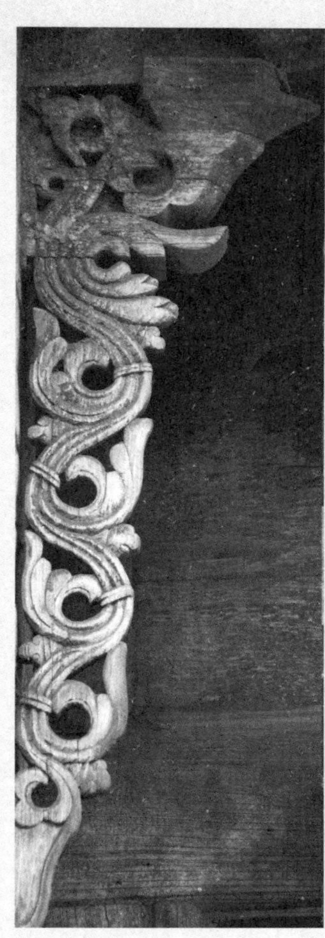

图5-29 其他民居雀替

深，非常生动（图5-28）。其旁边的斗栱为蜿蜒的植物茎叶造型，类似的形态在周村中极为常见。周村的雀替有的如张士达故居一般以花叶装饰，有的却非常简单，几乎将装饰的全部重点转移到了下部的斗栱处，而上部雀替反倒成了辅助部分。

另外，周村的雀替下常常配有下挂，采用类似的植物茎叶造型（图5-29），上下很长、左右较短，为几条缠在一起的茎叶一同蜿蜒而下，不时在两侧形成卷曲镂空，造型流畅柔美。其中，东府庙的下挂比较有特色，似自下而上生长的藤蔓编织而成，其上点缀着清晰的叶片与花朵，生机勃勃且立体感极强。这种装饰纹样从唐朝开始盛行，被称为“卷草纹”或是“唐草纹”，它最初源自佛教装饰中的“忍冬纹”。东汉末期，当忍冬纹随着佛教传入中国时，中国的装饰艺术转向一种新的内涵发展，越发追求流动感，如行云流水般的意境。忍冬纹的出现为这种追求提供了载体，很快便发展出了中国本土的卷草纹装饰。

为了增加雀替与梁的接触范围，同时增加其可装饰的面积，雀替的体形在发展中逐步变大，逐渐出现了补间两侧雀替端部相连的现象，这样形成的构件成了挂落，它比普通雀替更大，地位更加凸显。周村内的挂落不多，唯有郭家大院正房上的保存完好（图5—30）。正房四柱三个补间中的挂落相同，类似一种文字图形，其内部规律复杂难寻，凹凸相辅的效果很是震撼。这种纹饰类似万字纹与回纹的结合，有的地方类似“卍”形的万字纹，有的地方蕴涵富贵不断头的回纹，又与简化后的蟠虺纹有些类似。

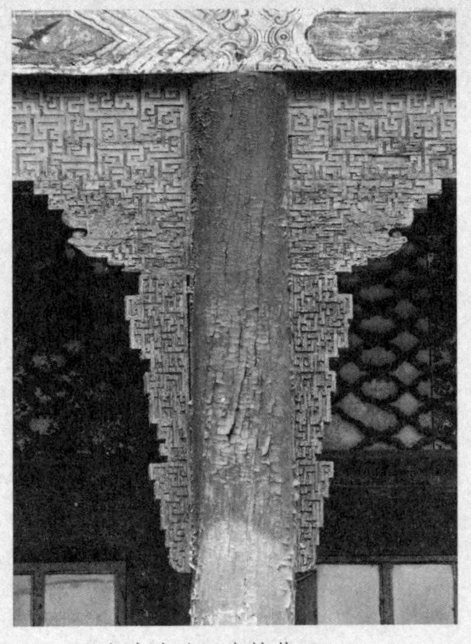
图5—30 郭家大院正房挂落

4.垂柱

垂柱也称“垂花”，最初是伴随着我国西南山区的“吊脚楼”出现的，这种房屋依山而建，部分房屋悬挑于半空，就出现了不落地的柱子。古代的能工巧匠们当然不会允许这些柱子以其原本的粗糙截面示人，于是就形成了多种多样的柱端收尾雕饰。对于非山区的普通民居而言，垂柱较多地出现在大门两侧。如北京四合院的“垂花门”就是因其两侧的垂柱而得名的。

周村没有设置垂花门的传统，但作为吸收着各方文化的太行重镇，周村有些大门外采用了装饰非常考究的垂花柱，这些垂花柱与北京四合院不同，大多细长，下部分为几段装饰，异常华丽。如西门外的金龙

图5—31 金龙四大王庙垂柱

四大王庙（图5-31），其下部垂花雕刻部分可大体分为三段，下段为一下垂莲花花苞，中段为圆形，其上有波浪纹雕刻装饰，上段则仰俯两层莲叶座，起到过渡效果。别处民居大门处的垂柱与金龙四大王庙的垂柱形制大体相同，也为莲花主题，但花瓣更加细长，雕刻更加立体，与其上卷曲叶片造型的挂落以及雀替组成一幅生动的图景。

5.门窗

无论古代还是现代，木构建筑还是砖石建筑，门窗都毋庸置疑地对建筑的立面效果起着决定性的作用，其大小、颜色、形制无一不影响着建筑的整体风格，它们局限小，灵活多变，比较容易更改。作为一个发展较好的古代农村聚落，周村的建筑形制虽然大都得以保存，但门窗却多由于使用的原因被破坏或者更改，我们只能通过少数未被拆改破坏的门窗来研究周村古建的立面语言（图5-32）。

（1）墙窗

周村内的房屋主要为砖木混合建筑，同时还有少量的窑洞，丰富的建筑种类形成了多种窗的形式（图5-33）。范家大院的窗形制较为标准规矩（图5-34），分为上下两部分，

图5-33 福星楼墙窗

郭家书房院钱纹

范家大院钱纹

范家兄弟前院钱纹

范家大院钱纹

范家大院灯笼锦

范家兄弟前院灯笼锦

范家兄弟前院灯笼锦

范家兄弟后院灯笼锦

郭家花园灯笼锦

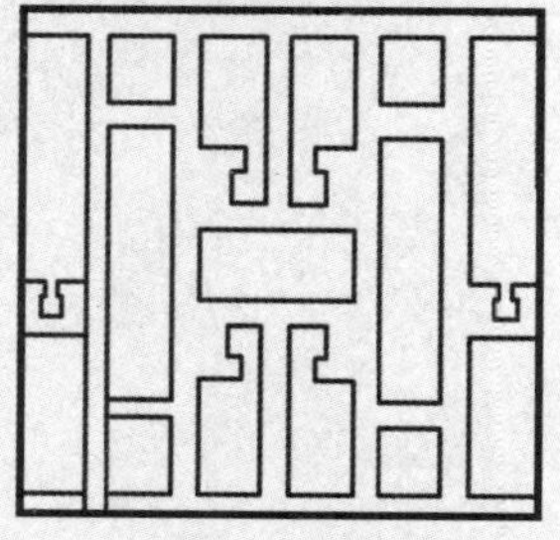
范家大院方格纹

范家大院瓣亚纹

范家兄弟后院龟背纹

图5-32 周村门窗装饰纹样

图5-34 范家大院墙窗

图5-35 窑洞拱形窗

图5-36 东岳庙墙窗

上部为“四斜毬文”，即木条斜向相搭。下部为“方胜纹”，方胜纹是古代常用的木棱条装饰纹样，“方”在古文中有“并行”之意，“胜”则是古时女性的头饰，有辟邪的作用，因此方胜纹即方形或菱形相互搭接的纹样，有吉祥纳福的寓意。方胜纹如此常见还由于它极为简洁的基本几何形，这种造型的木棱条非常容易塑造，所以受人们青睐。

另外，窑洞的窗口一般为拱券形，常分为下部方形窗及上部半圆形两部分，上部实心木板还常有圆形开洞（图5-35）。范家大院内就有窑洞窗口，下部为最基本的四直方格，上部圆洞有破损，但可推测曾是万字纹。

东岳庙的砖墙上还有造型非常特别的弧形顶部墙窗，顶部的弧形以砖砌成凹凸的形态，周围还有曲线纹样装饰（图5-36）。窗扇分为上下两部分，上部分为万胜纹，下部分为一个较为完整华丽的龟背锦，绿色窗棂与红色砖墙形成强烈对比，立面色彩冲击性很强。但由于宋代基本不存在此种形态的门窗，故推测东岳庙门窗为后人改造。

图5-37 六边形墙窗

除了普通窗外，周村私家园林还有许多北方少见的漏窗（图5-37），有的在房屋上部，作为通风口，周围有六边形纹饰，中部镂空为圆形，内有“步步锦”的窗棂式样，与江南园林廊亭的漏窗极为相似，在普通住宅上别有一番风味。郭家花园为了营造宅院的园林感，在外墙上修葺了许多漏窗，有方形、条形甚至石榴形（图5—38、图5—39），中间用筒瓦堆叠，形成了铜钱及鳞片等装饰效果，非常具有创意。石榴是从波斯一代传入中国的水果，与郭家花园这样具有文化气息同时潇洒俊逸的花园风格极为契合，而且石榴由于多籽的特点，古有多子多福的吉祥之意，所以作为装饰纹样也是一种祈福的期愿。

图5—38 郭家花园石榴形漏窗

图5—39 郭家花园条形漏窗

（2）格扇

张士达故居正房的明间为四格扇形式，中间两扇可开启，旁边两扇固定，但可拆卸。其形制为标准的六抹头格子门，格心为四斜毬文，格扇整体为木材原色，透出古色古香的气息。福星楼正房明间也为六抹头四格扇，但其格心装饰较为丰富，为直棂窗的变体，在上、中、下三处以圆弧处理，将相邻的两棱相连，在棱间还有小型花朵雕饰，大体能看出有菊花、牡丹、莲花、山茶等，相邻花朵均不同，效果丰富而有趣味（图5—40、图5—41）。

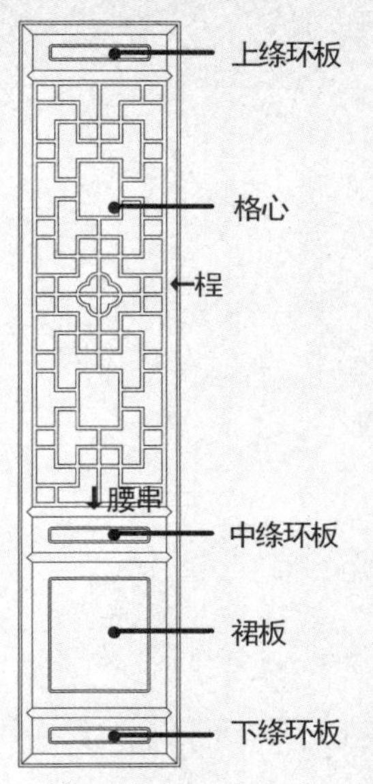

图5-40 格扇示意图

图5-41 福星楼格扇

图5-42 范家大院正房格扇测绘图

图5-43 寿字裙板

范家兄弟院的格扇更加华丽，同为六抹头的格扇不仅格心变化丰富，在裙板及环板上亦都有装饰雕刻（图5-42）。裙板中心为一圆形，内雕刻“寿”字浮雕，周围以连续回纹作边饰，回纹中还夹杂着少量的植物纹样，与上下环板上舒展的植物纹饰相呼应。其程及腰串亦作了加工，配合红、黄、绿等颜色的涂刷形成了非常丰富的立面效果（图5-43）。

（3）铺首

铺首为门扉上的环形饰物，有便于人们推拉大门、安置门锁之用途，同时由于其大门正中间的位置而具有很重要的装饰意味。铺首的制作原料有铁、青铜、黄铜等，制作工艺考究，形态多样。周村铺首多由两扇门共同形成一个整圆，边缘有丰富的圆角、尖角变化，内部四角通常以钱纹、祥云纹等吉祥纹样装饰，放在大门正中有祈求家族富贵安康之意（图5-44）。

图5-44 周村铺首

6.栏杆

在古建纵横穿插的廊庑中，勾栏是必不可少的重要构件，它保护着人们的安全，也塑造着建筑的风格，它的形态对立面造型有着非常明显的影响。古建栏杆有其基本的形制，即在两根竖直的“望柱”之间安设“华板”作为栏杆主题，华板上设置横向的栏杆扶手，称为“寻杖”，寻杖与华板之间的支撑则称为“蜀柱”，华板下部还有一横向“地栿”作支撑。这些构件都有装饰发挥的余地，而周村的栏杆望柱大都较为细长，装饰基本集中在蜀柱及华板上。

图5—45 步步锦栏杆

周村保存着大量木质榫卯连接的栏杆实属难得，这些栏杆的华板多为镂空，突出了木材的优势。普通镂空栏杆与基本形态的窗户一样，为直棱形，有的只在每根蜀柱下有一棱，有的则在蜀柱中间加设许多装饰性的细棱。而比较讲究的人家多会把细柱横纵相接做成“步步锦”的形式（图5—45）。步步锦为直棱与横棱纵横交错，各自在端头抵住对方的中部形成丁字形。这种简单明了的几何图形深受古人偏爱，有着步步高升、事事成功的美好寓意。也有的华板为一整块板，其上以回纹作边饰，中央为圆形寿字浮雕，同样玲珑精致（图5—46）。

图5—46 寿字挡板栏杆

栏杆上的蜀柱则是更为小巧精美，娇小的体量使它自身的形态更加自由。周村内的蜀柱变化丰富，有的为祥云纹主题，四瓣形，每瓣上两朵祥云纹相对；有的为两个寿桃对称，端头向外，形成尖角的玲珑形态；有的为花卉主题，简洁精练的花叶形态勾勒出蜀柱的边缘；还有许多在长方形、椭圆形等几何形态上作精美浮雕的形式，彰显着各家的喜好与特色（图5—47）。

图5—47 各式蜀柱

7.匾额

匾额可以说是古建的重要组成部分，被人们称为古建的眼睛，它不同于其他任何一种建筑装饰，它清晰直接地表达了古人的思想情感。匾额不仅是宅院名称等信息的传达，更是古人思想情怀的体现。周村目前保存下来的匾额以石刻和砖雕为主，在城门、民居、祠、庙上都可见到。

周村城门匾额以石线刻为主，大气有力，一般为四字（图5-48）。西门外侧以工整而潇洒的行楷书写的“连行接沁”四个大字诉说了周村辉煌的历史地位，它作为太行重镇，曾一度是晋中重要的咽喉之地，多个商路航道纵横交错于此，繁华被留在了记录历史的匾额上。

中国书法博大精深，但归根结底其字体不外乎篆、隶、草、行、楷五种，匾额不仅在文字内容上极为考究，在字体选择上也能看出匾额主人想要表达的思想。古建匾额一般都为楷体，正楷严谨规范，行楷潇洒流畅，都比较正式。周村内的匾额却不仅限于楷体，其题字内涵丰富，字体也变化多端。

图5-48 城门匾额

图5-49 公建匾额

图5-50 民居匾额（一）

比如郭家大院西边大门处的匾额“西园”，内容简洁明了，介绍宅院名称，选择了接近隶书但更加圆润的字体。这两个比画不多的字扁平规整，带着隶书庄重的风格，显示着宅院的大气。另外，与其遥相呼应的郭家花园后门匾额同样采用隶书，但字体更加精瘦，连笔也更多，突出其别院园林的气质。“宜西园”三字不仅呼应了主宅“西园”，也通过一个“宜”字显示出洒脱俊逸的风情。而正门处的“绿云坪”更显示了郭家的文人气质，绿坪即为草坪，而云字的加入烘托了飘逸之感。村内公建眼光阁西侧的会所上用正楷书写的“眼光会”突出庄严肃穆，其旁边民居上用行书雕刻的“尽斜晖”在夕阳下更显洒脱。这些名称匾额都通过自身的内涵与形象诉说着宅院的故事（图5–49～图5–51）。

图5–51 民居匾额（二）

8.博风

博风又称封山板或博缝板，也是由屋顶发展出的一种装饰性与功能性相结合的构件。中国古代存在大量歇山顶或是悬山顶的建筑，这些建筑的屋顶两侧突出于山墙之外。为了避免檩条等构件暴露在外受到风雪侵蚀，古人将木板钉在檩条端头成为博风板，用来遮挡防护。

图5–52 博风板端头装饰

博风在周村并不常见，只有东岳庙及极少数的民居具有此装饰（图5–52）。博风板一般伴随着悬鱼、惹草等装饰。悬鱼位于博风板下，垂直于房屋正脊，因最初为鱼形得名悬鱼。在《后汉书·羊续传》中记载着一则典故，称东汉时期，南阳太守羊续收到自己下属送的鱼，将它悬挂于院内，下次再有人送时它就让来人看这悬挂的鱼，示意自己不会食用，不要再送。自此悬鱼便成为为官清廉的象征。另外，中国人对鱼的推崇古已有之。螭吻最初就是从一种叫做鱼虬的生物演化而来的，古代建筑多为木构，而木构建筑最怕火烧，故在房顶饰以水中的动物以作镇宅之用，保护房屋不受火灾侵害。同时，人们对鱼本身也一直有着不同寻常的感情，古代曾有过渔猎时期，对于这些能够满足他们生命需要的鱼，古人自然充满了兴趣与热爱之情。

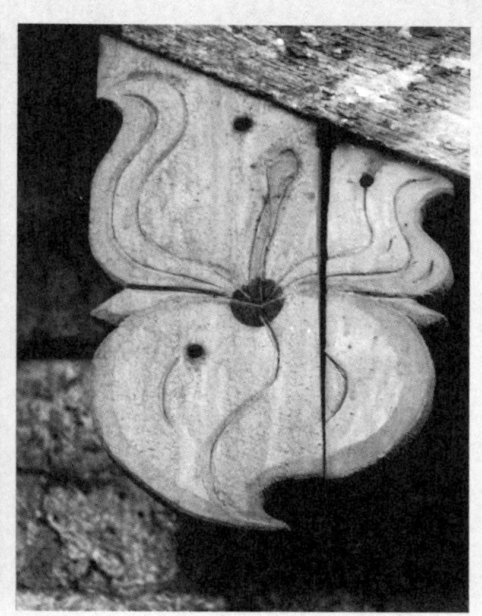

图5—53 东岳庙悬鱼（左）、惹草（右）

东岳庙前院偏殿的博风损毁比较严重，但仍可见其具有变形的悬鱼与惹草（图5—53）。前院钟楼具有周村保存最完好的博风，其上装饰简单，悬鱼和惹草均为寿桃的形态，悬鱼较长，惹草每侧两个，形态不同，整体等级较高。另有一处民居的博风为砖饰，它本身没有悬鱼、惹草装点，只在端头雕刻成鱼头形态，辅以植物藤蔓般的曲线装饰。

三、砖石的语言

1.柱础

柱础是木构建筑承重体系中最重要的“顶梁柱”，作为柱子与地面接触的部位，柱础承担着重要的结构作用，深受人们的关注。它一方面为柱脚提供一个坚实的媒介，将荷载更好地传递到地面；另一方面保护木质的柱子不受地面潮气的侵蚀。而作为一整块石材，并且处于与人们接近的地面位置，必然得到装饰方面的重视。

（1）动物主题

周村内的柱础种类繁多，精美非凡，最有艺术价值的一般集中于庙宇或名人故居，根据其装饰主题可以大体分为动物（图5—54）、吉祥纹饰以及文字三种。郭家大院正房檐柱柱础为该宅院内等级最高的装饰，也是周村内的精美柱础。郭家大院正房檐柱柱础是圆鼓形与几何形的结合，即上部有一上下小中间大的圆鼓，下部则是一几何形的基座。这种柱础形式在周村最为常见，精致而不失稳重。

郭家大院正房檐廊柱础下部为六边形，每个转角处均有一突出的狮头雕刻，狮头下部对应着如意配饰，一直延伸至底部（图5—55）。狮子以其漂亮的外形及威武的身姿获得了“百兽之王”的称号，它在古人心中一直是力量与勇气的象征。狮子与古代四神兽之一的老虎非常相似，它比老虎多了鬃毛装饰，且动作更加多样，它是古人非常偏爱的一种装饰动物。郭家大院将其放在正房檐廊与将其置于门外作抱鼓石是一个意思，均为辟邪之用，祈求家族平安。在这六边形柱础上的狮头血口大张，双目圆瞪，尖细的獠牙向外突出，极为立体的雕刻显示出狮子凶悍的特点，配合柔美的如意纹装饰，使柱础显得威严而精美。

图5—54 动物主题柱础

图5—55 郭家大院狮头柱础

图5-56 如意纹柱础

图5-57 郭家大院几何形柱础

(2) 吉祥纹样主题

周村内大多数柱础都为吉祥纹饰主题装饰，且多以如意纹为主（图5-56），如意纹不仅寓意美好，且灵活多变，适合各种形态的表面，能够发展出简洁或华丽的不同风格，因此被大众所青睐。郭家大院正房柱础即为如意纹主题，圆鼓形与正方形基座结合的形式，配合正中抢眼的倒三角形，该柱础将纯粹的几何形灵活应用，配合端部如意纹柔化的转角，形成了简练却寓意丰富的装饰效果（图5-57）。还有突显如意纹的小型柱础，四边形的角部配合如意纹处理成圆角，使整个柱础有曲有直，在对比中和谐统一。

图5-58 范家兄弟院寿字柱础

(3) 文字主题

周村柱础还有以文字为主题的，且主要文字基本都为“寿”字。中国的“寿文化”具有上千年的历史。由于人们对于生命的热爱以及对长寿的追求，“寿”一直是古人极力追捧的文字。同时，“寿文化”也蕴涵着中国传统尊老敬老的思想，是中华传统文化中重要的组成部分。范家兄弟院正房的四方形柱础嵌于格扇中，其露出的正面中央为一团“寿”字，四周围绕着卷曲的植物藤蔓，最外圈则以回纹作为边饰，方圆形态相辅相成（图5-58）。

东岳庙大门处的柱础也为“寿”字主题，但其形态更加立体，抽象提炼的团“寿”字仿佛是被挂于前方，其周围饰以卷纹及如意纹，柱础四边为周村常见的如意纹圆角（图5–59）。

图5–59 东岳庙寿字柱础

（4）镂空柱础

张士达故居内的柱础为非常罕见的镂空形式（图5–60）。正房外廊柱础为六边形，上部为圆鼓形石墩，圆鼓下边的六边形顶部为覆莲，覆莲卷曲的边缘向下伸出六条用如意纹装饰的圆润石条，连接着底部的六边形基座。而六个石条内部还有一与其分离的六边形石墩，该石墩的各个面上均雕刻着与其他面不同的花卉纹样，以莲花为主题，有花苞造型，有盛开的莲花，各种形态不一而足。镂空雕刻的柱础没有任何后期拼接的痕迹，为一整块石头雕刻而成，我们不难想象这种镂空雕刻工艺的复杂与艰难，因而形成的内外层效果非常精美震撼，具有极高的艺术价值。

图5–60 张士达故居镂空柱础

2.门枕石

古人极为重视门面，不论是住宅还是祠庙，大门都是人们非常重视的地方。作为承托门轴保证门扇稳定的门枕石，这暴露在门外显眼处的石墩显然是人们不会放过的装饰舞台。在几千年的摸索中，古人凝结自身的智慧发展出了许多精美华丽的门枕石造型。笔者将之归纳总结，分为三大类型，分别是狮子形、圆鼓形以及石座形。山西地区的装饰没有过多的条文限制，因此形式丰富多样，这三种基本形式有着多变的发挥，通常为几种结合的形式。

村内名人故居福星楼的门枕石为最简单的石座形式，以植物为装饰主题，但其左右门枕石上的纹样差异很大，且精美非凡（图5–61）。门枕石正面都以简洁优美的曲线作为边饰，由外部看去，左侧框内为一支双层十瓣花朵，花瓣逆时针微旋，外围以其叶片及花苞装饰，凹凸玲珑，精美异常。该花卉似兰似桃，叶片与桃花叶更为相似，且山西地区产桃花，而兰花多位于中国南方，猜测其为桃花装饰。桃花在周村装饰花卉中较为少见，却也是古人非常喜欢的一种花卉，其娇艳的外形与柔美的颜色象征着美好的世外桃源，选择桃花作为装饰花卉表达了对于美好生活的憧憬。大门右侧的门枕石上则为常见的牡丹纹样，中间盛开的牡丹花上停留着一只小巧的凤凰，周围同样以叶片装饰，形成了一幅凤穿牡丹的富贵图样。这样一边向往世外桃源，一边追求俗世富贵的门枕石让人眼前一亮，别具一番风味。

图5–61 福星楼花卉门枕石

范家兄弟院大门处的门枕石为圆鼓形，不同于普遍的做法，未把圆鼓作为最突出的部分，反而将其上下包裹，使圆鼓嵌于一块大石之中，主要的装饰都集中在包裹圆鼓的石面上，很具创意（图5–62）。圆鼓上部石面上刻有花卉图案的浅浮雕，左侧为荷花，右侧为菊花，两侧形式相同，都为两茎花叶相辅相成。

图5–62 范家兄弟院圆鼓门枕石

村内最常见的还是以狮子为主题的门枕石。狮子天性凶猛，用作护卫大门的神兽非常合适，被王公贵族青睐。东岳庙门前为石狮与石座的结合，两侧石狮相对而立，形态大体相同，但左侧母狮足下抚着小狮，右侧雄狮脚踩绣球，这种形制非常常见，成为一种默认的规范形式（图5–63）。下部石座上同样有神兽装饰，形态酷似麒麟，正面及侧面共四只，有的翘首而立，有的脚踏祥云，惟妙惟肖，气势非凡。

图5-63 东岳庙石狮

图5-64 范家大院大门门枕石

图5-65 范家大院二进门门枕石

范家大院的门枕石为狮子与圆鼓的结合，且两侧各有两只相互嬉戏的小狮子立于圆鼓之上。不同于一般大门前目露凶恶的石狮，范家大院门前的四只小狮子童趣可爱，营造出了一种轻松的氛围，圆鼓上雕刻的麒麟立体生动，仿佛看着上方的小狮子一般（图5-64）。另外，范家大院内的二进门处同样有两侧门枕石，石座上两只狮子向前匍匐，左侧抚摸着小狮子的母狮与右侧抓着绣球的雄狮对望，表情柔和，动作有些俏皮，与大门处的氛围相似，充满了生活气息（图5-65）。

3.墀头

硬山房两端山墙伸出的部分称为墀头，这突出的部位在立面上很是明显，所以也成了装饰集中的部位。它由下碱、上身及盘头三部分组成，因与檐部相接斜向出挑而具有形态变化的盘头则是装饰最为集中的部分。山西地区的盘头装饰早已形成了自己独特的体系，它不同于其他地区在出挑砖上架倾斜的“戗檐板”，而是多在垂直的戗檐板上砌出挑砖，戗檐板装饰也都较长，常呈须弥座的形式。

村内已废弃的东府庙上的砖雕石刻都较为精巧细致，其墀头也非常精美，大体分为三层（图5–66）。下层在突出的扁砖上雕刻了左右对称的植物茎叶纹样，形成类似桌腿的基座形态。中层凹进，前端有两个小立柱支撑，凹进部分为花叶浅浮雕，花卉形态简洁抽象，应为工匠提炼出的意向形态。上层高度较高，也为凹进形式，前端的两根立柱约为中部的两倍，下端还有柱础雕刻，凹进部分为荷花荷叶浮雕，舒展蜿蜒，很是生动。上部与中部间用饰以回纹的扁砖相连，上端以仰莲雕饰承托出挑砖。

图5–66 东府庙墀头

村内多处民居的墀头形制与东府庙的极为相似，只是上中下三部分的雕刻主题不同，比如范家兄弟院中部是以团花作为边饰，中间为一倒放的圆鼓，而上部以如意纹雕饰承托出挑砖（图5–67）。这些纹饰是宅院主人展示自家财力地位的窗口，其醒目的位置与立面上突出的效果使大家对其上的每一小段装饰都仔细琢磨。

另外，还有许多较为低矮的住宅祠庙的墀头将中部舍弃，使墀头不会过于突出，如福星楼的墀头，其上部凹进的浮雕虽损毁较为严重，但仍可看出形制基本为去掉中部的东府庙墀头。还有的普通民居墀头只有下部桌腿雕饰，直接承托出挑砖。

图5–67 范家兄弟院墀头

4.影壁

影壁最初是位于宅院内的墙体“隐”与宅院大门外的墙体“避”的统称，它反映了古人封闭的生活态度，墙面的遮挡可以避免外人直接看到院子的内部。而这堵垂直而立的巨大墙面显然成了装饰的重要位置，不论是对外人还是主人，这座墙上的装饰内容都起着非常重要的作用。

周村内门户相隔较近，街道错综蜿蜒，所以鲜有外影壁存在，多是宅门处的内影壁。其中最有艺术价值的当属范家大院内影壁，其大小与雕刻的华美程度都堪称周村之最。内影壁分为不对称的两个，由砖砌成，下部为多层的须弥座，上部则用砖材仿制出斗栱瓦片，中部主体部分由一个外框框出。其中，西侧外框左右为菊花主题浮雕，上部为荷花茎叶雕刻。框内四角都有大大小小的涡纹装饰，整体仿佛一个精美的画框。中央还有一个小正方形框，框内雕刻着一个似牛似马的动物腾空奔跑于翻卷的海浪之上，两侧为高耸的山崖，上部为祥云纹与圆饼形构成的晴空白日图景，其间还有飞鸟翱翔，生动而精美（图5–68）。东侧边框内外两层紧密贴合，都为菊花纹样，华丽异常（图5–69）。

图5–68 范家大院西侧内影壁

图5–69 范家大院东侧内影壁

四、彩画的风韵

1.梁枋彩画

中国古代建筑主要为木构建筑，梁柱承重体系是房屋的重要组成部分，也是不可或缺的承重构件，而绝大多数古建不设天花的做法也使得梁架结构暴露在人们的视线中，成为古建装饰的又一重要部位。古人为了改善木材不耐腐蚀的特点，多在结构上涂上油作以避免空气中的潮气对木材的侵蚀。中国古建许许多多的繁复装饰都源自于最初简单质朴的功能需求，当之无愧的艺术瑰宝——梁架彩画也不例外。

周村民居建筑经历时间的洗礼后损毁较为严重，加上后人的拆改，彩画极少得以完整保存。在周村保存完好并且具有很高艺术价值的彩画有两处，分别在郭家大院以及最高等级庙宇东岳庙。

郭家大院厅堂内五架梁上的梁架彩画保存非常完好，几乎没有掉色，在昏暗的房间中仍能看到梁架上隐约透出的金色光芒，为金粉绘制的花纹。民居彩画不似皇家彩画那样形制严整、花纹考究，多为比较随意丰富的纹样，郭家大院厅堂彩画在基本形制上变化多样，丰富华丽。

彩画在悠久的历史中形成了较为系统的分类，早在《周礼·冬官·考工记》[1]中就有“青与白想次也，赤与黑想次也”等关于彩画的理论。较早的广为流传的彩画形式是由一块方形的彩布包裹梁身中央，彩布两侧饰以团花等图案，端部再配以较宽的边饰。这种装饰整体看上去很像一块印花的布匹包裹梁架，故得名“包袱彩画”。后来在“包袱彩画”的基础上发展出江南苏杭地区园林建筑中常见的“苏式彩画”，后又发展出用于宫殿寺庙等地的“旋子彩画”以及皇家御用的等级最高的“和玺彩画”，它们之间虽然有着明显的区别，却都遵循着“包袱彩画”的形制，即中部为被框住的主体画面，两侧饰以花纹，端部配上边饰。

郭家大院梁架中部图案以花卉为主，延续了“苏式彩画”的园林风格。主梁最下方的方形彩布位于两侧，以墨绿、藏青色为主，以金色勾边。彩布整体呈带锯齿的方形，成对角形包裹梁身，底面中心为一盛开的青色花朵，花朵边缘为白色，外圈还饰以一圈墨绿

1 周公旦：《周礼》。儒家经典，主要讲官制和政治制度。

图5-70 郭家大院主梁枋心

图5-71 郭家大院主梁彩绘

祥云纹及一圈藏青如意纹（图5-70）。如意纹源自一种端头做成手指形的器物，它可用来瘙痒，如人意愿，故得名“如意”，后人以其端头的形态加以简化变形，称为“如意纹”，作为装饰图样，取其“吉祥如意”之意。云纹同样是我国古代典型装饰纹样中的一种，古人长期耕作，对决定收成的云、雨等自然因素充满敬畏，另外云还被人们理解为具有“渊源共生，和谐共融”的中华民族所推崇的品质，高远的位置同时具有吉祥高升的寓意，这使得云在人们心中的形象得到升华，继而被提炼作为装饰图样。枋心的两头是以被人们誉为“富贵不断头”的回纹包裹的，回纹交错叠加，华丽又不失清雅，非常适合郭家的地位及追求。

枋心的箍头图案以土黄色及朱红色为主，以暖色调为主，与枋心形成强烈对比，它以土黄色为主形成四面连接的八边形，中间为红黄相间的花朵图案，远看非常相似，都为带叶的盛开花朵，细看才能分辨出每列的花朵品种相同，共有三种花交替出现，形似牡丹、菊花以及山茶，争奇斗艳，美丽非凡（图5-71）。山茶花作为我国十大名花之一，虽在装饰上不及菊花、莲花等常见，却也是古人非常喜爱的一种，它端庄高雅的形态被陆游赋诗“惟有山茶偏耐久，绿丛又放数枝红”。

其他次梁、檩及枋较之主梁都较细，其上的装饰也更加丰富而随意（图5—72）。有的枋心底色为土黄色，其上以黑白勾勒出抽象的枝条与花卉，抽象程度已无法分辨枝条上的具体为花朵还是瓜果，但丝毫不影响其创造的意境与装饰效果，枋心边以草绿及黑、白三色勾边，边缘形态呈弧形，转角处以如意纹连接，巧妙而新奇。也有的枋心绘制得非常具象，以黑色勾勒枝叶，灰色到白色的晕染形式绘制花瓣，多处留白体现出中国传统绘画的特点，整体形成三朵盛放的牡丹，边缘以折线勾边。也有以朱红色作底色，其上绘制墨色枝条的，形态自由随意，似竹似梅，风雅洒脱。另外，还有在如意纹包裹的圆形枋心内绘制着不同于其他枋心的托盘、寿桃以及旁边站立的人，绘制得非常抽象，似在创造一个场景（图5—73）。桃自古以来一直是福寿吉祥的象征，被认为是仙家的果实，食用即可长寿。另外，桃花的妩媚艳丽足具女性特质，被人们倾慕。

图5—72 郭家大院次梁彩绘

图5—73 寿桃彩绘

东岳庙作为皇家建筑，其装饰风格与郭家大院等民居大不相同，彩画也完全没有园林花卉等风雅主题，而是以代表皇家威严的龙纹为主。东岳庙保留下来的梁枋彩画主要位于前院钟楼上，以金色、绿色及青色为主。钟楼之上柱间距较短，所以每个梁枋也较小。有的彩画虽因大小限制未采用包袱，却也在中心绘制舒展腾飞的金龙，周围饰以青色的祥云作点缀，两侧以绿色如意纹样等收尾（图5—74）。

图5-74 东岳庙金龙彩绘

2.斗栱彩画

在木构建筑体系中最显著的构件当属斗栱，两千多年前它开始出现，就受到人们极大的关注，并且在房屋承载以及立面效果上占有举足轻重的地位。它的发展与其他构件一样，经历了由实用构件逐渐发展为装饰性强于功能性的构件的过程，从外观上来看就是体量由大到小，造型由简洁到繁复，在同一建筑上的数量由少到多的历程。它肩负着承托屋檐出挑从而保护建筑立面不受雨水侵蚀的重任。斗栱约在战国时期便开始形成了自身的独特造型，而后经历汉代、宋代、明清的多次变革，它逐渐发展为整个建筑的模数单位，特殊地位使它自身越来越规范而且越来越统一。因此，我们现在能够看到的斗栱大多具有明确的分类与形制。

作为地方村落，周村的斗栱形制既有遵循明清时期规范制作的，也有追随宋代甚至更早的形态加以发展变化的，它的装饰与建造没有官式建筑那样规整严格，却更加生动灵活。

(1) 斗栱彩画

周村最引人注目且形制等级最高的斗栱位于东岳庙的大门上，它的形制及彩画遵循了官式建筑关于修建与装饰方面的规范。最早且最完整的古建筑规范《营造法式》对于斗栱上色彩的应用有非常明确的界定，如最复杂的称为“五彩遍装”，是采用红、黄、绿、青、赤五个颜色，或是青、绿、红为主的“三晕带红棱间装”，但更多的还是以青、绿两色为主（图5-75）。由于皇家建筑多为琉璃黄瓦，深红宫墙，所以位于屋檐与墙之间的梁枋部位通常都选取青、绿等冷色调来调和红、黄所营造的暖色调，使整体效果丰富和谐。因此，由这两种冷色组成的斗栱装饰有许多种，如“碾玉装”、“青绿叠晕棱间装”以及“解绿结华装”等。

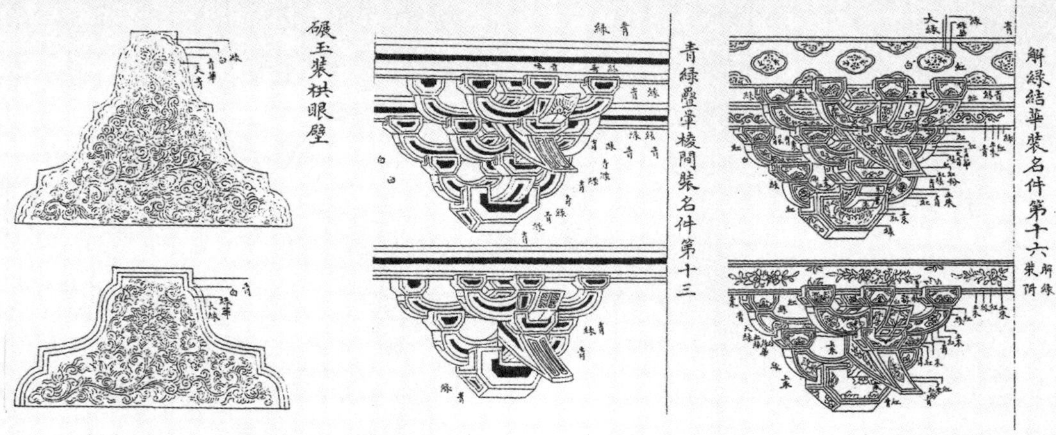

图5—75 《营造法式》对斗栱颜色的界定

图5—76 东岳庙青绿斗栱

图5—77 郭家大院鹰头斗栱

东岳庙正门外的斗栱为青绿涂刷，装饰效果与“青绿叠晕棱间装”最为相似，青色或绿色斗栱的最外侧有白色勾边，再在角部以金色装点勾勒，与上下梁枋的青绿彩画形成华丽优雅的效果。该斗栱上下有两层昂，端头均处理成挑尖，使整个斗栱形成前探之势，角部上层的昂被处理成龙头的造型，青绿色龙身、红色龙舌以及白色的尖牙栩栩如生，细致的龙鳞与龙须雕刻尽显东岳庙装饰的华丽繁复（图5—76）。

另外，郭家大院正门的斗栱也施彩画，并且分为上下两层，上层以绿色为主，植物纹样与郭家大院厅堂上的梁端基本相同，保持了该宅院装饰风格的统一连贯。有趣的是斗栱两侧并非普通的竖直雕凿，而是通过前窄后宽的斜切角形成了正面前小后大的透视效果。下层栱相对较为朴素，白底绿边，其上绘有绿叶花纹，拱的形状较为普通，没有刻意雕凿。进深方向的连接栱为黄白两色相间涂刷，形成鳞片效果，与其上伸出的鹰头华栱组成一种鸟类图样，其两侧的植物纹样斗栱也好似成了鸟类的两翼一般（图5—77）。正门外的斗栱不全是鹰头形态，而是鹰头与无纹样的华栱间隔出现。两种近似斗栱间隔出现于同一建筑立面，有的是斗栱形态细微差别，有的是斗栱彩画相互间隔。

（2）单色斗栱

周村的大部分现存斗栱都为木本色，有的是由于年久失修而褪色，更多的是原本就未施彩画，这些斗栱虽没有彩绘斗栱华丽夺目，却也都精巧非凡。如村内另一重要公建魁星楼，其斗栱虽为原色且造型简单，但昂端却有卷云头处理，转角处的昂更与东岳庙一样为龙头造型，行云流水般的胡须与鳞片甚至比东岳庙的更为生动（图5—78）。

范家大院大门处的斗栱分为两大段，下段一跳上段三跳，排列较密，使大门处的出挑极深，气势宏大，尽显范家大户地位（图5—79）。而进院后的影壁为砖墙，其上有出檐极小的砖仿瓦片，檐下还有砖雕小型装饰性斗栱。斗栱随着中国古建经历了几千年的发展，在人们大量使用砖替代土坯成为围护材料之后，由于房屋不再需要大挑檐保护外立面而逐渐退出历史舞台。但人们对斗栱的喜爱却有增无减，并将其演化为一种纯装饰构件，这种装饰性斗栱尺度更小，通常排布密集，也因为不再有功能上的限制而呈现出多样的造型。范家大院影壁上的装饰性斗栱较为简单，上下两层都为基本形态。张士达故居正房上也有装饰性斗栱，虽然只有一层，但其华栱头部却雕刻成卷曲的植物茎叶造型，凹凸镂空，很是生动，其流畅的形态与祥云造型也非常相似（图5—80）。

图5—78 魁星楼龙头昂

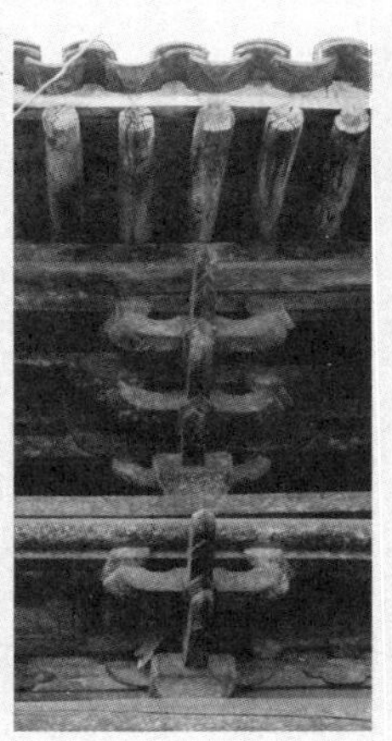
图5—79 范家大院大门斗栱

图5—80 张士达故居斗栱

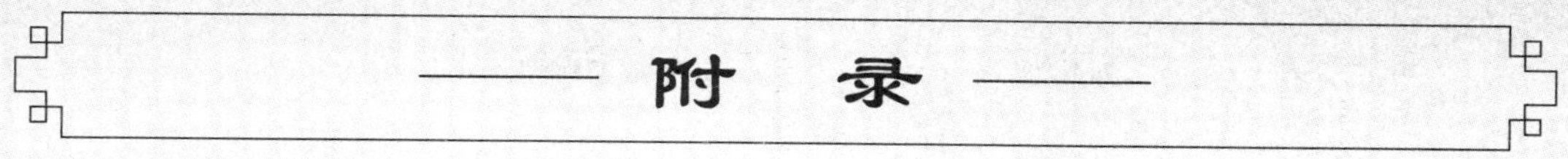

附 录

附录1 历史建筑测绘图选录

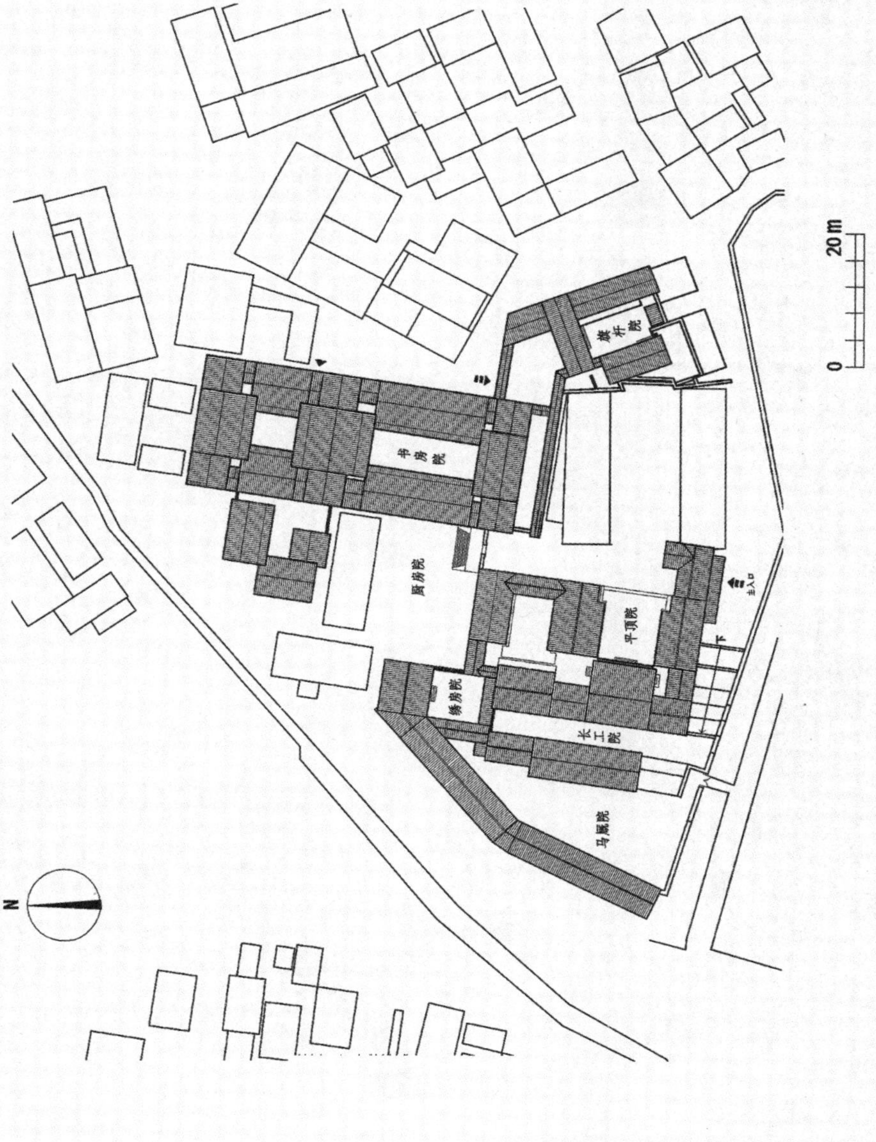

郭家大院总平面图

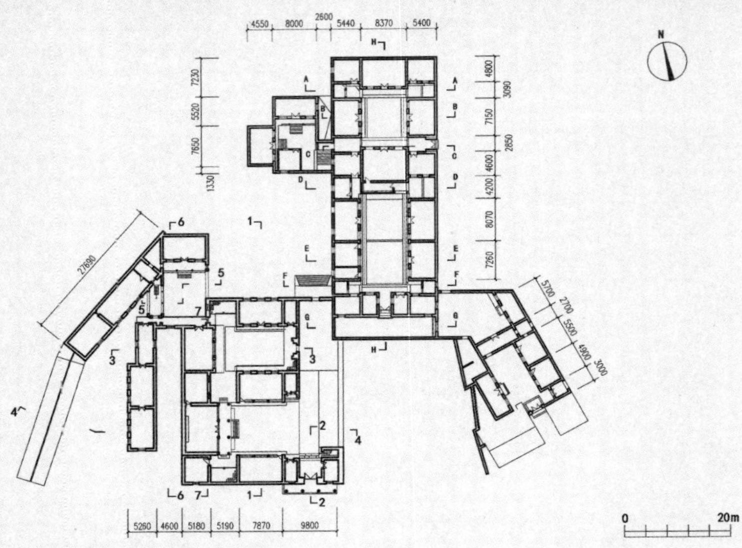

郭家大院首层平面图

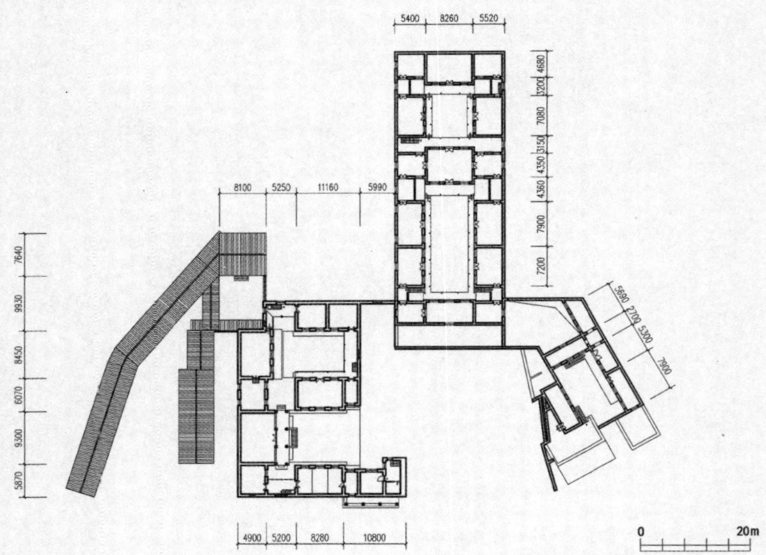

郭家大院二层平面图

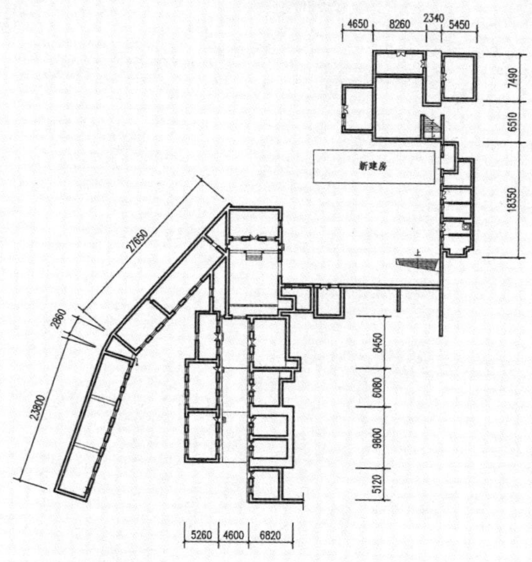

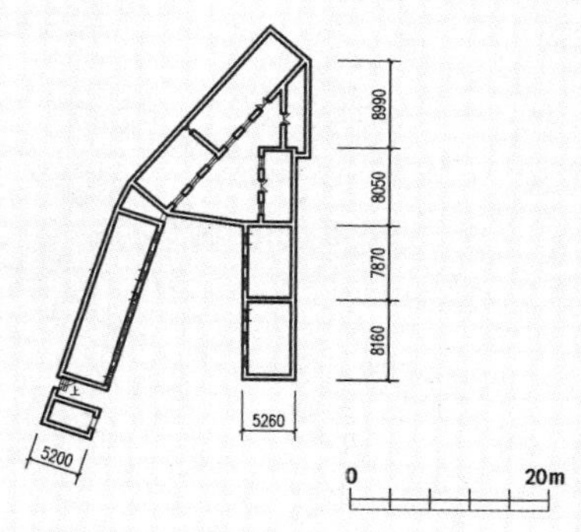

郭家大院地下一层平面图

郭家大院地下二层平面图

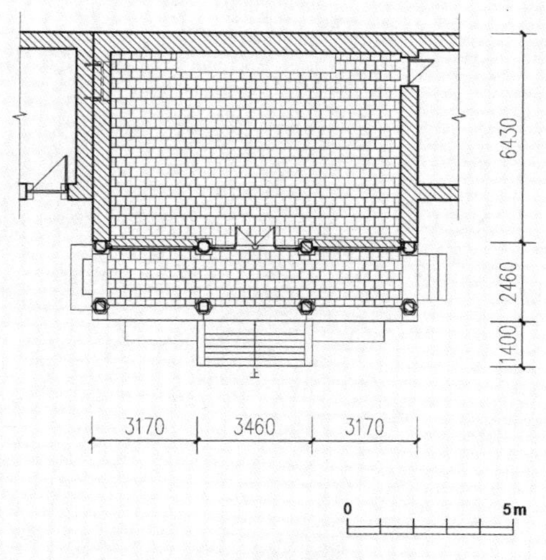

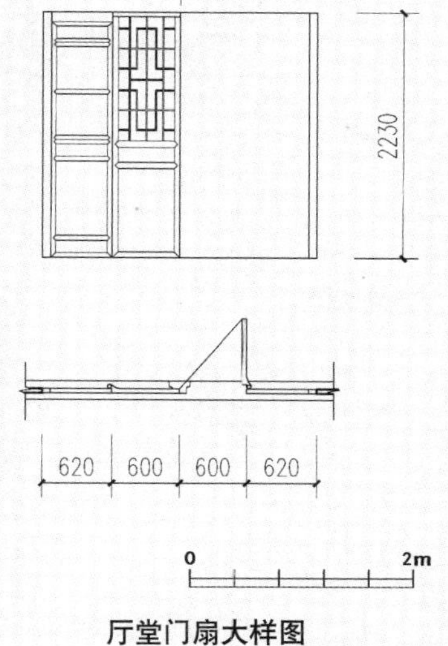

郭家大院厅堂平面图

厅堂门扇大样图

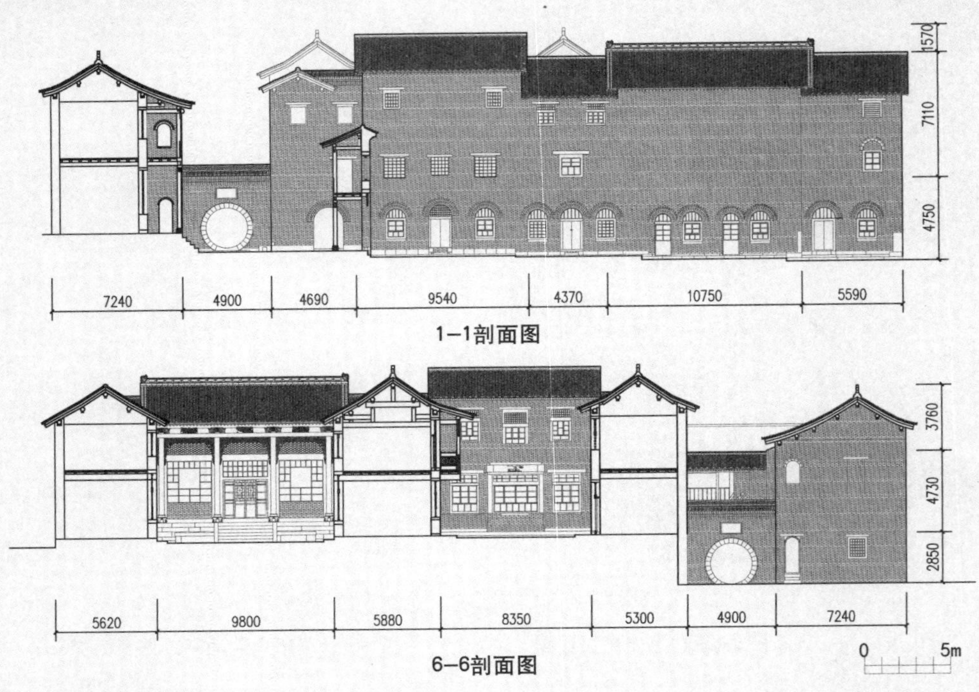

1–1剖面图

6–6剖面图

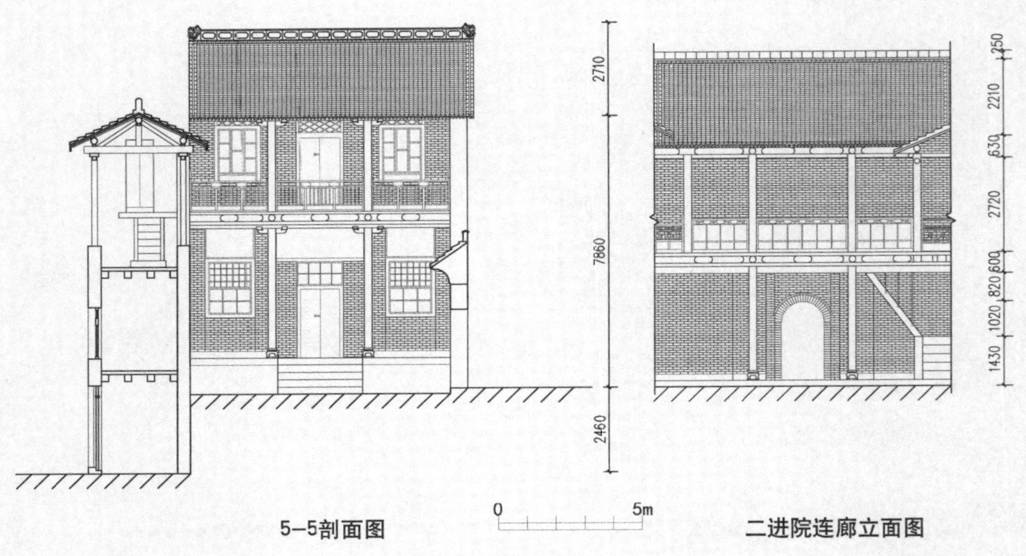

5–5剖面图

二进院连廊立面图

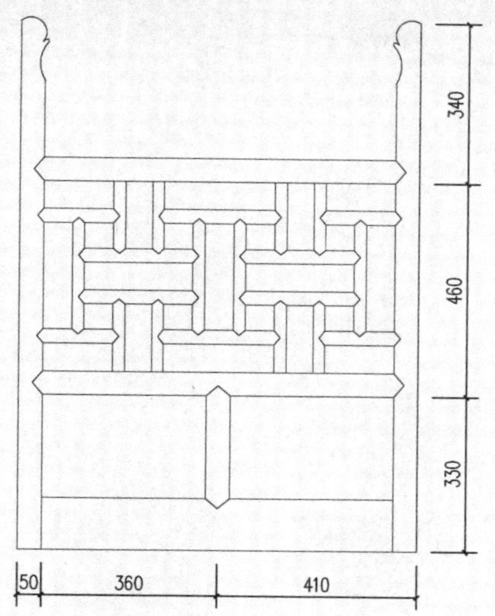

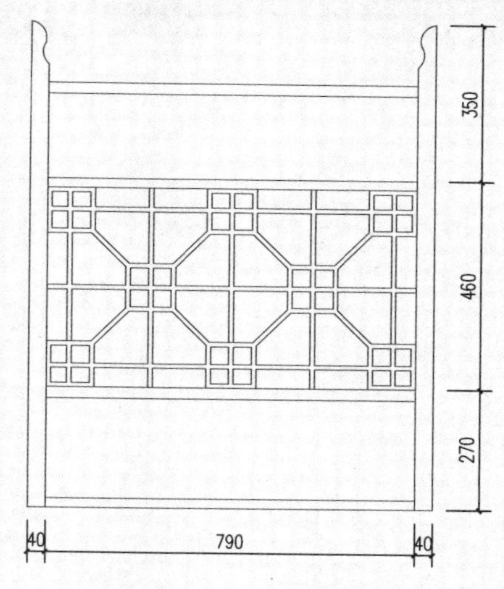

0 5m

二楼连廊立面细部大样图

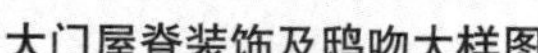
大门屋脊装饰及鸱吻大样图

鸱吻大样图

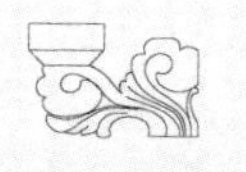
大门装饰大样图

斗栱装饰大样图

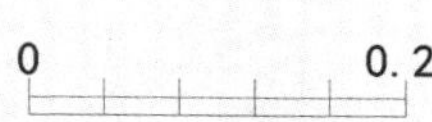

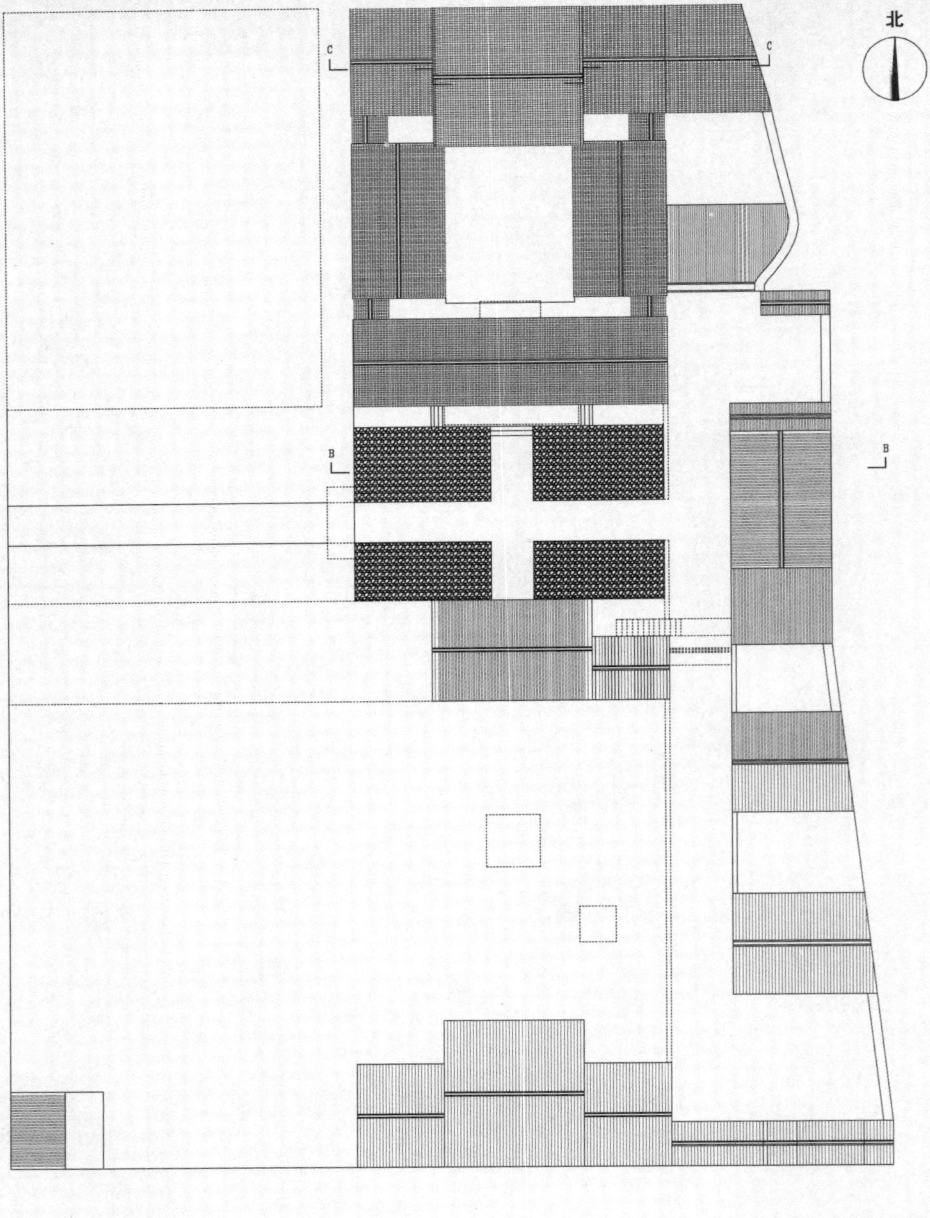

北

C C

B B

0 30m

郭家花园总平面图

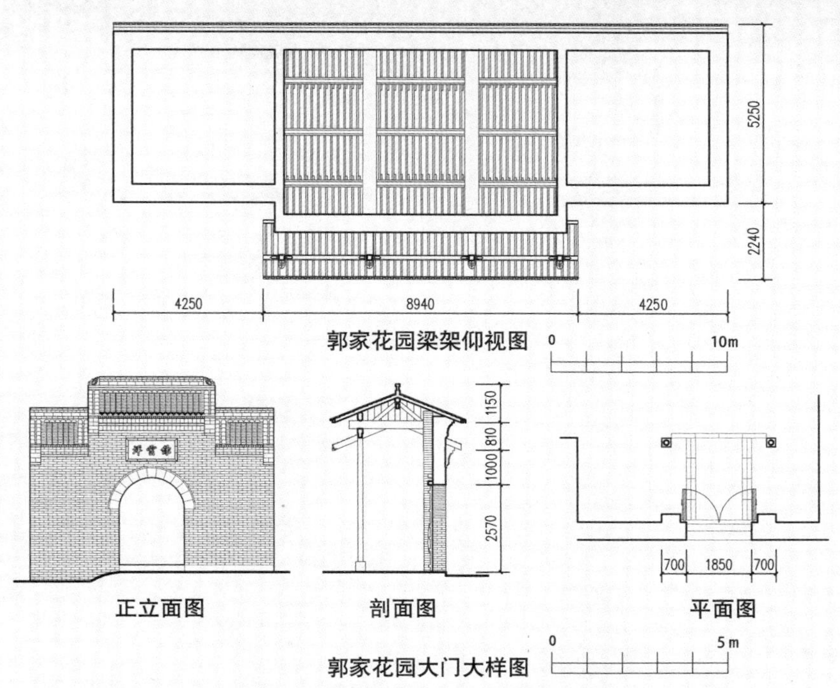

郭家花园梁架仰视图

正立面图　剖面图　平面图

郭家花园大门大样图

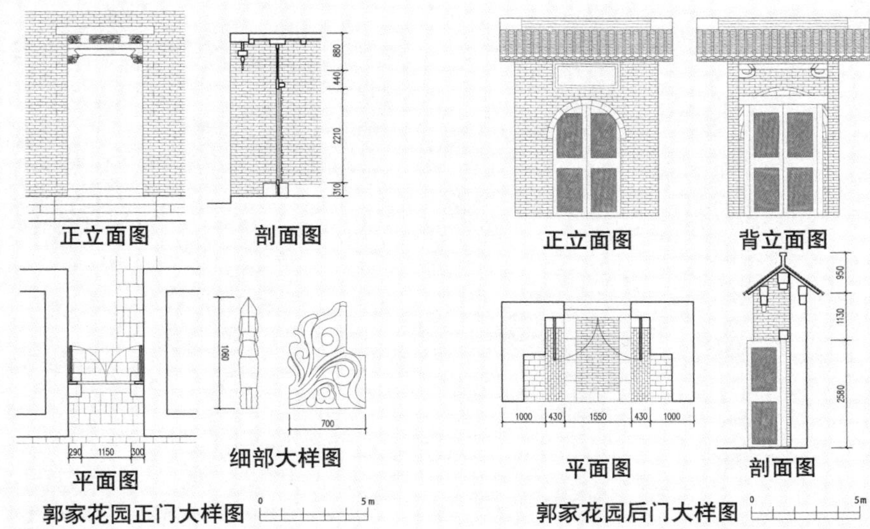

正立面图　剖面图

平面图　细部大样图

郭家花园正门大样图

正立面图　背立面图

平面图　剖面图

郭家花园后门大样图

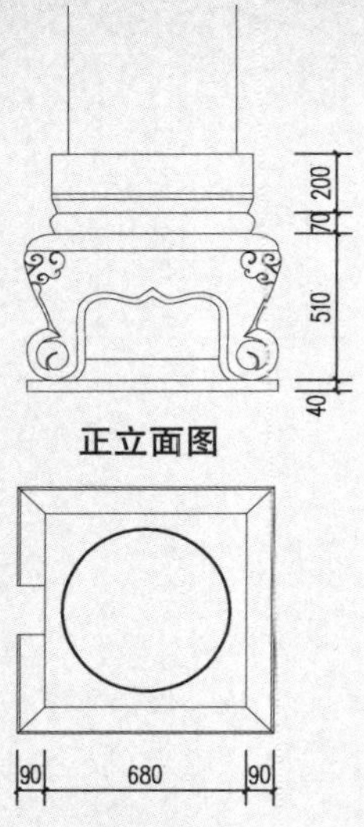

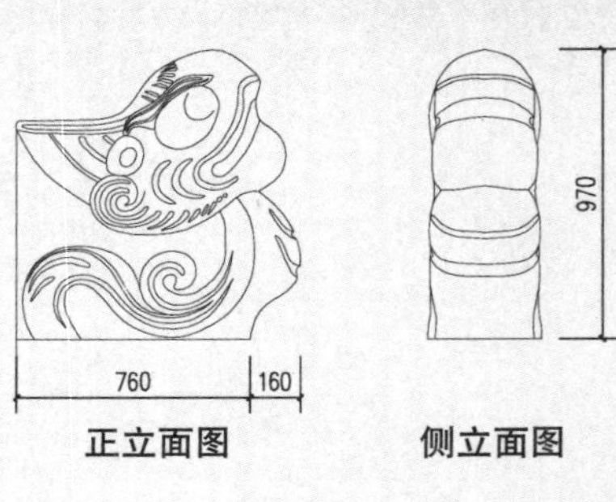

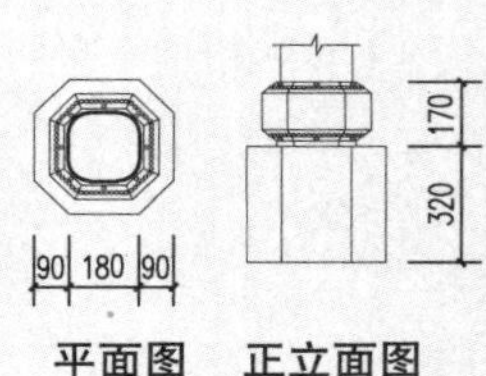

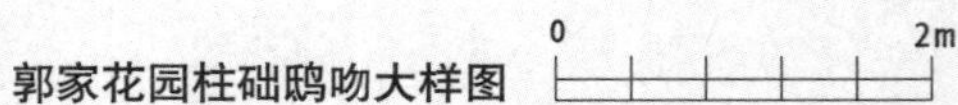

郭家花园柱础鸱吻大样图

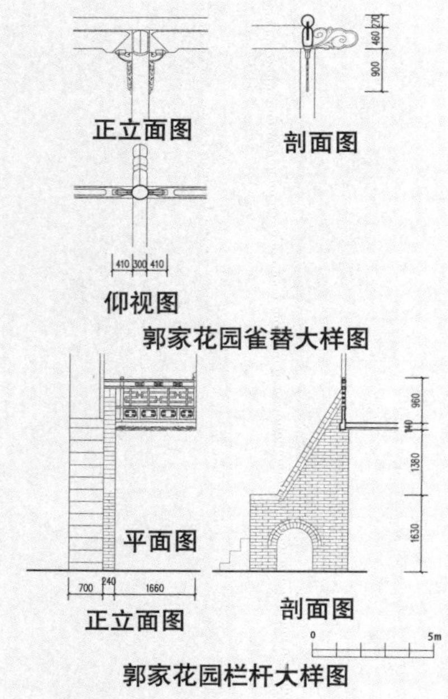

郭家花园栏杆大样图

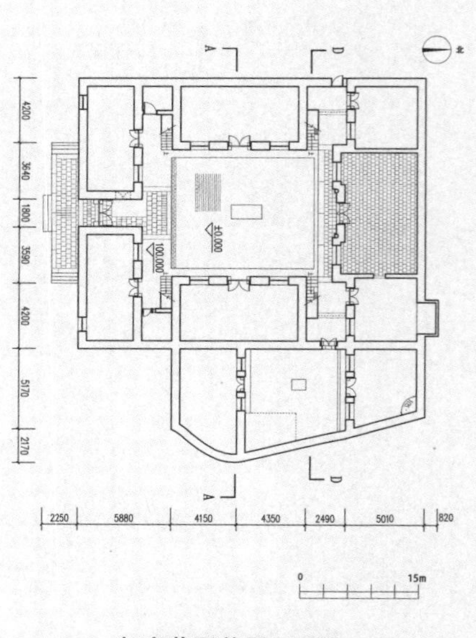

郭家花园首层平面图

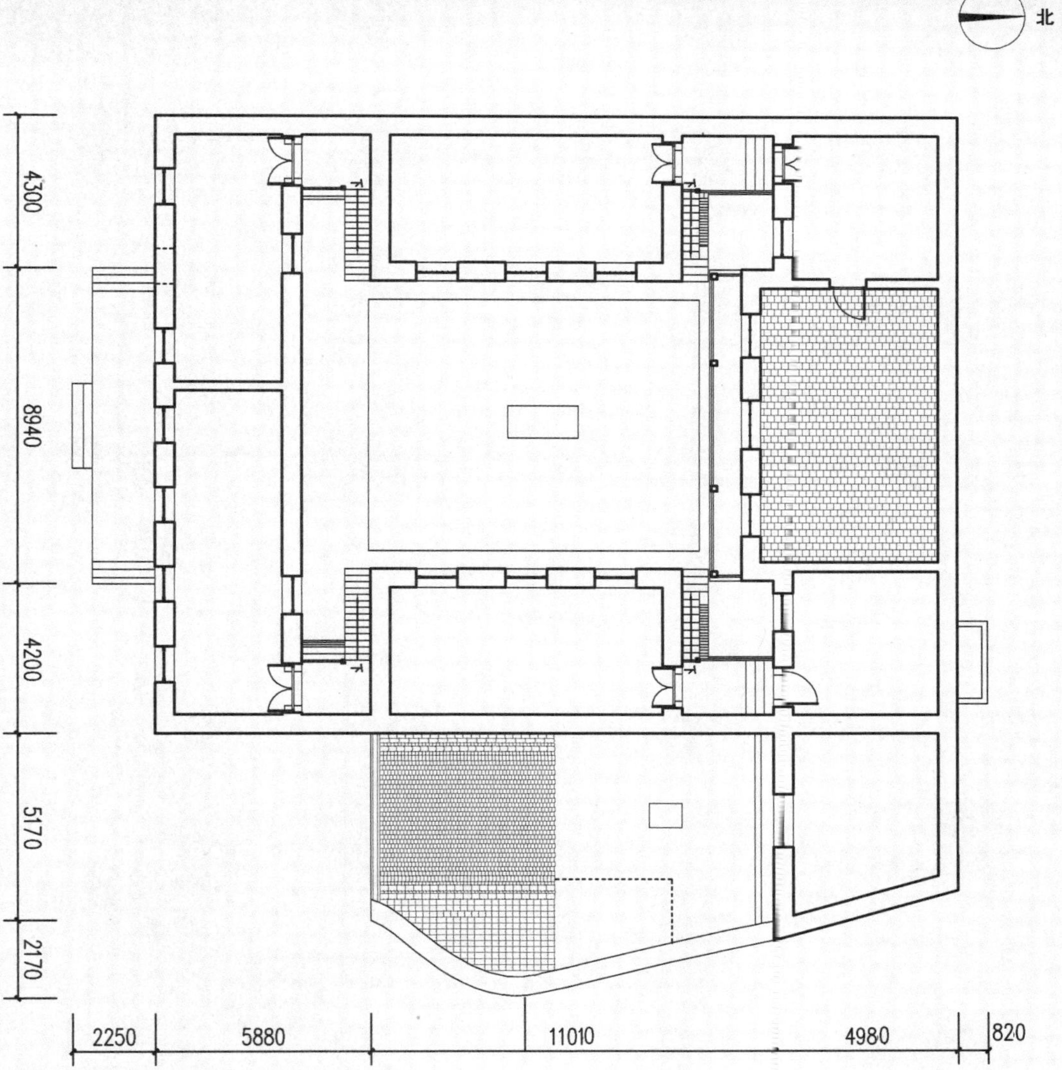

郭家花园二层平面图

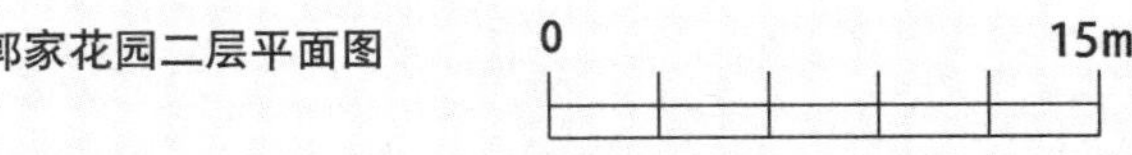

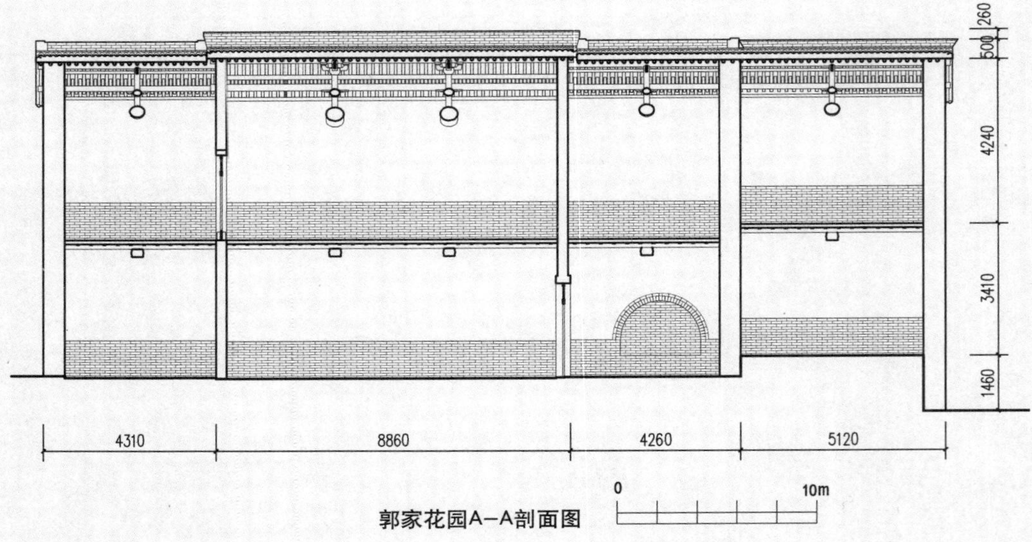

郭家花园A—A剖面图

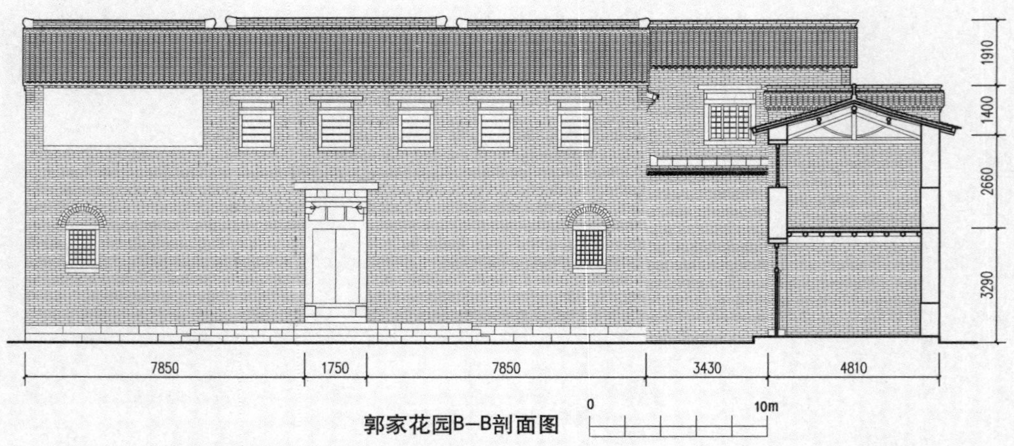

郭家花园B—B剖面图

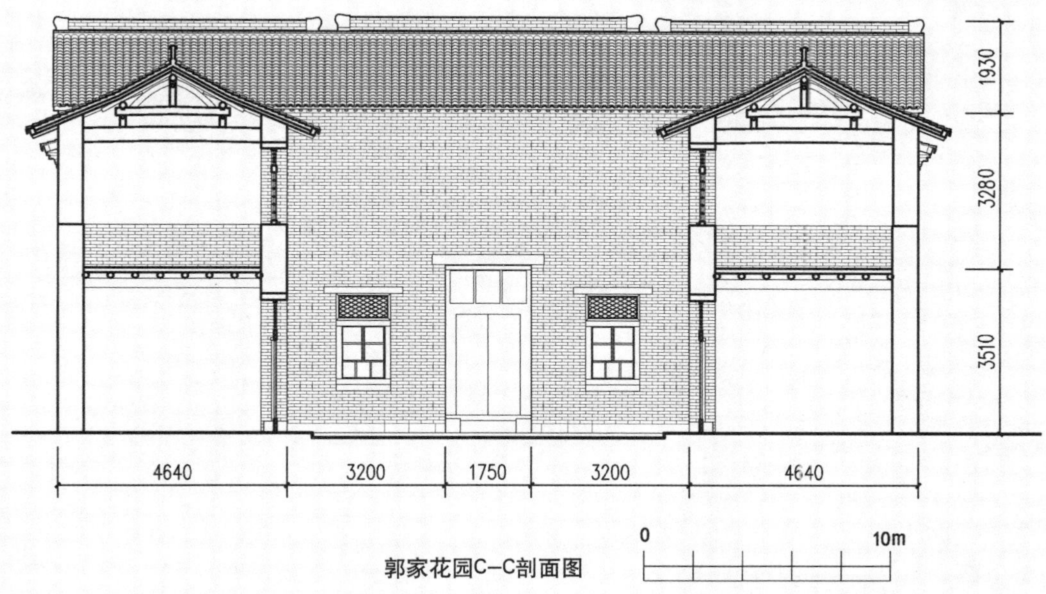

郭家花园C–C剖面图

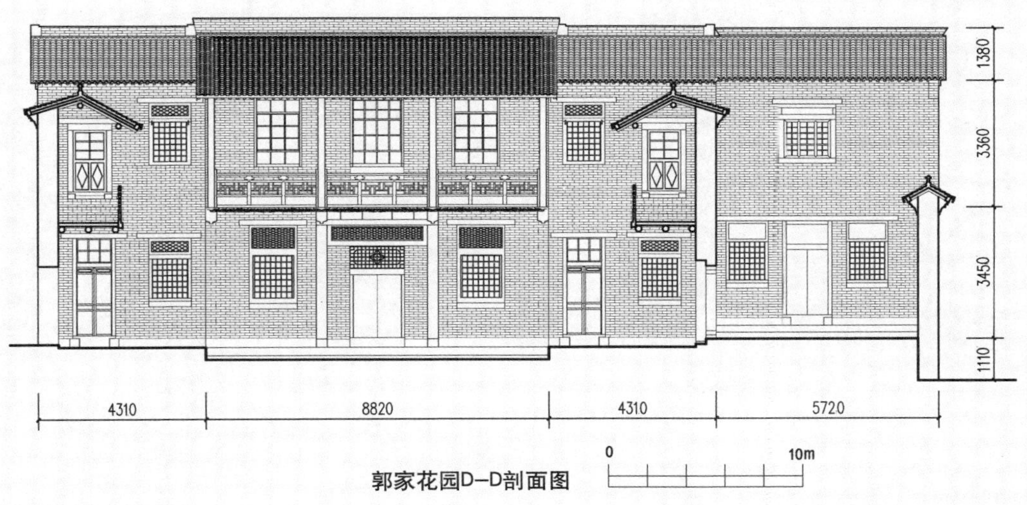

郭家花园D–D剖面图

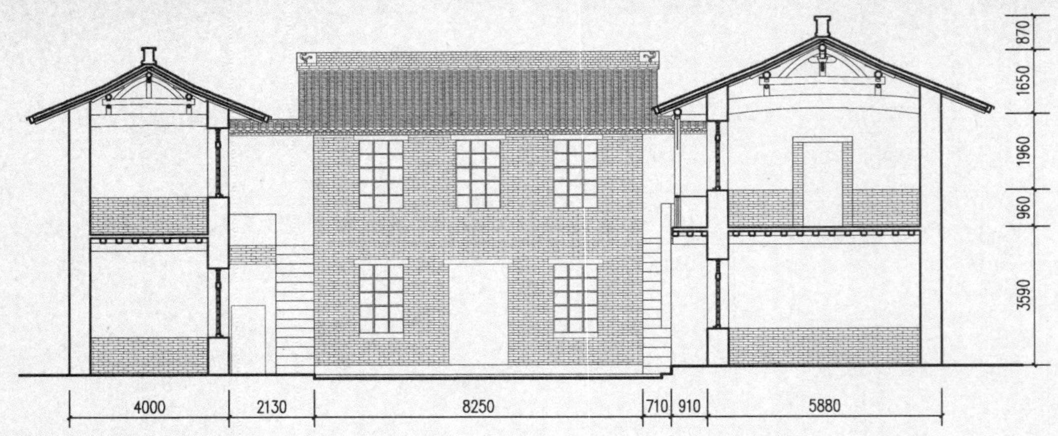

郭家花园E—E剖面图

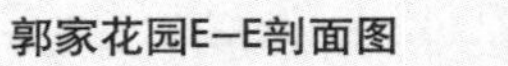

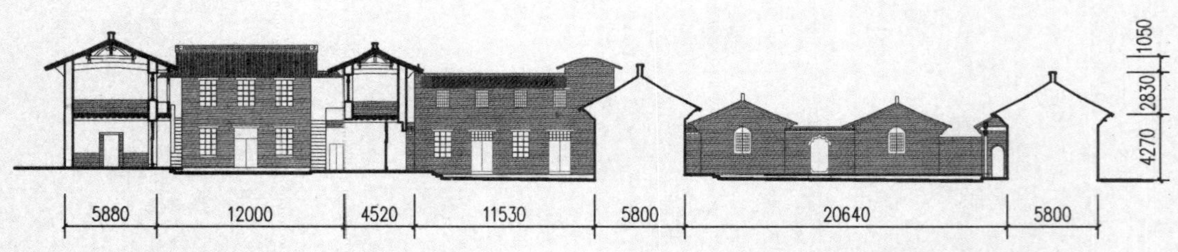

郭家花园F—F剖面图

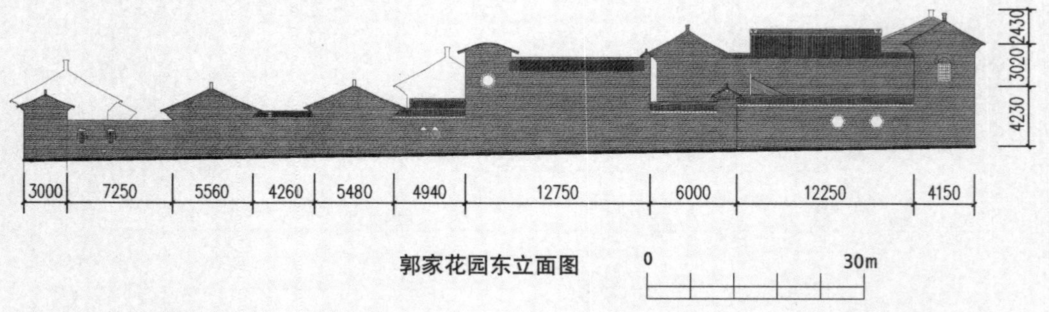

郭家花园东立面图

北

0 25m

范家大院总平面图

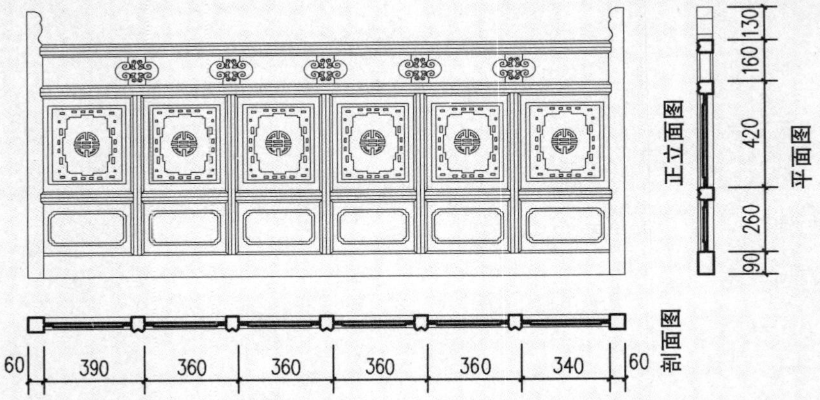

正立面图

平面图

剖面图

60 390 360 360 360 360 340 60

130 160 420 260 90

范家大院正房栏杆大样图

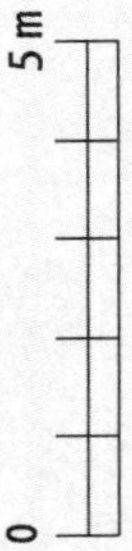

0 5 m

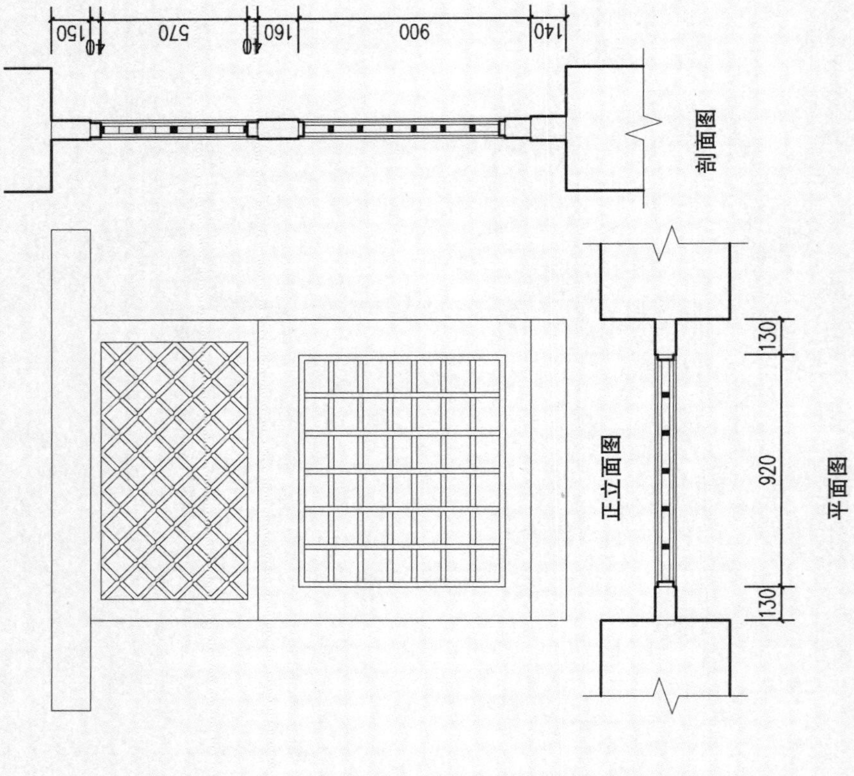

150 40 570 40 160 900 140

剖面图

正立面图

平面图

130 920 130

范家大院正房二层窗户大样图

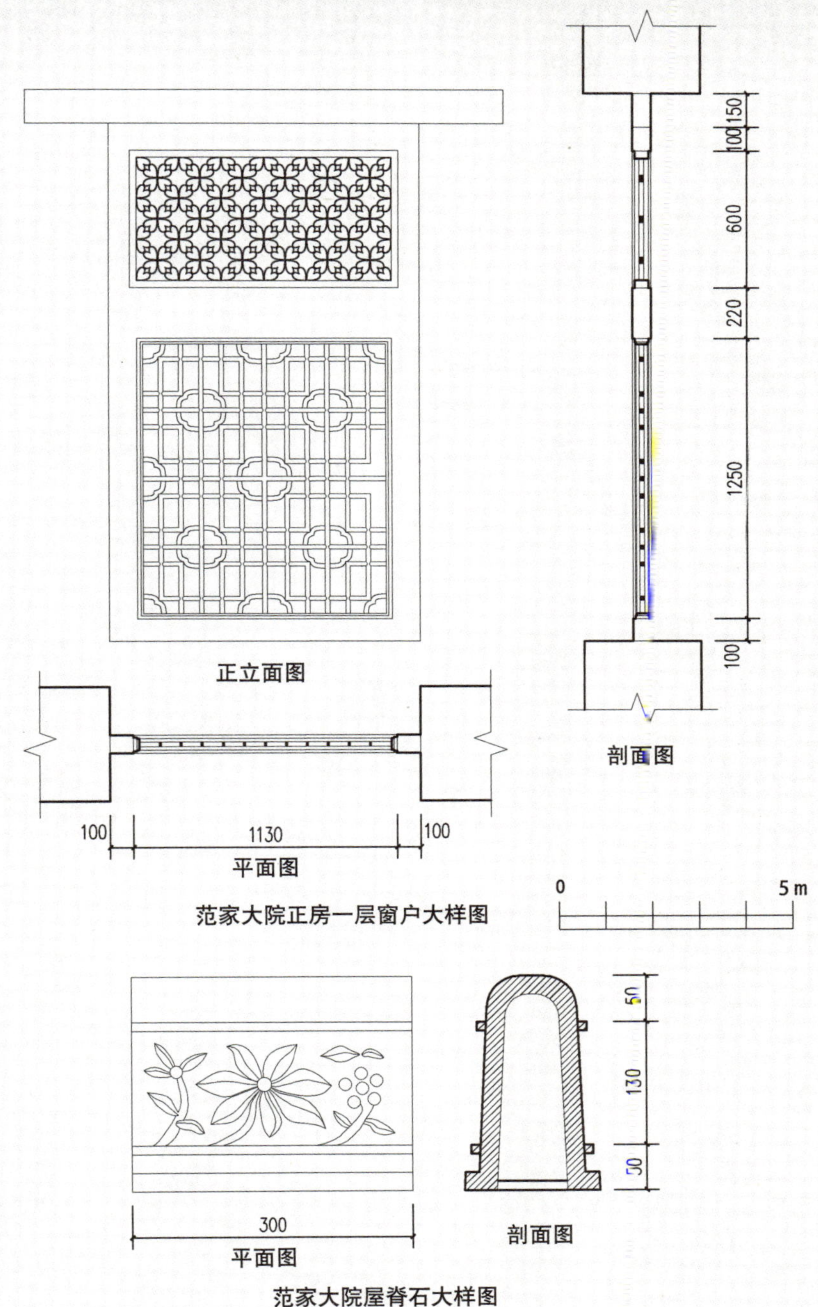

范家大院正房一层窗户大样图

范家大院屋脊石大样图

附录

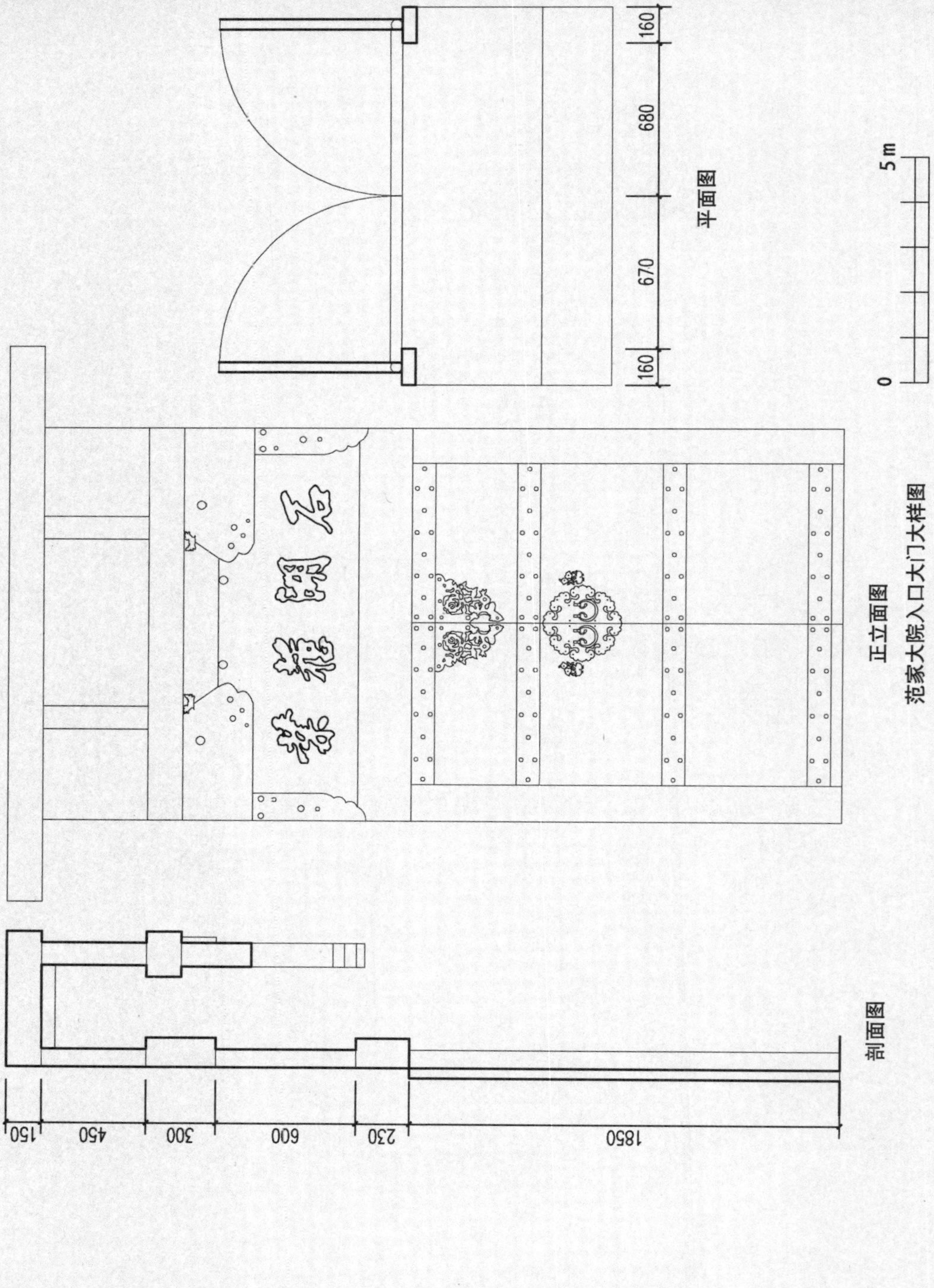

160 680 670 160

平面图

0 5 m

正立面图

范家大院入口大门大样图

剖面图

150 450 300 600 230 1850

北

5680
5740
8600
10940
17160
6200

5950
10370
6280

0
25m

范家大院主院一层平面图

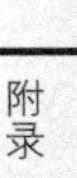

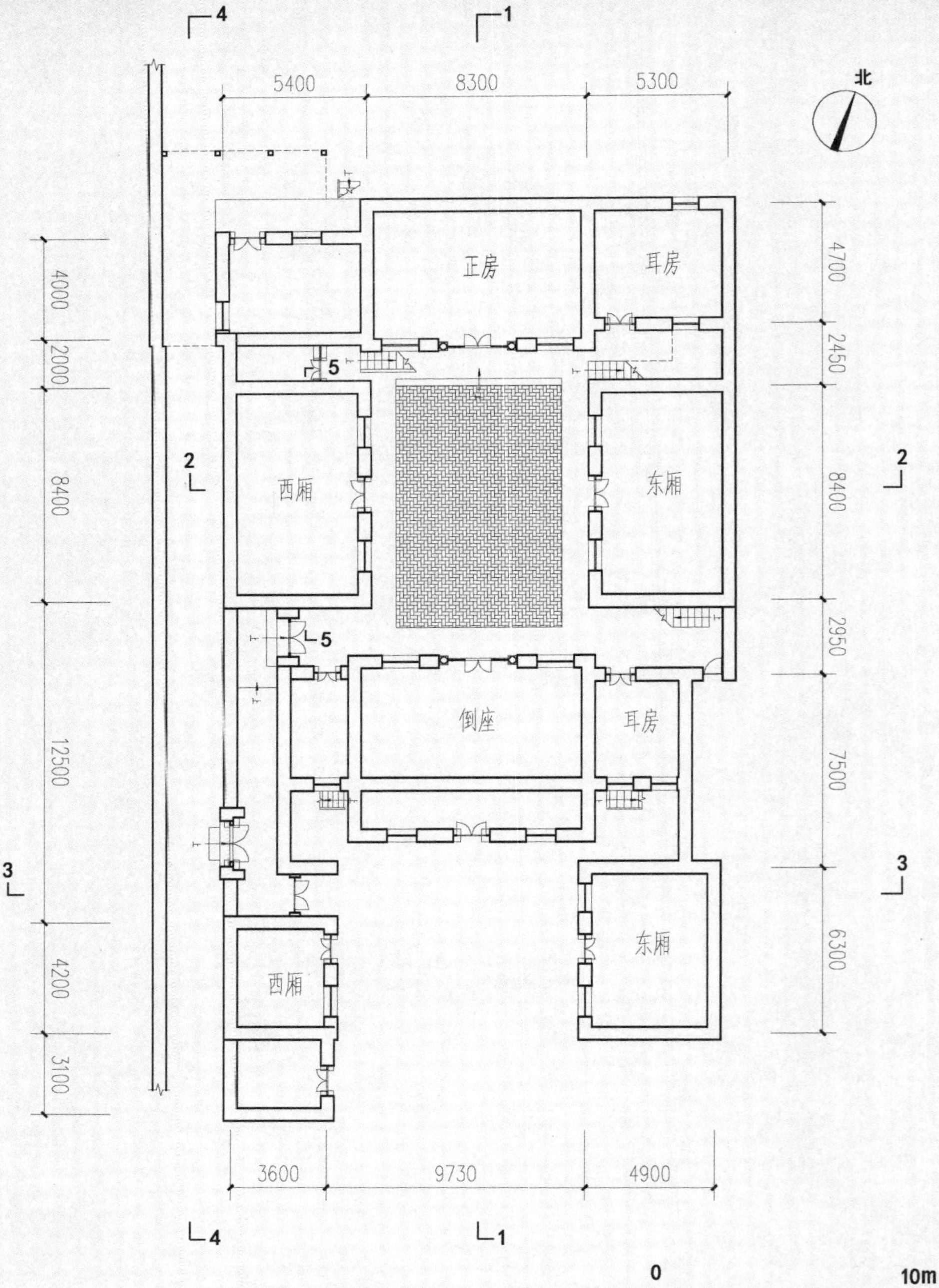

范家兄弟院前院一层平面图

范家大院偏房一层平面图

范家大院偏房二层平面图

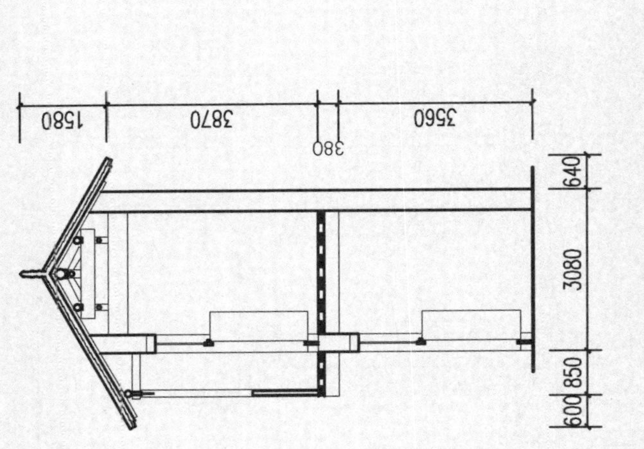

范家大院厢房剖面图

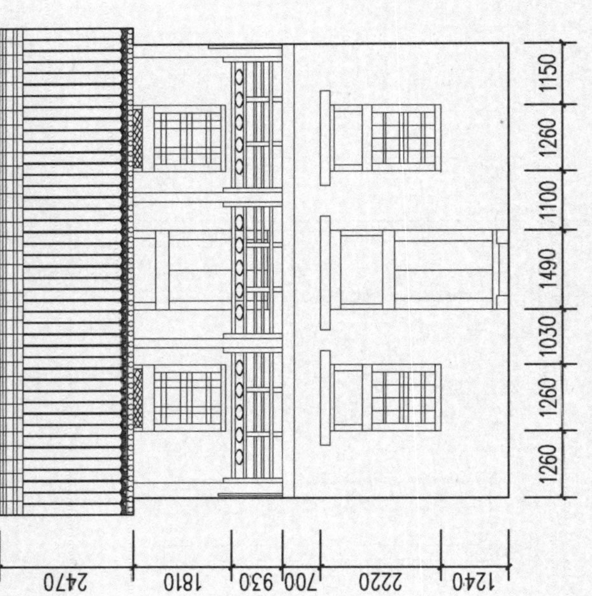

范家大院厢房立面图

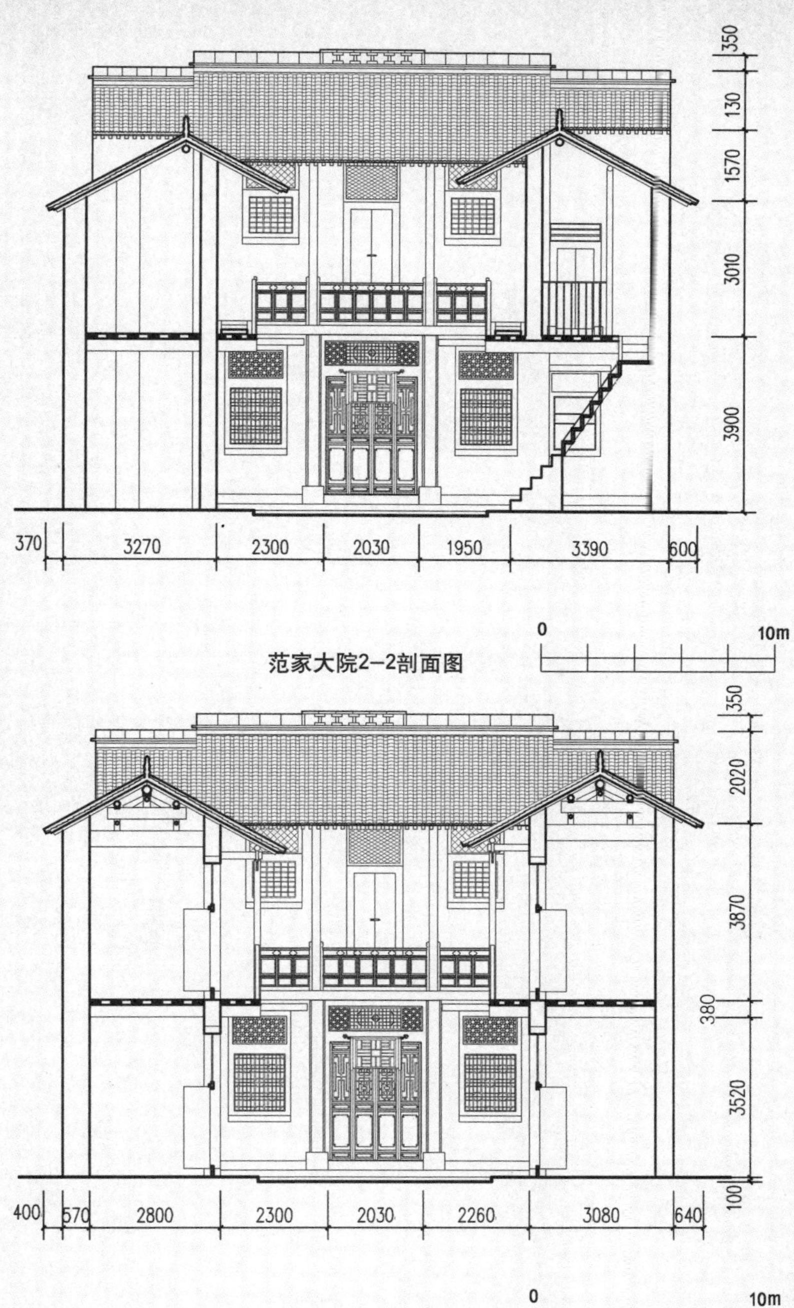

范家大院2-2剖面图

范家大院1-1剖面图

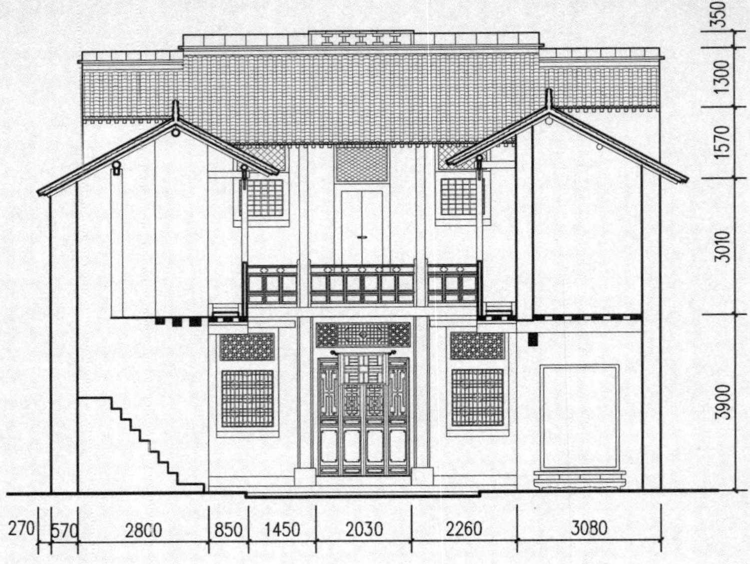

范家大院3—3剖面图

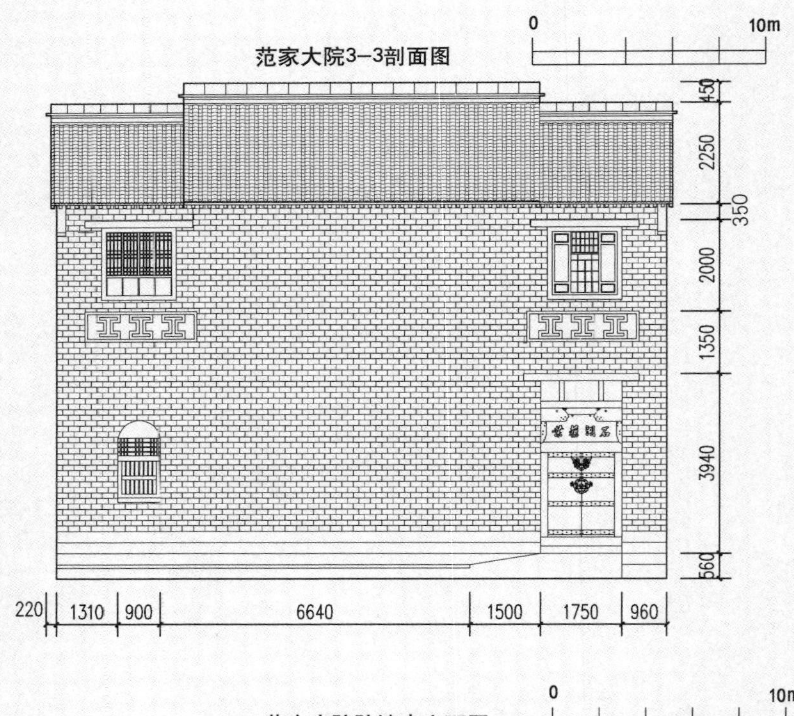

范家大院院墙南立面图

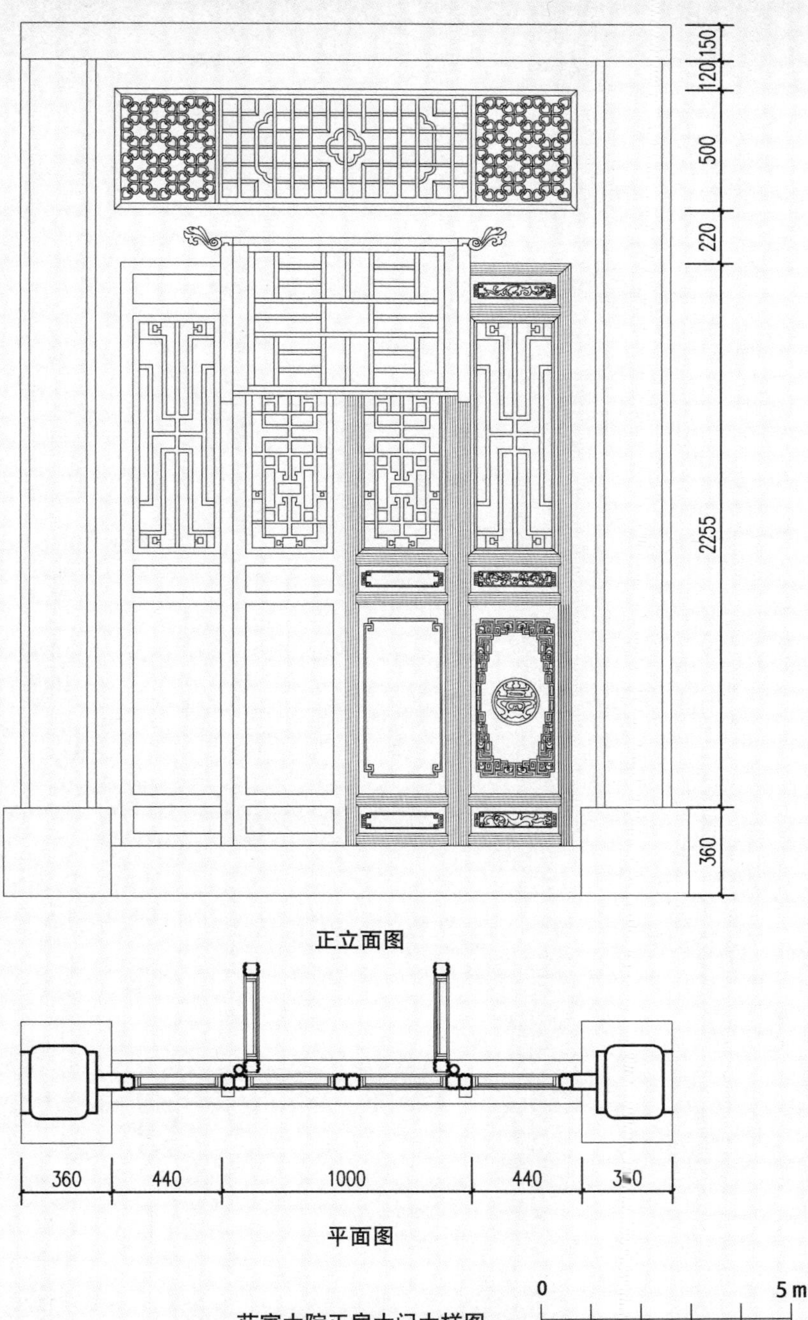

范家大院正房大门大样图

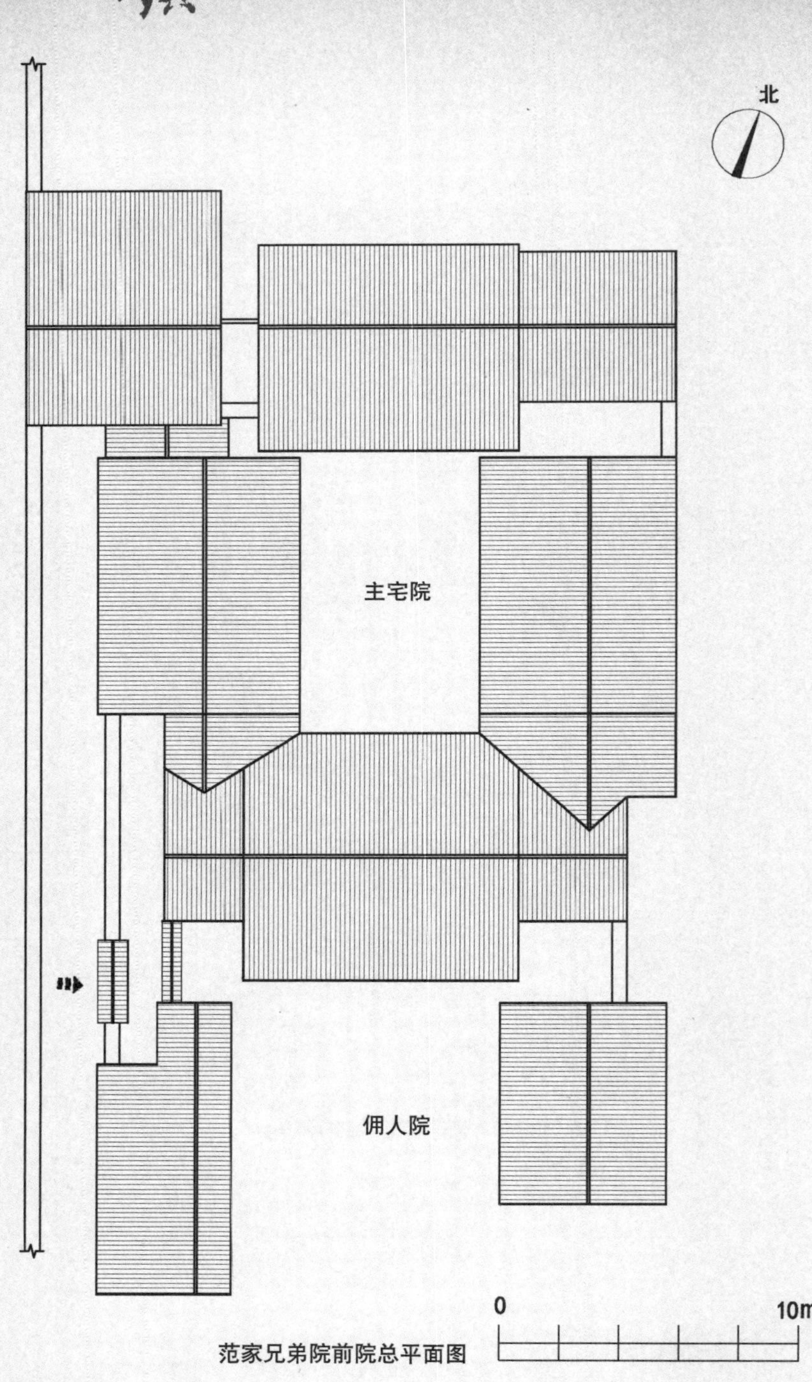

范家兄弟院前院总平面图

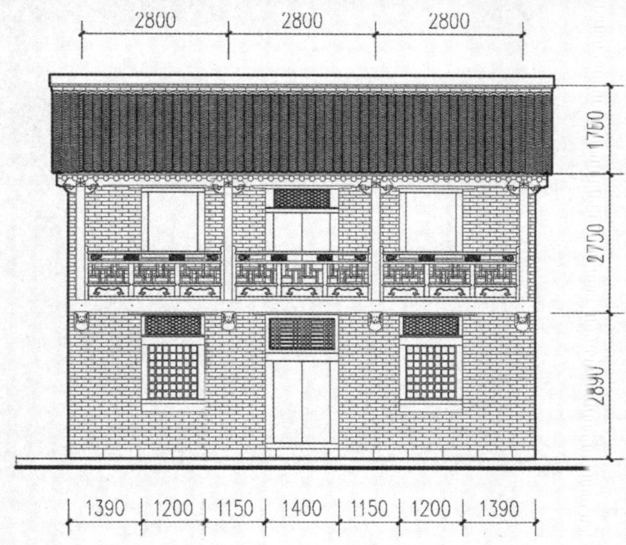

范家兄弟院前院厢房立面图

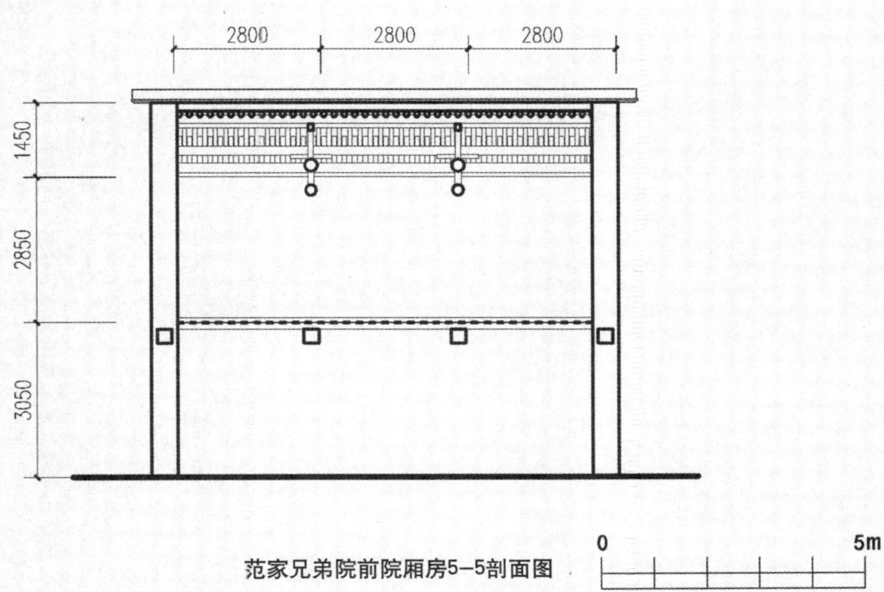

范家兄弟院前院厢房5-5剖面图

附录

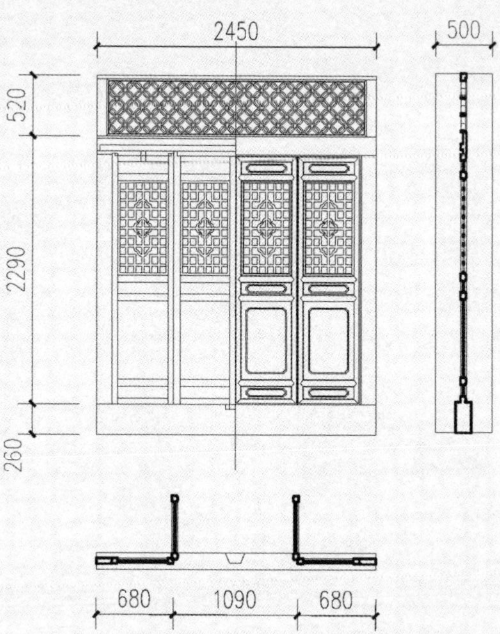

范家兄弟院前院正房门大样正视图、剖面图、平面图

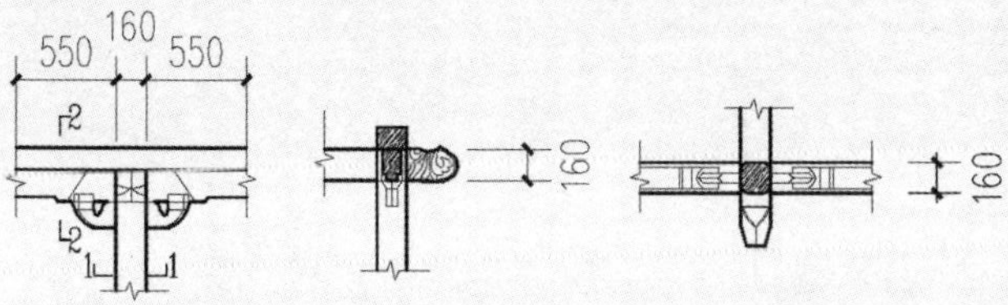

斗栱大样正视图、侧视图、仰视图

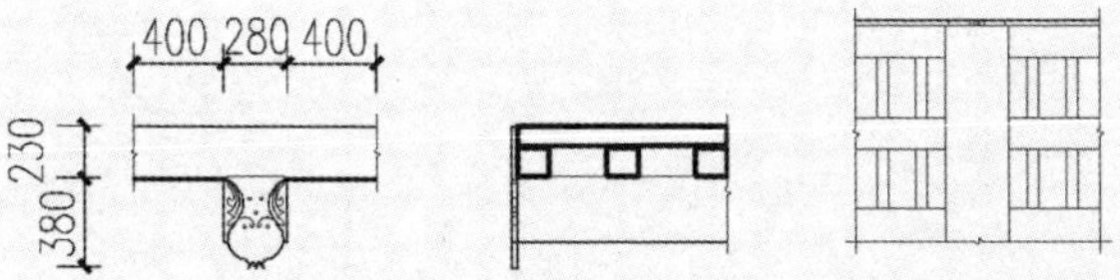

悬鱼大样正视图、剖面图、仰视图

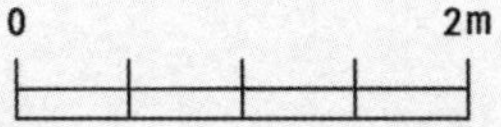

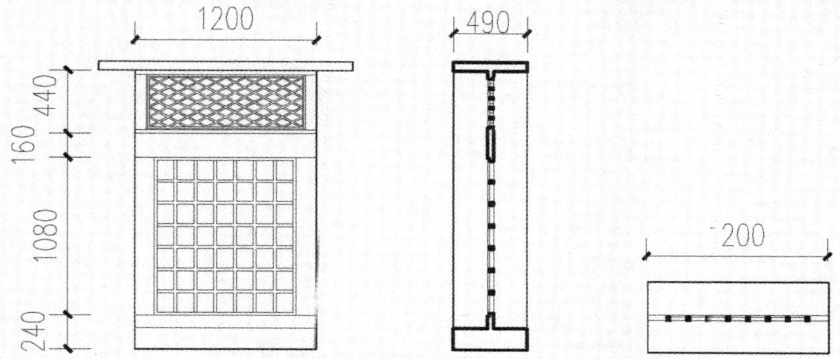

范家兄弟院前院厢房窗户大样正视图、纵剖面图、横剖面图

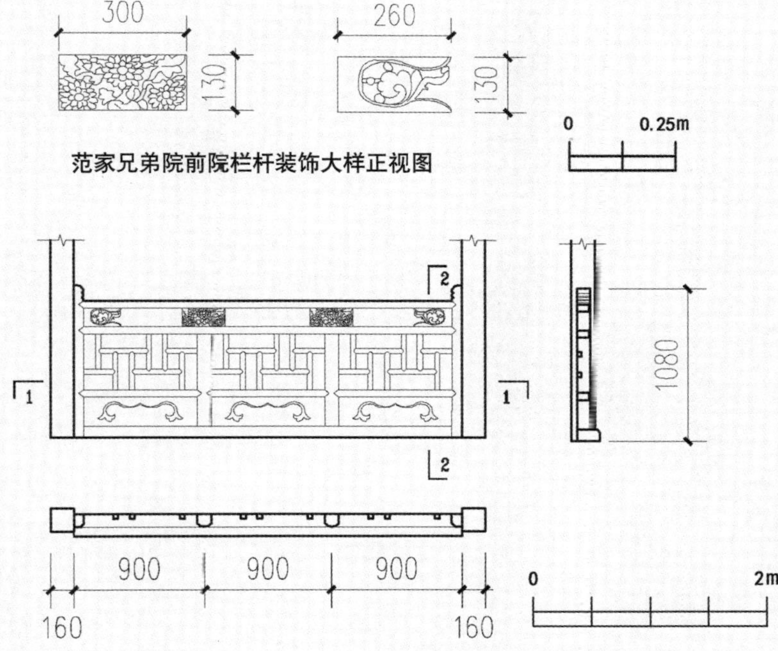

范家兄弟院前院栏杆装饰大样正视图

范家兄弟院前院栏杆大样正视图、纵剖面图、横剖面图

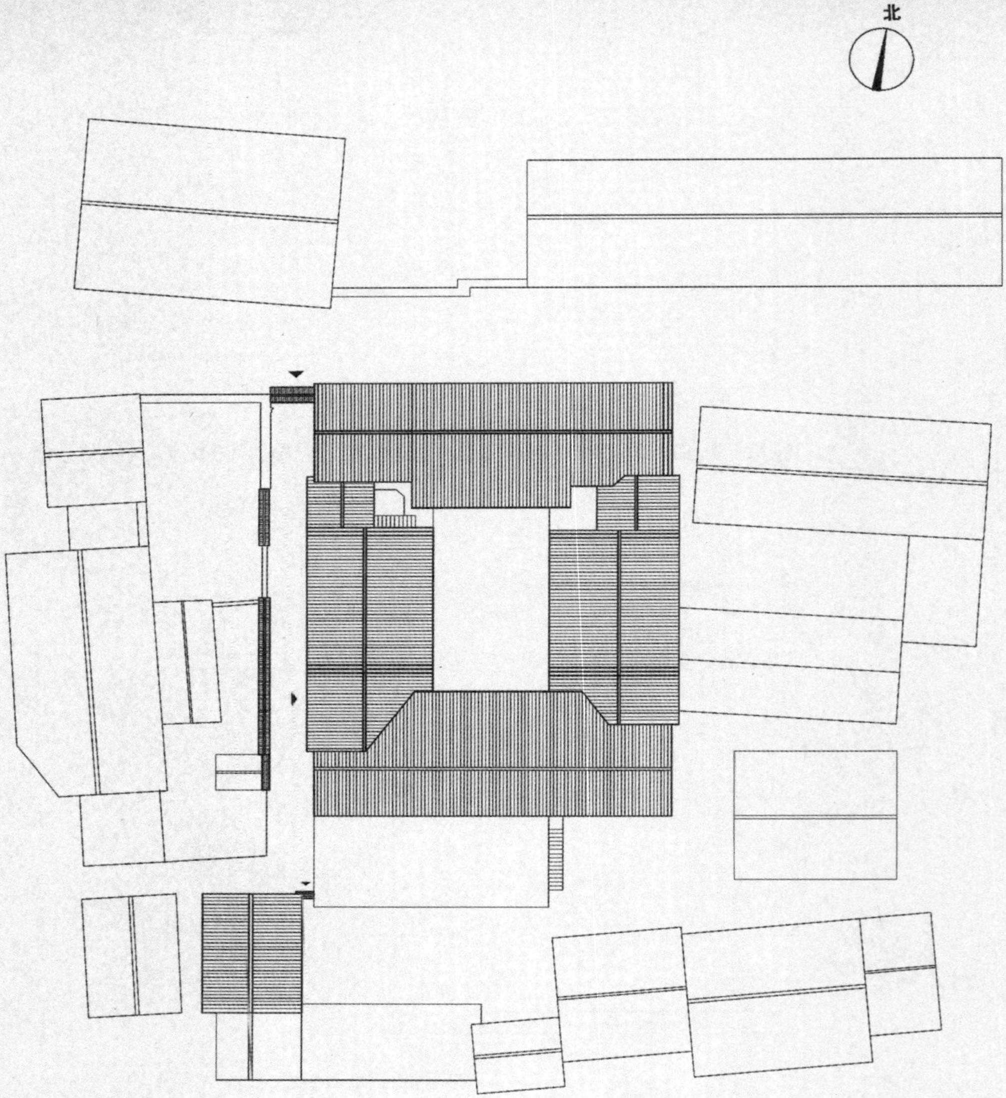

范家兄弟院后院总平面图

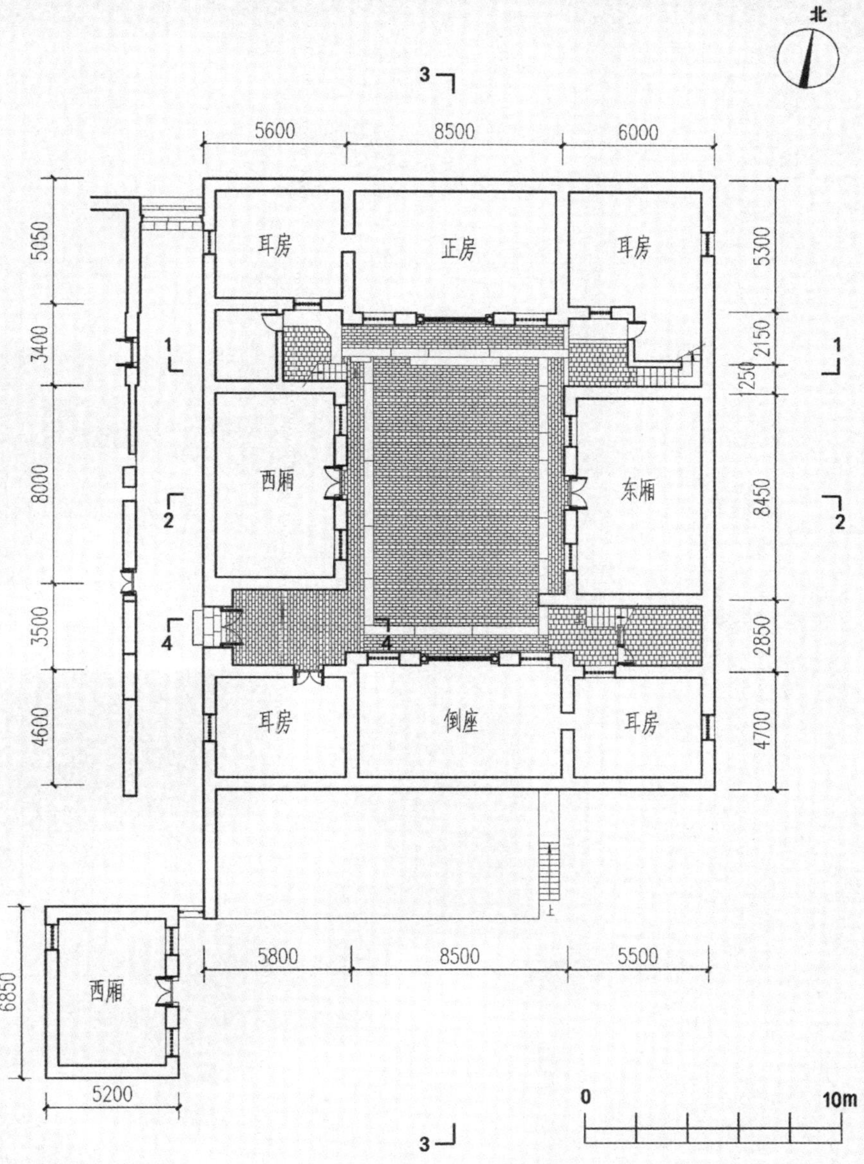

范家兄弟院后院一层平面图

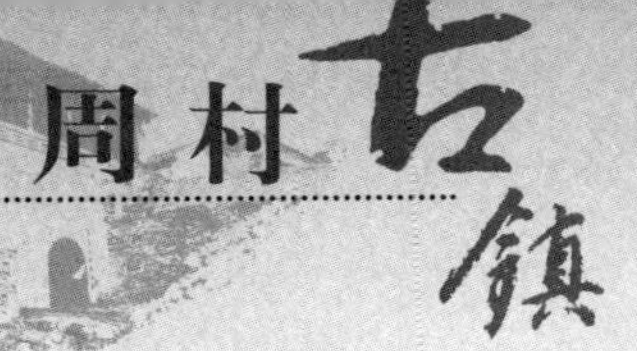

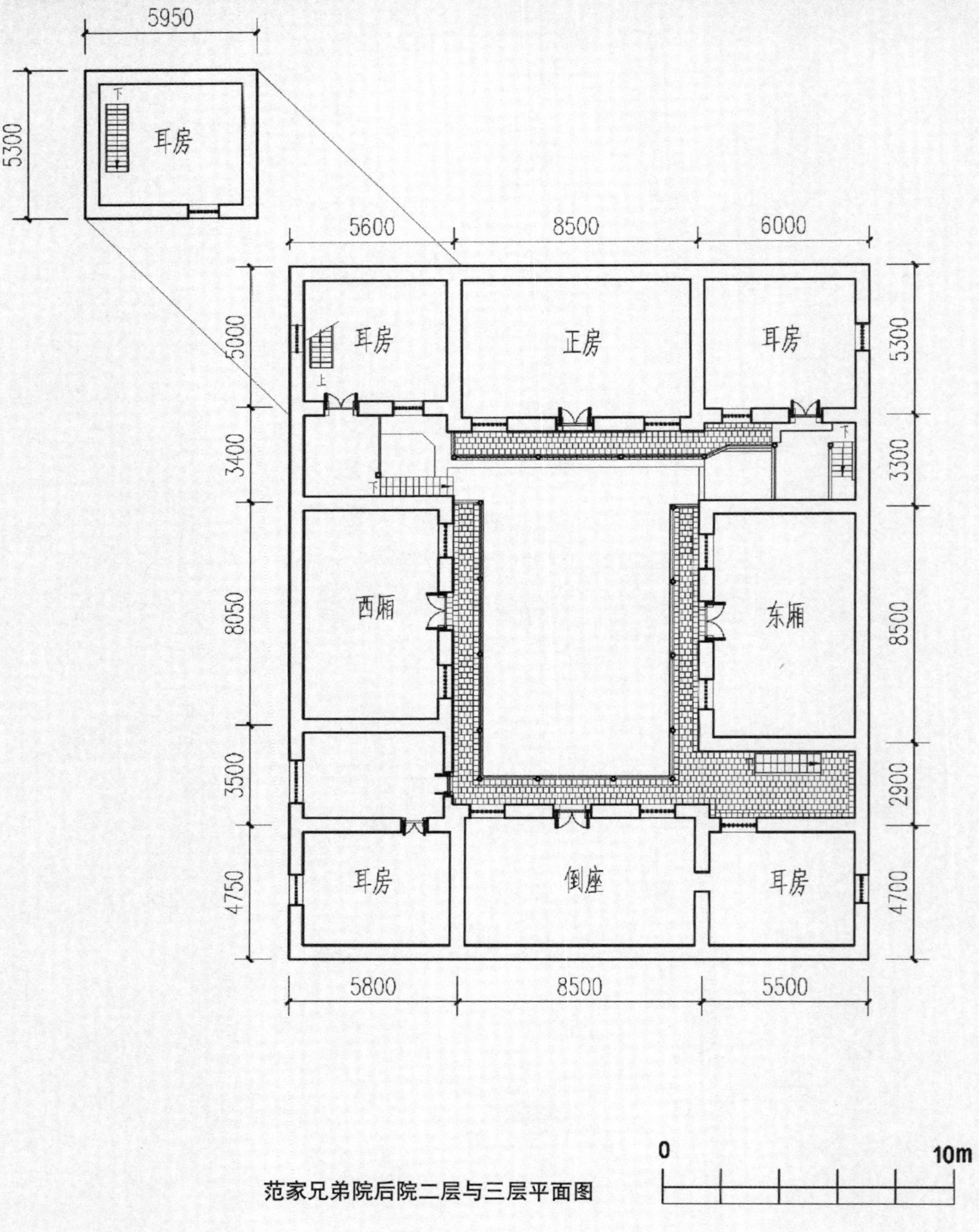
5950
5300
下
耳房
5600
8500
6000
5000
耳房
上
正房
耳房
5300
下
3400
下
3300
8050
西厢
东厢
8500
3500
下
2900
4750
耳房
倒座
耳房
4700
5800
8500
5500
0
10m

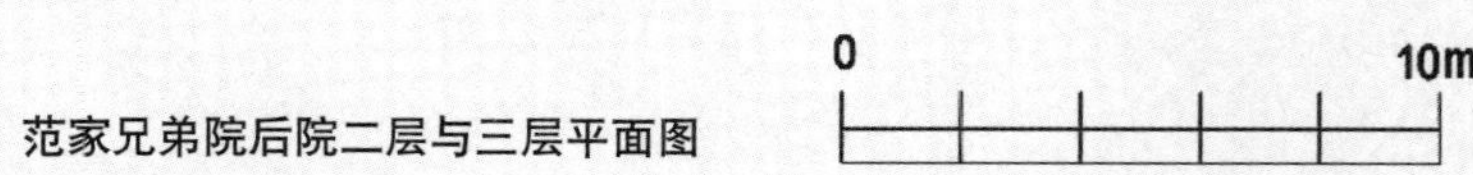

范家兄弟院后院二层与三层平面图

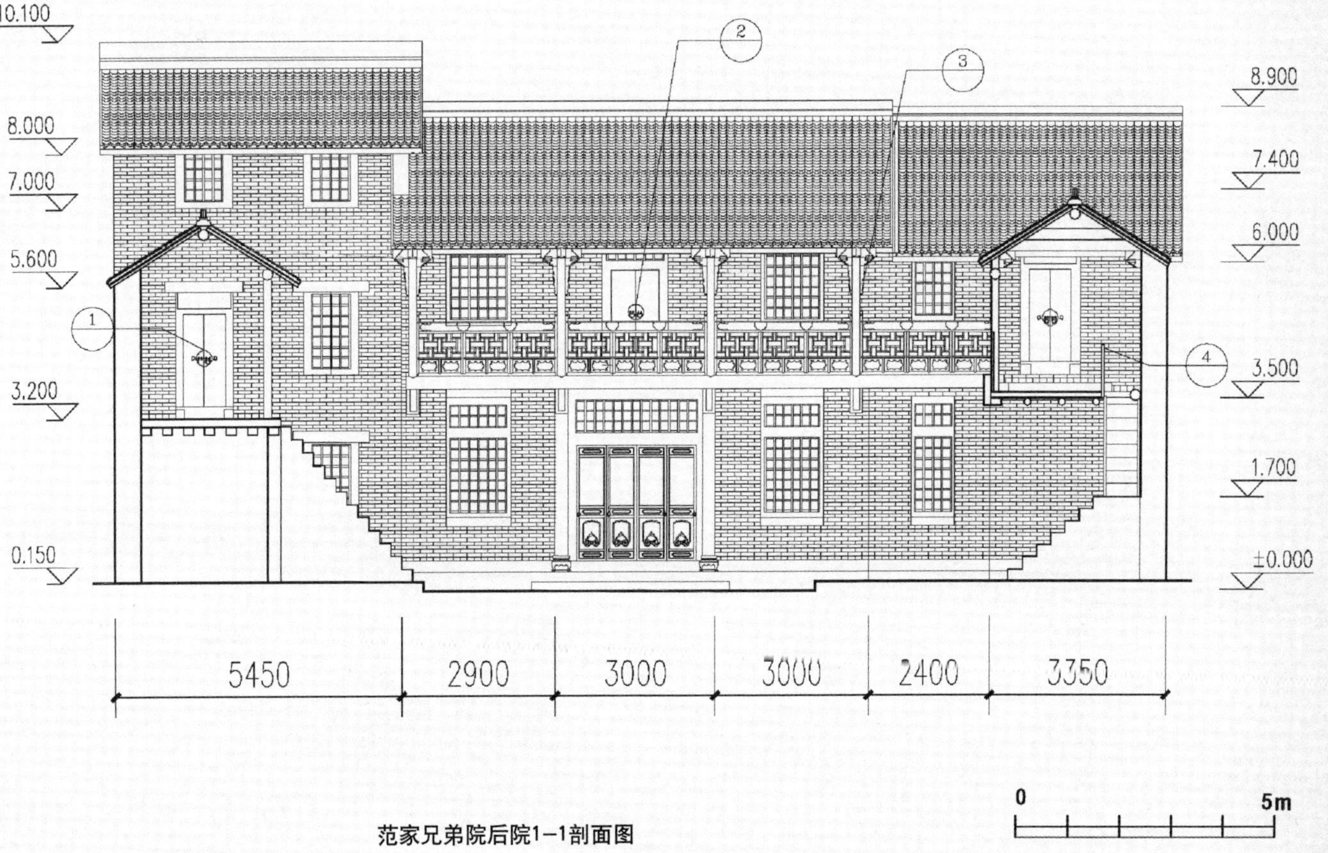

范家兄弟院后院1—1剖面图

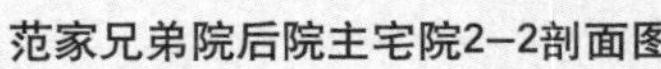
范家兄弟院后院主宅院2-2剖面图

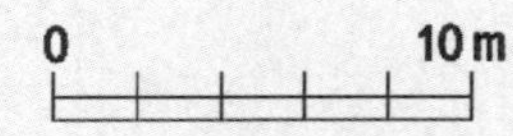

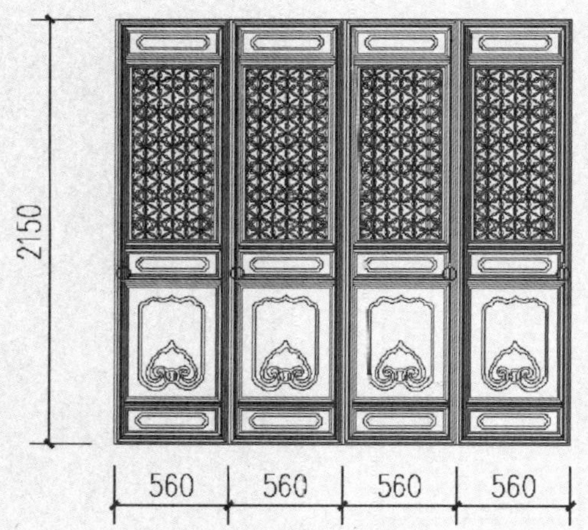

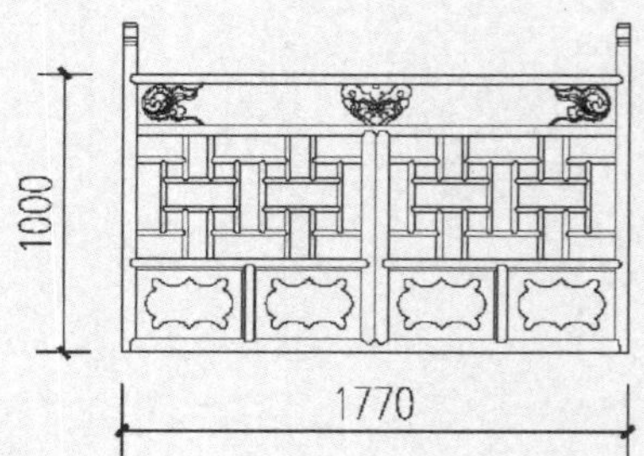

门、栏杆大样图

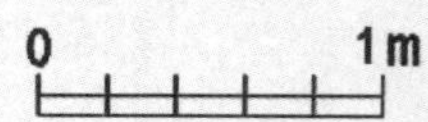

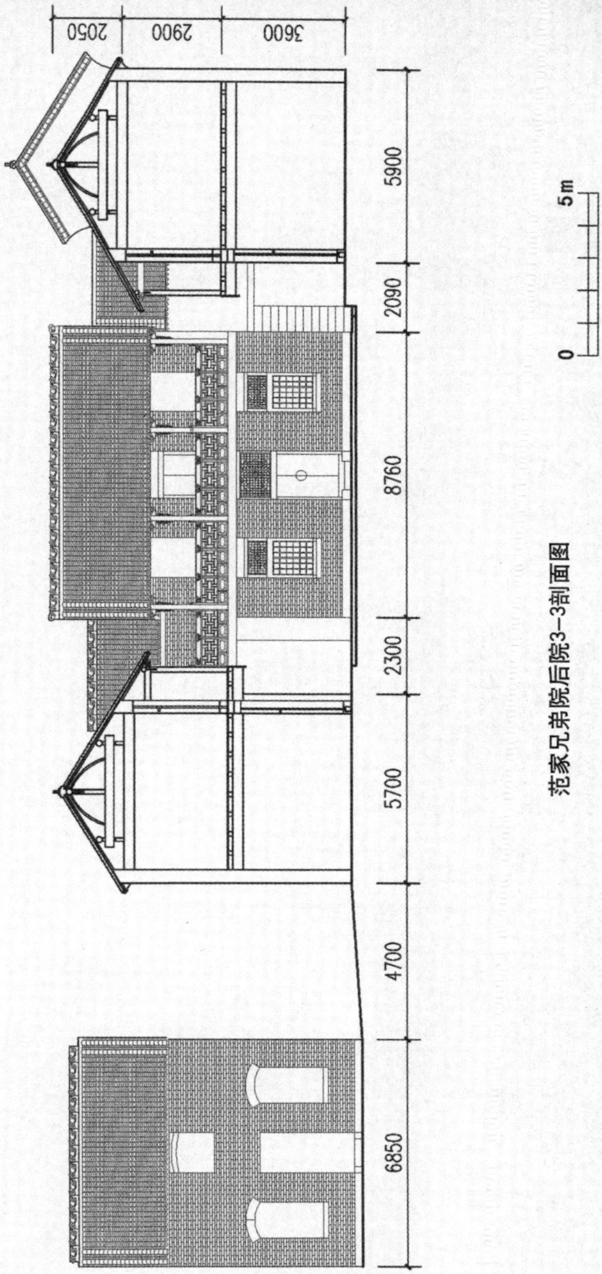

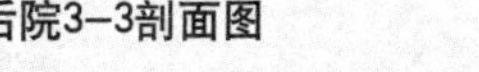

范家兄弟院后院3-3剖面图

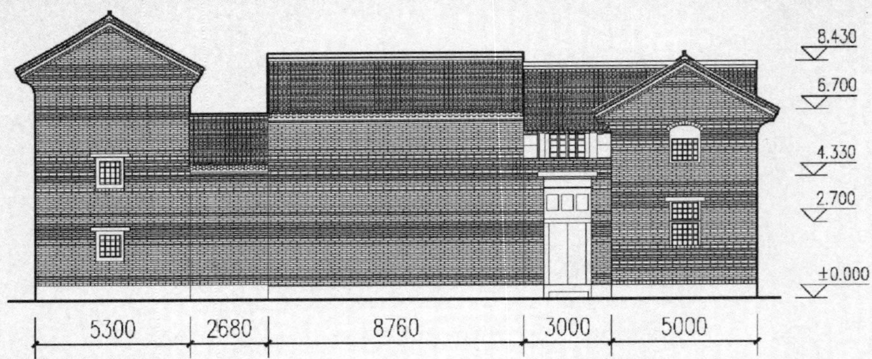

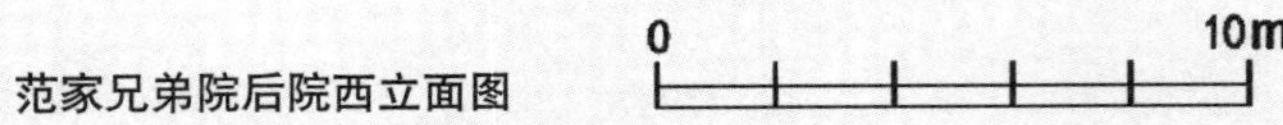

范家兄弟院后院西立面图

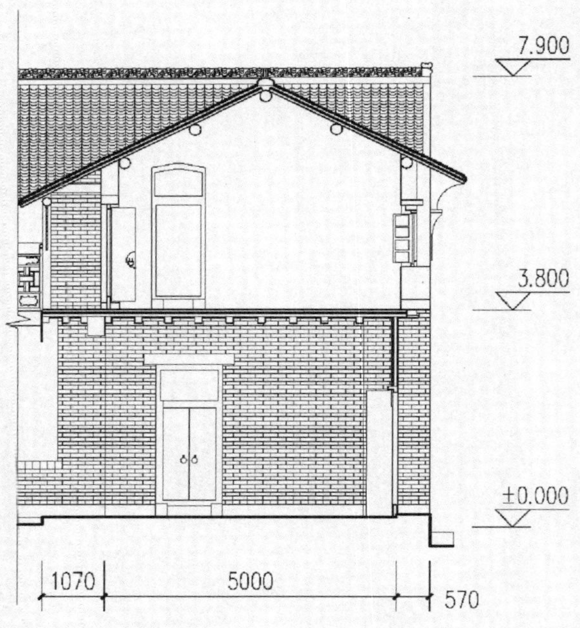

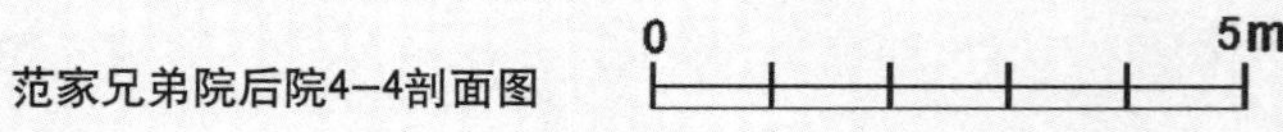

范家兄弟院后院4–4剖面图

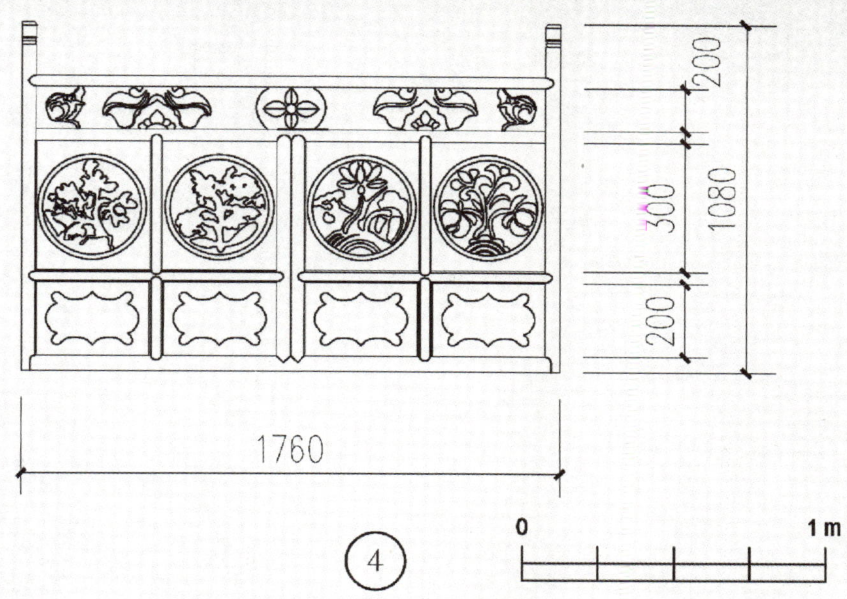

范家兄弟院后院1-1剖面栏杆大样图

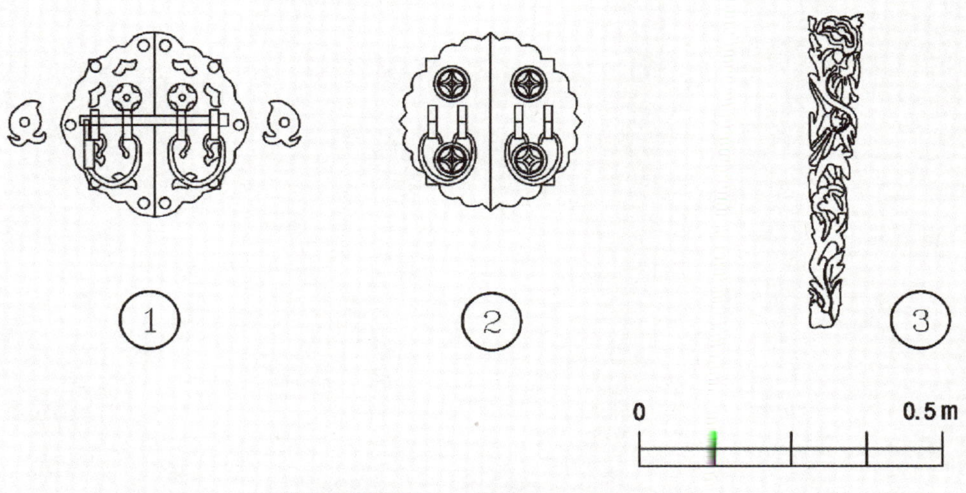

范家兄弟院后院1-1剖面铺首、悬鱼大样图

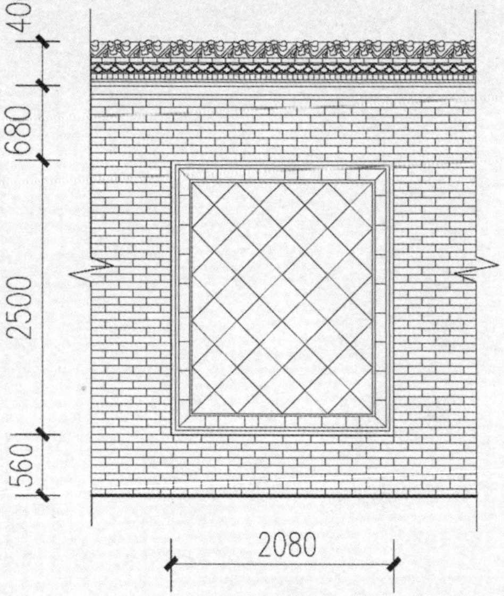

范家兄弟院后院影壁正视图

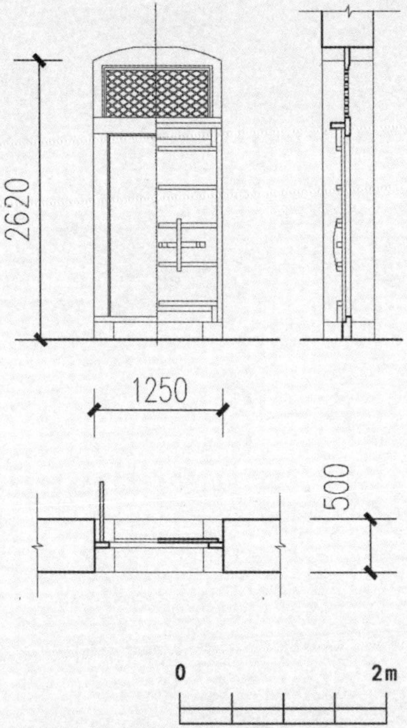

主宅院二层正房门大样图

栏杆雕花大样图

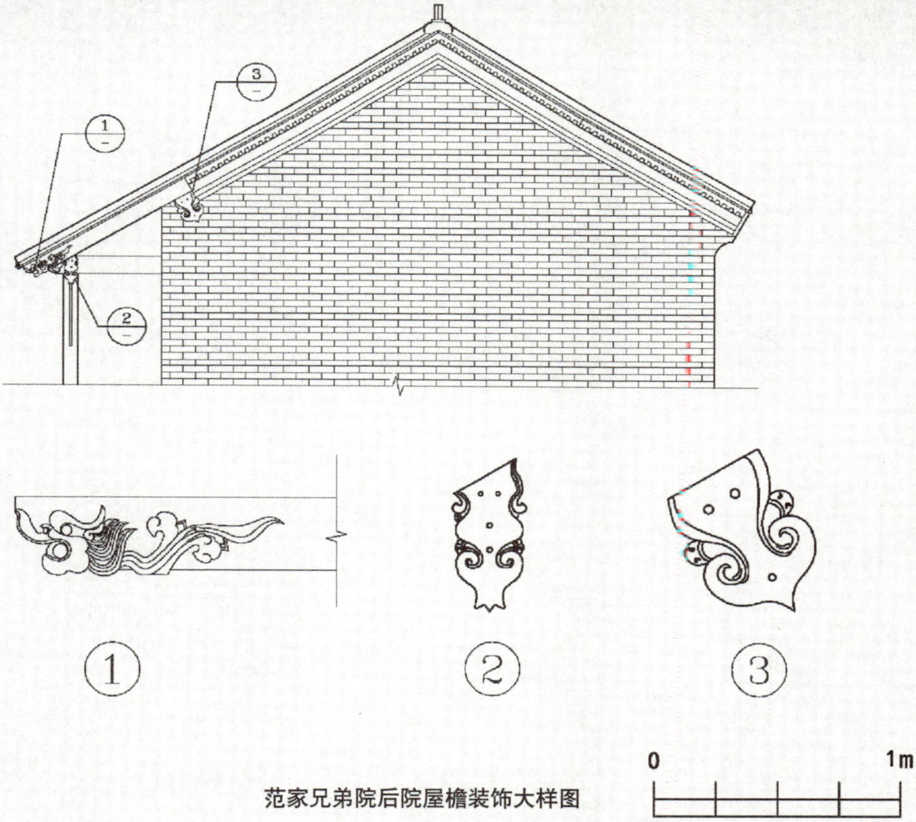

①　②　③

0　1m

范家兄弟院后院屋檐装饰大样图

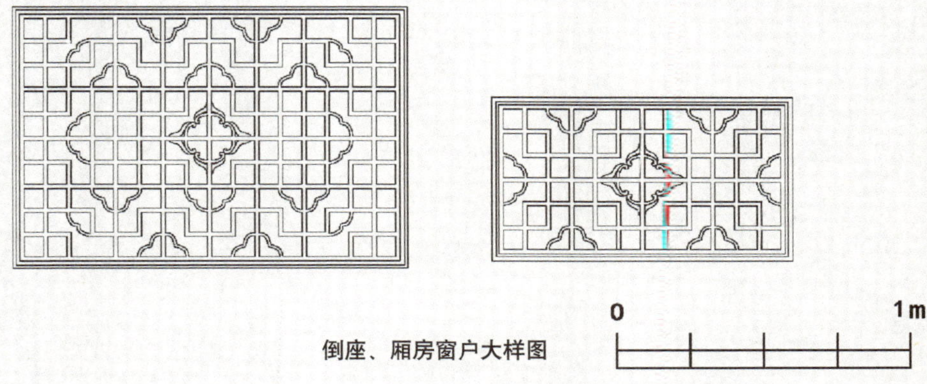

倒座、厢房窗户大样图

附录

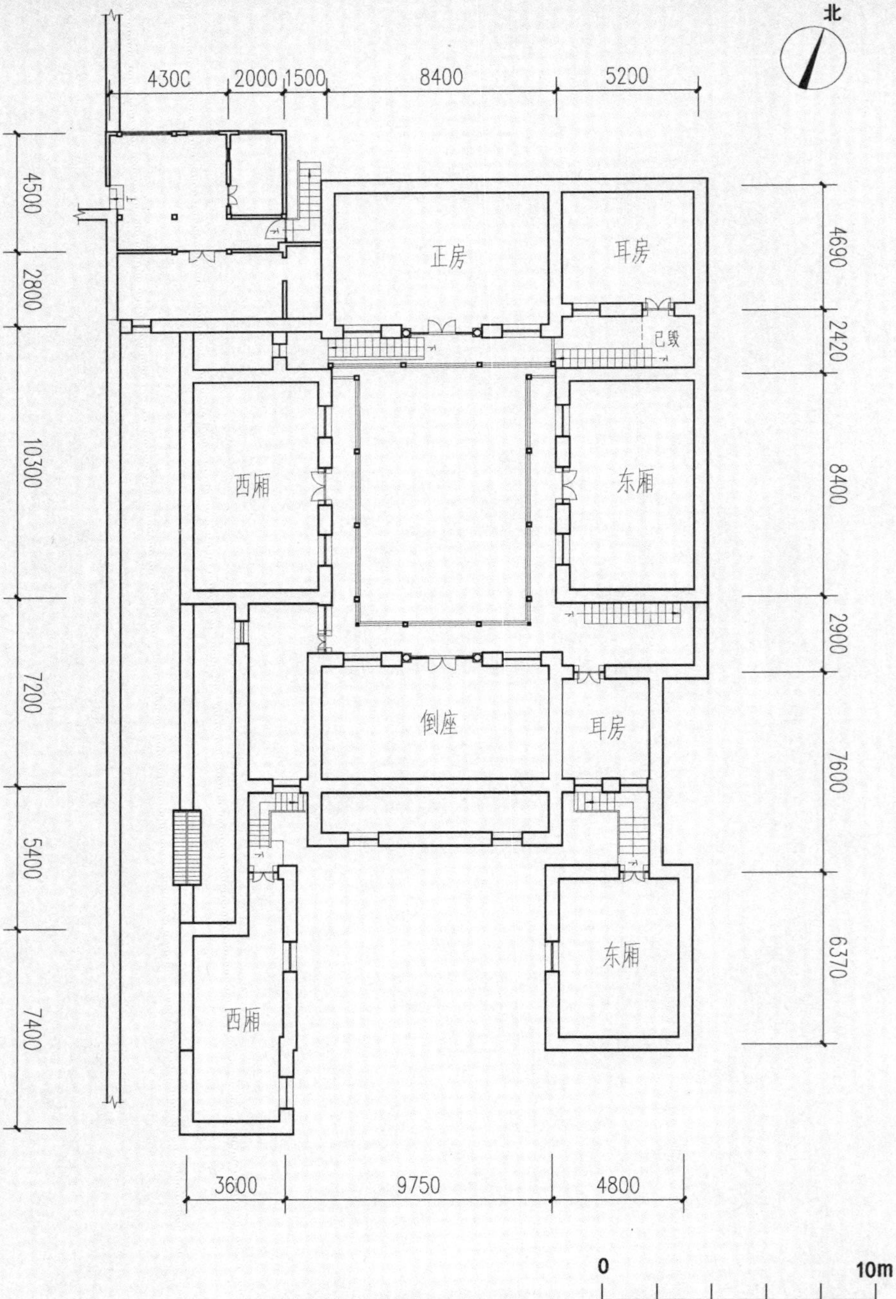

北

4300 2000 1500 8400 5200

4500 2800 10300 7200 5400 7400

4690 2420 8400 2900 7600 6370

正房 耳房 已毁 西厢 东厢 倒座 耳房 西厢 东厢

3600 9750 4800

0 10m

范家兄弟院前院一层平面图

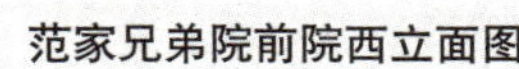

范家兄弟院前院西立面图

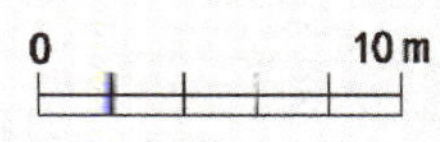

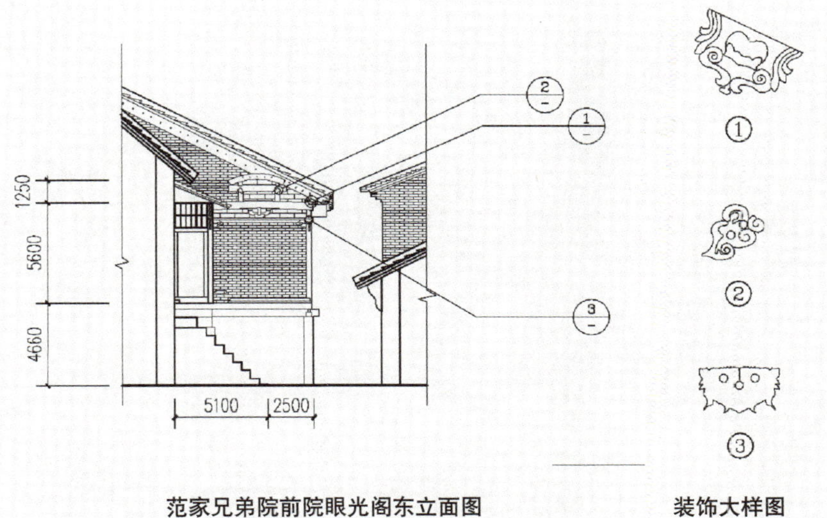

范家兄弟院前院眼光阁东立面图

装饰大样图

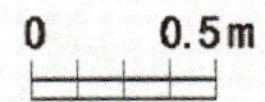

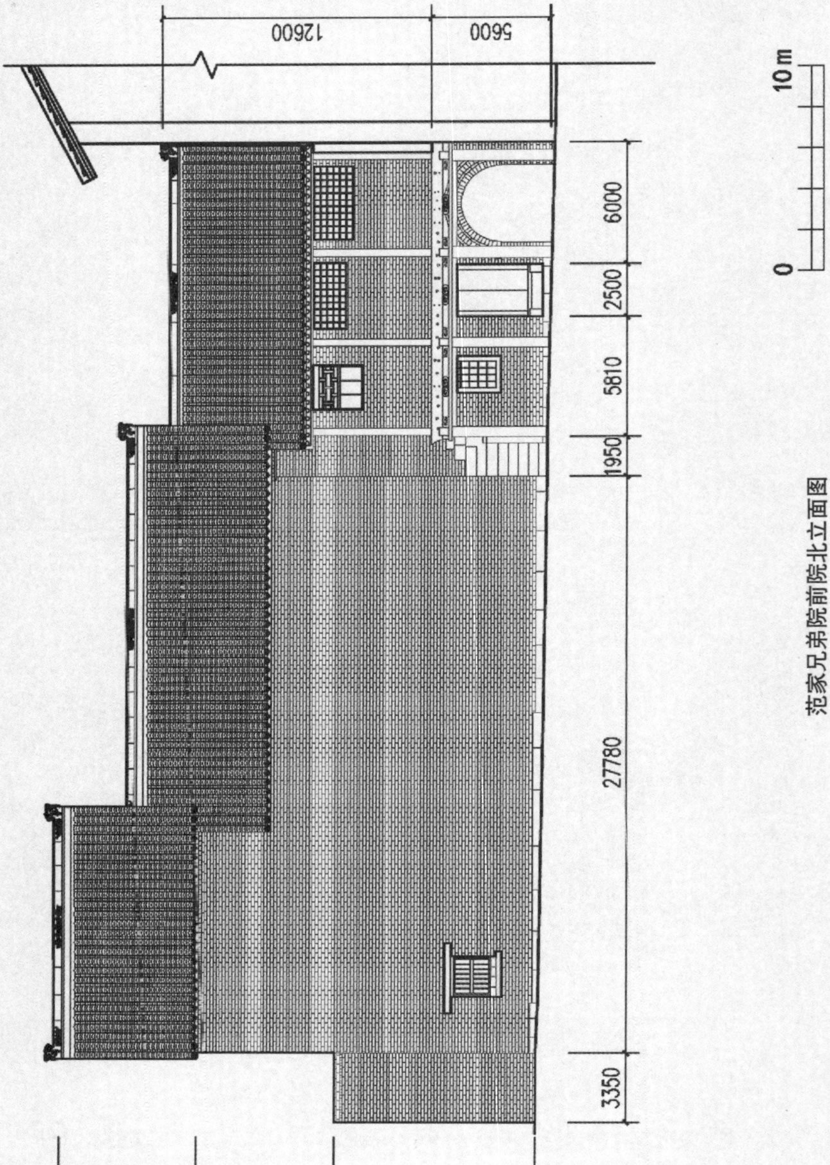

范家兄弟院前院北立面图

2200
1200
3000
3100
1750
5200
5000
1350
8900
1700
5300
2200
1080
6850
0
5m

范家兄弟院前院1—1剖面图

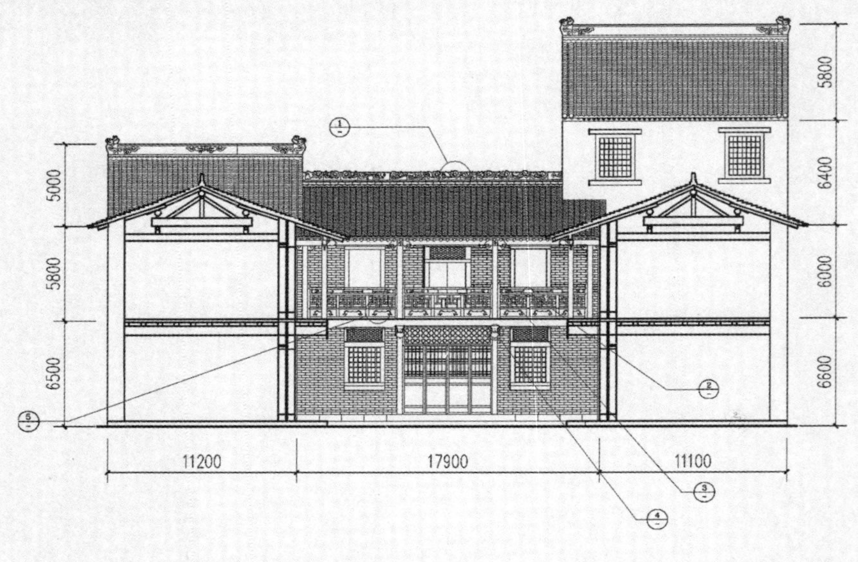

范家兄弟院前院主宅院2—2剖面图

0 10m

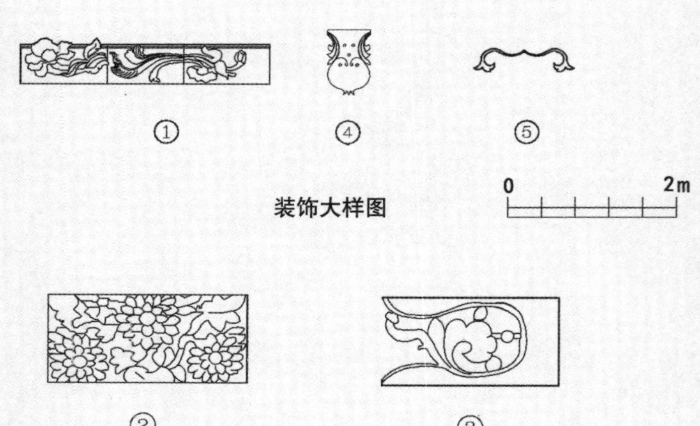

① ④ ⑤

装饰大样图

0 2m

② ③

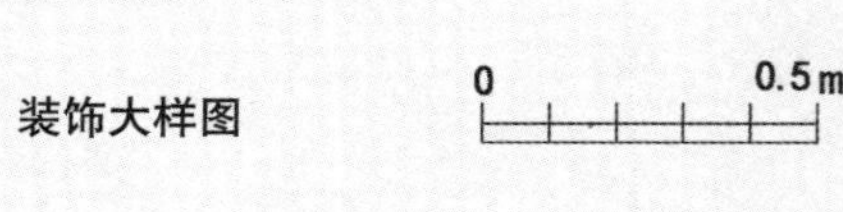

装饰大样图

0 0.5m

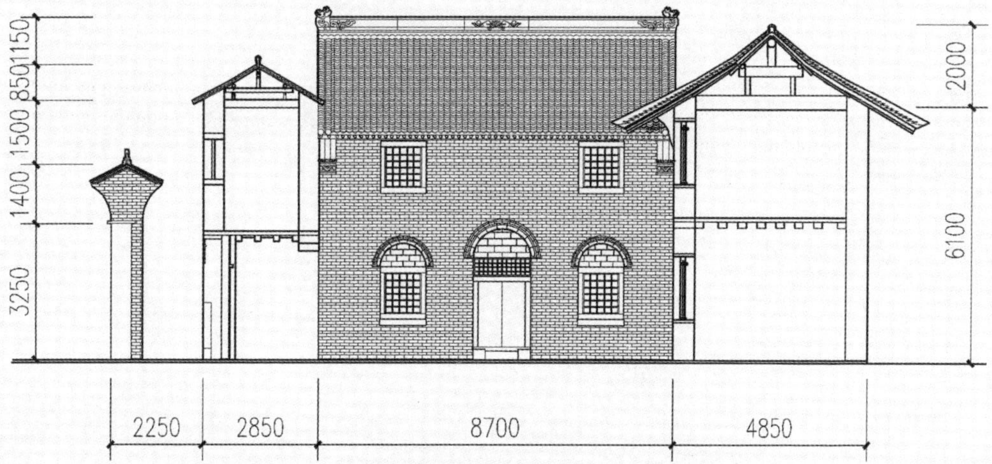

范家兄弟院前院佣人院3-3剖面图

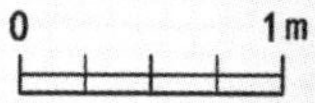

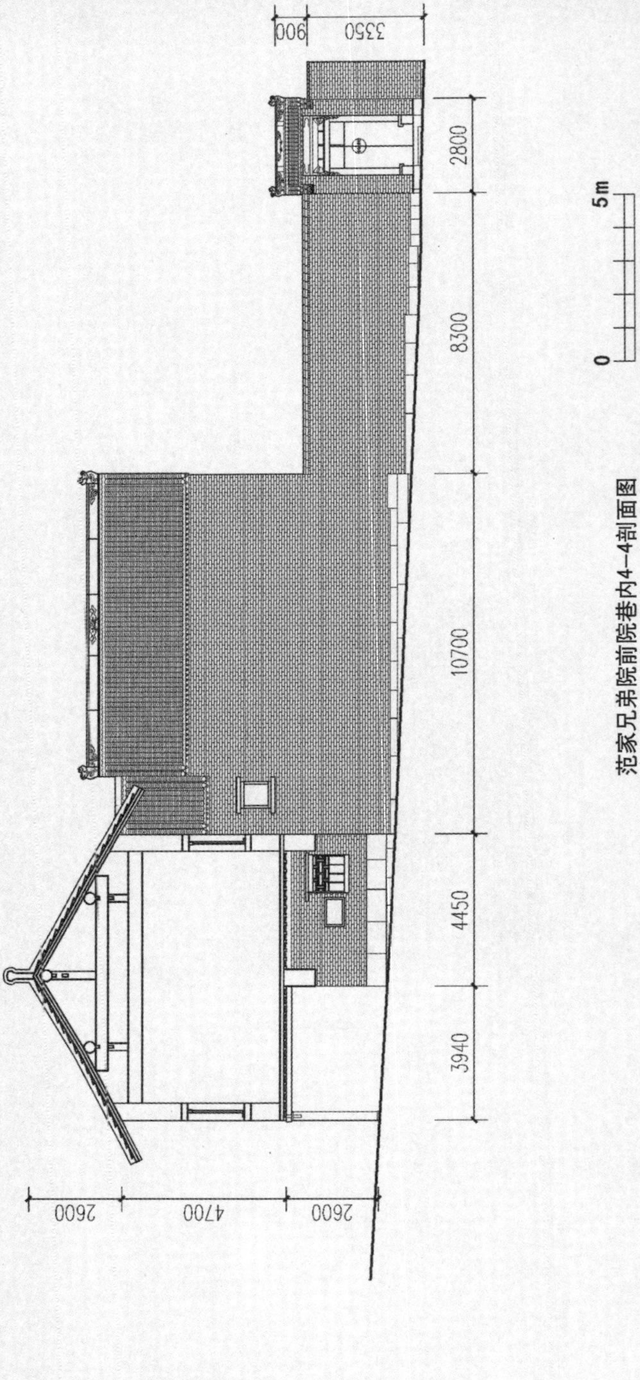

范家兄弟院前院巷内4—4剖面图

附录2 碑文选录[1]

1.广福寺经幢

《晋城金石志》中记载：

广福寺经幢在郊区周村镇广福寺（今周村中学），北齐天保元年（550年）镌刻，石分八面，前书《大威德经》及施主姓名，字多漫灭。前后均有“大齐天宝元年”字，末行书“月日壬申立石”。见《山西通志·金石志》及《凤台县志》。

2.宝林寺经幢

唐天复三年（903年）镌刻。正书。《山右石刻丛编》作《广福寺经幢》未录《金刚经》经文。序曰：“弟子李宗大为累遭离乱，骨肉团圆，发愿造宝林寺一座，敬画造迦像一铺，又画西方净土一铺，敬画维那居士功德一铺，又画土王像一铺，以此功德□□□□□等，岁岁四海□□□□□□□□以往社稷□□官僚禄位转迁，星神合度，农稼丰饶，当处灵神□□□地广富者男女孝养。伏愿诸佛□护家眷安享，百患不侵。时大唐天复三年岁次癸亥七月己亥朔二十五日癸亥。”《山西通志·金石志》及《凤台县志》李宗大均作李宗，文字也有差异。宝林寺为广福寺旧名。

3.郑宣慰活民纪功碑

奉议大夫前西台监察御史闫仲荣篆额

河南乡贡士潘敏撰文

从事郎晋宁路泽州晋城县尹兼管本县诸军奥鲁劝农事赫霖书丹

皇元垂统，四海一囊，民庶物丰，承平日久。自辛卯（1351年）寇起，颍蔡延流，江渎河滤，以及山东。其翼叶元勋、股肱辅臣，效忠宣力，仗钺从戎，躬临矢石，戡乱持危，振生灵倒悬于斯时，于斯势。师真丈人，舍郑公其谁乎？公讳涛，字子寿，号谦斋，阳城人也。其先□（周）之宣王弟友封于郑，因而为氏焉。其苗裔播于他国者多矣……小之公，世号南北相破贼，用儒者之勇，献流移之图。或哲或谋，或肃或义，皆民有生而兽有麟也。阀阅之盛，其流益光。逮曾祖皋，金忠昌军节度……皇元赠嘉议大夫、晋宁路总管、上轻车都尉、高平侯伯。祖鼎扈，从世祖皇帝削平亡宋，征西至云南。雪山泥途，不能乘骑，公亲负之，且战且行，赐名也可拔都全军，获远除四川签省事，后升至镇国上将军、湖北道宣慰使，领江……阳宣忠保节功臣、金紫光禄大夫、中书省

---

1 碑文主要来源：（1）周村镇人民政府提供；（2）作者根据资料整理；（3）作者抄录校对。

平章上柱国、潞国忠肃公。祖甫参，随兄鼎诸处征进，多立奇功。初仕阳城尹，累升至邠州知州，赠中奉大夫、广□护……军高平郡。公伯父制宜，袭父鼎平阳翼万户，后累升至资德大夫、大都留守兼武卫亲军都指挥使，领少府监，知大都屯田事，赠推忠替制功臣、银青（责）□禄……平章、泽国忠宣公。父昂霄，袭平阳翼万户，入番贼叛，领兵反捕，多立奇功……宣赐课钞金段（缎）等物。延祐六年（1319年），升中奉大夫、广西两江道宣慰使司、都元帅。泰定三年（1326年）宣赐绣段（缎），表里衣甲，后累升至可（河）南江北等行中书省参知政事、护军荥阳郡。忠简公恭，惟谦斋公乃元勋之云仍也。雄襟稚志，刚毅英达，沉机秘（密）谋，参乎造化，含弘素，履冲邈，高风端严之操不以夷险。既其怀金之姿，不以雪霜易其虑，所至则化，所去则思。自天历元年（1328年）袭授宣武将军，平阳、太原……一年，江北、河南妖氛沸腾湖广，自委巡绰汉江，剿捕凶递。即以其年十一月二十二日，兰溪站擒获贼一百四十二名，贼属大小一百余三名。至十二年（1352年）……擒获贼二百名，因功升为明威将军、湖南道宣慰使司、同知副都元帅□（带）元降虎符。至至正十二年（1352年），至和州参随统兵官、湖南省平章光禄，也先帖木（尔）县裕溪等处，累立战功。蒙统兵官赐银碗、段疋等物，历俸四十二月瓜代而还。至正十六年（1356年）九月二十七日，余（途）中顺大夫、同知河东、山西道宣慰使司事。□（周）□（河）以称，威震是域。清其心而运其用，倾其惠以沃其民。郁兴神武之帅（师）□，扫欃枪之祲其未来也。民仰之若□（久）旱以望云霓。其既至也，若时雨降，民大□（悦）……惟利与安，而能与之；所恶惟害与危，而能去之。传曰："民之所好好之，民之所恶恶之。此之谓民之父母。"以至军需裁所费之冗以轻民赋，国（团）结分上下之……此从权节宜之美意也。若鸱张跋扈之兵，肆毒纵横侵城。一掠杀人盈□（万）侵野；一掠驱人空野。彼以其暴，此以其仁；彼以其贪，此以其廉。形其形，迹其迹……之分哉？况卒率掾燕，胜吴怀德，参赞程信，决策訏谟，遇事风生，夙夜匪□（瘁），□（信、结）厥成功。烝黎感其罔极之惠，虑无寸辉之报，志愿刻石，叹存不朽。其辞曰：

惟岳孕精，宝物生焉；若申若甫，匪其偶然；魁岸卓荦，聪颖哲贤；
伊斯之生，秉彝纯全；仁以济众，义克从权；礼行节制，智达机玄；
和顺内蕴，英华外宣；伊斯之德，渊渊其渊；师出以律，云旆联翩；
指挥貔虎，扫涤尘烟；垦宄除秽，挫锐摧坚；伊斯之功，方叔骈肩；
煊赫威声，缵祖绍先；民敬如神，仰之如天；元勋磊落，青瑶是镌；
伊斯之民，以贻永年。

至正十八年（1358年）四月吉日
周村镇耆宿人　拜　颂
□　海　竺　勒　石
铁工：续彦弘
石匠：李泰川
□匠：高宄首

4.重修岳庙记

本庙建立之所，古长桥镇，今周村是也。东连濩泽，西接阳口，镇居中阜。自古而今

建立岱岳神祠于此镇一方隅。人神者，东岳仁圣帝也，口乃中界五岳之尊。自前代之祭也，系人间万灵之主，掌生死之深，定凶吉之乖，察详善恶，注判兴衰，人民感赖于圣恩，乡间均沾于仁佑。

祈清祷雨，必沐昭彰，请福禳蓄，颓随承降，鉴此神之赫灵也。庙迄年深，凤飘雨沥，廊庑坍塌，庙宇颓摧。行者难以瞻仰，民者何能焚祝？自兵燹以来，是庙虽存圮壤者甚矣。视此，有镇人李景初等集众而议之曰：斯庙摧之久矣，不修只可惜前功；则修者可也，盖里老幼皆忻之。众秉诚心，共谋修造。备瓦木之资，咸市里农民之助，远求哲匠。于洪武丁卯自春而至秋，讫修是启。坍者正，缺者成，坏者完，事就功全。成新饰旧，殿之上下，换（焕）然一新。盼惠瞻恩　嚮千秋丰稔之康，立万世不迷之石，故刻斯铭，永为远记

口维卯首　李景初　张大亨　郭宗礼　道士殷思德

同修老人　范庆甫　李仲实　司朋峰　思张铭

延义甫　刘何甫　李秀实　卫　玉

李中庸　卫守道　范　林　殷德林

张均义　姚子玉　郭　通

郭浴川　秦谷英

张从政　王可道　李　棠　郭利贞

张大亨　马士安　王继先

众社老人议定，今后小儿不得上庙拆毁坛场，损坏庙宇。无得牛羊头疋，不许入三门庙院撒放。如放者，众老人巡捉拿住其人，罚布五疋，与修庙使用。又委举迎祥观道士殷思德守庙看视，如有殷思德不行用心，纵放毁坏，亦罚布五疋修庙使用。众社议定的不虚示

梓匠　何（河）村里　李　全

瓦匠　本州　吕　诚　冶底　陈士贤

施功昼匠　康景原

本镇　李文质　李均玉

大明国洪武二十年岁次丁卯孟秋上旬吉日工毕

5.重修东岳行宫庙记

盖闻天地无私，神明有正人之所，事虽神可，欲必受其礼。关镇者，古长桥，今周村也。昔晋御史中丞周将军名处，曾于斯斩蛟。殊处善，除三害，摭其祠冢存焉。恐立悬名，故改周村镇是也。其镇东连泽郭五十五，结（接）阳邑四十五，正居中阜。古昔营建东岳仁圣帝宫之庙，并清神祠。斯神管人间善恶，掌生死之源。住判具衰，惟神可敬。敬之能庇其国，敬之能遏大灾，敬之罕大患，则敬之，其祥甚矣哉！其庙风雨洒累，经年欠庇，木零古焖怀及乡，本镇仁人李公苛众观其斯庙，可息前功，谨发诚心，辅轮财力，远来哲匠，自久（秋）而至春，殿宇上下，一切显新。功毕落成，故刊斯石，永为记。维那等闲具于后，并众社人等同辅财力为仪□那（耶）。

李仕宽　李大宽　范　兴　秦文义　张　渊

辅功老人：张谷贤　李庭方　卫景春　郭　亨　张子忠　肖　胜

司友真　李　沉　康文义　张仕讲　李仕能　范　著

本镇野人李□□ 撰书

石　匠：阳邑刘善里原麟镌

瓦　匠：上町里焦景忠

明宣德二年（1427年）月日时

6.故自裕先生卫公墓志铭

赐进士及第翰林院国史编修承事郎莆田李仁杰撰文
赐进士出身刑部浙江清吏司员外郎龙门薛祺篆
赐同进士出身观都察院政浮山陈孜书

卫翰之第进士既数月，以母氏年老乞告归省，还无何而哀讣至。翰之衰絰，奉其乡之陈瑞卿状谒予，泣曰："邦先人早逝，既以景泰五年（1454年）七月十二日葬于郡之西神山之原。丁家多故，未克求葬铭。今吾母氏又逝，将以是年十二月二十八日合先人窆。失令不图，恐亲潜德日就湮没，不孝罪重，顾何以生于天地间哉！先生幸吟而赐之焉。"予应之曰："予与瑞卿于子为同年一耳。同年有兄弟义，若翁吾翁也。瑞卿既能状其行，予安敢辞其铭耶？"按状：先生讳冲，字腾霄，姓卫氏。母为泽州人。高祖而上，代有显官。追祖文瑞、父景昭，乃以医鸣乡人，以阴骘卫家。祖之先生，自幼有灵，□知读书。及长，善干蛊，内外务悉身任之，不以烦于其亲。亲或不悦，必具酒馔□□以娱之。远服商贾为养亲具，有余则推于宗戚，香葬之不克举者，乡邻有贫乏者，辄与之，无少吝，亦不收其券书。人或偿不偿，处之裕如也，故号曰自裕。

先生配梁氏。孺人警敏，专静女红事，不习而能，妇道、母仪俱足为闺门法。凡先生所行义事，孺人内相之力居多焉。一日病革，顾谓孺人曰："吾平生所为，无愧于心，死故无可遗恨，奈亲者子幼，汝能毕吾志，吾瞑目矣。"言讫而逝。时正统十二年（1447年）三月二十一日也。春秋四十九。孺人恪遵遗命，治丧葬外，足不妄逾户阈，事亲益尽孝。凡饮食，必求以适其口。寒暑衣裳，必瀚补完洁，曲意承顺，俾忘丧子之忧。子殁，哀毁骨立，每岁时伏腊，必率其子邦哭泣奠献。邦稍有知，即遣从明师受经。经明，着录郡庠，为弟子员，领壬午年乡荐，登壬辰进士，观政秋官，蒙赐归省。孺人叹曰："今方无愧而（儿）父之言。"居数月，每谓邦曰："居官以清慎公谨为本，汝当夙夜尽瘁，以图报補，勿以我故久安于私也。"遂遣还朝。孺人在家，以成化九年（1473年）八月十八日无疾而逝，春秋七十有六。子男二人。长麟，读书尚义，颇有父风。次即邦。女三，俱适士族。孙男六，经、冕、晟、时、显、升。孙女四。铭曰：

孝敬于庭，悌（门弟）仁周于闾里。号曰自裕，褒衣溢美，何身不得年，五十而遽止？谓天命之靡常。又有妻而有子。神山之原，川流峰峙，与妻孺人同窆于此，既固且安，名谓受祉！

7.泽州周村镇重修庙祀记

泽据太行之险，扼燕云，俯瞰中原。镇居郡西，黄沙耸峙，太行、王屋、析城诸山献嶂烈屏，乃巨镇也。《金史》曰："晋城有周村镇。"以镇表识泽雄三晋，而镇实一郡冠。隋以前，泽治端氏、治濩泽、治高都，贞观以后治晋城。徙治不恒，镇属晋城如故。然当秦、晋、魏之交，东逾桃固，西陟东乌，南越天井。止于斯，往来于斯，亘古今之达道也。维昔唐虞化洽，涵濡湜深。暨石勒、慕容永僭据，金粘没喝位没闰于宋，岳武穆义旗北指，镇之梁兴筑岩响应，人心敢于叛金者，乃不忍变于夷也。崔伯易《感山赋》谓："重沦奸侈之化，孤守而莫变；有滲唐虞之泽，弥久而未坠。"可以识当时之人心风俗矣。明兴，元平章贺宗哲弃城遁走。冯胜平定安辑，改忠昌军仍泽州，晋城并入。镇属于泽。以天下势观之：山右为燕京右臂，教化首善之地也。人文熙洽，科第相望，语泽士之杰且多者，以镇为最焉。故居官以清操自砥若卫吏部；抚民以宽和见惮若阜城伯；政洽两邑若李神木；爱遗二郡若范擢州；家食以文章气节砺若玉成考。表表风猷茂著者也。他若张从事之庐墓忆亲，梁贞女之死一从夫。野老巾帼，天经地义之教，轻尘弱草之不惜者如是。其一乡之中，重礼仪，尚廉节，相友相助、相亲相睦者可见也。《说文》曰："忠信为周。"镇以周名，志偖厚也。区区子隐之迁善改过，为镇之光，直余绪尔。

镇故有庙，正殿祀东岳神。按《公羊传》曰："触石而出，肤寸而合，不崇朝而雨天下者，泰山之云也；兴云致雨，生育万物，仁庇斯民，祀之正者也。"庙制宏敞。殿之左翼祀增福，右翼祀吴王，各三楹。东序祀二郎，西序祀关王。中为礼拜殿，南为乐舞亭。又南为后门，楹数咸如正殿。经史莫考。重修于宋元丰五年（1082年）。靖康丙午（1126年），地陷于金。贞祐（1213～1216年）金亡，庙经兵燹。迄元大德、至正间再修。我朝洪武、宣德、正德初增修。历三十余年，镇人张仲让、司蛟等倡众以新。工始于嘉靖丁未（1547年）夏六月，落成于壬子（1552年）秋九月。庙貌尊严，金碧掩映，肃如翼如，春秋为祈报之所，亦厚之道也。予镇人素濡厚俗，因庙之成，附记之。若夫以敬自持，重所生之理，毋徒祀东岳以求生；以善自勉，衍所积之庆，非直祀增福以谄福。法无伯仲之让，效扬公之忠，秉云长之节，匹休前修，民和而神降之祥。穰穰丰年，永永无穷，是在我镇人之共勖尔。《书》曰："黍稷非馨，明德惟馨。"《诗》曰："昭事上帝，以求多福。"此之谓也。其舍施之士，有功于庙，于法宜记者，则载在碑阴云。

隆庆四年（1570年）岁在庚午秋九月之吉。

泽学生晋巘梁宷顿首沐撰

学生三峰梁仲秋篆

庠生春野范铣书

郡学生梁策　省祭官萧国臣　医官梁杠　宗人府仪宾司存　本镇堡官范埙

河南封正县教谕卫绍宠　陕西宁州学正司空　河南洪门驿递运所大使李元善

直隶遵化驿丞茹豸　布政使知印茹泾　省祭官郭廷器　范伯良　范应鹤　萧国瑞

郭豪　范轼　郡庠生司洧　司谈　郭都　范（车光）　梁一桂　郭才高　李　德

梁浩　范玑　郭尚纯　萧嘉元　布政司吏司乃钦　茹瀛　司汝聪　州掾张时宠

司佃　李大儒　郭宠　司时龙　范钿　萧加言　范博　茹芝　卫堂　范应柏

萧国臣　范孟春　张思秋　郭暹　萧加志　卫尚具（兴）　卫诰　郭轲　郭诰　卫晏

司堆　司时聘　司汝明　范孔

社首：司　根　司大亨　李元亨　卫　椿　张　仓　郭　染　卫　松　郭　寇

　　　郭　书　梁九思　张仲让　司　蛟　等同施银三十二两五钱　　同立石

阳城县南留里石工玠　侄王国友　同镌

8.重饰岱岳神记

泽西周村，邑镇长桥中阜。古建岱岳神宫，曰尊神。岁久，其宫巍峨壮丽，黼黻尘埋，春秋祭报，观瞻者各心不□。自古至……万历已卯（1579年，万历七年）秋七月，公众捐财，尽（画）工装饰，焕然一新，社民忻悦，今已……毕，芳名刻石，万载不朽，永为存焉。计列本镇捐财芳名于后：

寿官司朝　银一两　堡官郭锡　银一两　部吏司钿　银五钱　萧国祥　银四钱

省祭官张时宠　银三钱　司　侪　银三钱　李元达　银三钱　司　垒　银三钱

司可久　银三钱五分　堡官范埙　银二钱　卫　说　银二钱　卫　诰　银二钱

省祭官卫诰　银二钱　堡官范汝兴　二钱五分　司　聚　银二钱　省祭官司时聘　银二钱

李应时　银二钱　李应通　银二钱　省祭官范应柏　银三钱五分　范　扶　银一钱五分

李元孝　银一钱五分　州掾郭宠　银一钱五分　生员梁浩　银一钱三分

州掾张思秋　银一钱五分　范　瑚　银一钱五分　卫云商　银一钱五分
郭九言　银一钱五分　卫天明　银一钱　范　轲　银一钱　梁　粟　银一钱
范　蛟　银一钱　郭　傅　银一钱　司仕缶　银一钱　李元亨　银一钱
宗人肖仪宾　司　存　银一钱　省祭官萧国瑞　银一钱　老人郭咏　银一钱
张　鹗　银一钱　李永敬　银一钱　郭汝谷　银一钱　郭加兴　银一钱　萧□宝　银一钱
范尧在　银一钱　郭　华　银一钱　郭　骞　银一钱　郭　英　银一钱　萧加谟　银一钱
李　田　银一钱二分　梁　用　银一钱　范　楠　银一钱　司　孔　银一钱二分
范志豪　银一钱　苗汝香　银一钱五分　张　胜　银一钱　司大禹　银一钱五分
司　当　银一分
增福子孙痨痘团总郭光团包殿八间，施银三钱，同男郭才学
龙集万历七年（1579年）岁次己卯求七月吉旦
镇民梁宝拜书
画　　匠：钟　和　秦大才
浚县石匠：丁思齐

9.创建金龙四大王庙记

濩泽之西南，去治五十里，有镇称周村，因晋御史中丞周子隐冢道南，故名焉。此镇也，左衬京洛，右□浦连，北捍云塞，南连中原，乃太原之喉舌，河内、河东之关□（寂）也。俗尚□慗其滄泊□古唐虞敦朴之风，家祖祓禊，十室八九，稍际饥馑，给□（艰）一二。于是，有尽为贩夫贾儿者，豫糊口之计，为麦（王食）之资，贷红柏之余，官蝇□之息，群相呼引之迹，郑卫吴越间，熙熙来，攘攘往，计子母而角征逐，栉风沐雨，梯山渡浸，不知费几艰辛矣。故其□（沙）洪流也，延袤数千里，弥漫衍溢，不见涯涘，而□处洲中，如基置悉光，何怔怖越江河之祥。风之所激，为洪涛巨浪，簸荡湍悍，震天捍日，几兴氵鲜埒，商贾望波之至。丹工（舵）师，惕目相戒，望云测景而后行，风顺浪平，扬帆过之。舟驶如骛，不崇朝而即旅次。如是，而水之为湃，何若此烈且奇也。惟我敕封金龙四大王之神，赫成灿耀，英声振灵，风恬浪静，倏而狂飚突来，澄湛渊于；忽而川陆频至，春转□（运）则飘飘乎一息千里，其淖淹坎坎然，旬（消）莫移。即问之舟人，拕（同“拖”）不能旋巧，不及旋思者也。非神有以，宰之者在乎我。神祷无弗应，受命如响，庀富商巨贾经营（山廷）还者，谁不望阙披诚，竦（sǒng）威御德。此果人有徼（yāo）于神乎？抑神有以感之也。将簸荡湍悍，震天捍地，舟工舵师所眩赘辟畅而相戒者，若沟渠川途临然而济。然飚其迹冲，击灭形举，掉不及旋，巧不暇施之处，今安若衽席？说者曰：“非人之助，神之德矣。此来有庇于人乎？抑诚有以格之也。”有镇人张子启蒙者，素济慈航，久载恩波，集镇髦艾，议建报所。随资之多寡，输囊之赢余，各发处忱，随愿出银，三钱出息，取偿罔敢负逋，集纤成巨。约十余载，□金三百两有奇，佥同协心，共济竭力。匡襄会首张仕、杨仕贤、郭尚绪、郭锋、张缓、郭王高、张光彩、张良贵、范志夏、范丕盛等，营谋度量，奠其基址，庀工聚财，崇其殿阙，越（共月）而威如肃如。塑其像，金碧辉煌；绘其檐，丹垩藻缋，数旬而斐然焕然。故神之为灵昭昭，亦人之处诚凛凛也。讵为淫祀哉！建正殿三楹，两角殿各二楹，东庑三楹，西庑三楹，南三门三楹，东角楼三楹。肇于万历甲寅（1614年）秋七月，落成于明年冬十月。栋宇维新，规模宏敞，岁时伏腊，为报答之所，亦厚之道也。虽然，人心亦有江河焉。奸宄叵测，吾心之险深也；鸷悍武断，吾心之波涛也；强凌弱，众暴寡，吾心之震撼冲击也；平心易气，谦以持己，和以饮心，吾心之舟檝櫂（木蒿）也。《易》曰：“复即命

渝，安贞吉。”《书》曰：“作善，降之百祥。”《诗》曰：“黍稷非馨，明德惟馨。”其斯之谓欤！不以此自惩自艾，而徒依神而以徼福，曷克有齐哉！是在众善勖之。予，镇人也。感蒙之诚，不□文言，亦不敢夸言，姑为质言纪众善，树之珉勒之阴，以垂不朽云尔。

时大明万历四十七年（1619年）岁次己未秋七月之吉

镇人庠生诩廷司助顿首沐撰

朝夕焚香　广福寺尚人圆珊住

10.重修玄帝庙序

尝闻我祖高皇帝开乾定鼎，扫荡妖氛，为天下神人主，曾与玄帝尊神寐，以金殿许矣。维时开创削平，图治未逮。追我成祖文皇帝继志述事，绍庥承烈，默默念曰：“业定还盟，此先皇意也。”于是疏采黄金，奉像金阙，现身业二百余祀于泰和矣。说者曰：“巉岩巍耸，雄峙壮丽，延袤辽阔，乃天造地设之灵境，非神武不足以当之，故还名曰武当焉。”镇之南岗建玄帝之庙，果何昉也？其有巉岩嵬耸与？雄峙壮丽与？延袤辽阔、天造地设之灵境与？曰：“非也。”窃览卧碑，曰：嘉靖四十二年（1563年）癸亥冬，神显灵于岗，光耀若星，巨灿如烛，倏忽闪灭，腾空飞烁，可瞻而不可即。人知其为异，而不知其为神，即知其为神，而不知其为玄帝神也。越明年，甲子春复然。始讹口于神人司完者云云，镇人遂集髦艾，经营殿宇，创建正殿三楹、东角殿二间、西角殿二间，妆塑圣像，金碧辉煌。而神之灵益显，人之敬益竦，遐迩闻风，秉处罔不肃如也。会三月三，男妇齐诚朝顶进香者数千人。其间捐金施帛，攘攘焉若市集，翕翕焉若子来。尝闻白巷云楼李公施白马一匹，银二十金，余难以传记。自有冥而载之者亡何岁？值丙寅时际，孔嘆人惑于祟，夜有举火以焚者。毁栋宇，燔格扇。镇人寤觉钟鼓铮然，及大觉，乃知为庙之灾也。救熄，诉讼。时郡守，赐进士山阴王公也。悬匾示众，环墅始慑服矣。隆庆二年（1568年）建东西两庑廊。逾岁，又建三门三楹、东西角墙。是殿有以正位乎中，而庑又有以翼位乎旁者也。不焕然一大观哉！递人情猛于始而惮于终，加以因循久而风雨剥，廊庑虽设而榱题则凋，垣廓虽存而架构则倾，山门角墙虽具而残破则半，瞻者不为镇懈吊，深为前功顿掷吊也。况镇熏蒸唐虞之化，涵濡尧舜之泽，科第云仍于先朝，艺苑接踵于奕世，家诗书而户丰赡，独无嗣功而继起者与！有次槐，讳宗信，盖涿耀二州，范公之家侄也。素性慷慨，毅然有丈夫气。出笥囊，勤拮据，计土木，谋匠石，见朽者隳矣，而存者难堪，非饶于计，不足以筹于斯。乃会合社耆德李永敬、郭九岩、司名教等，鼓舞人心，激劝乡间，善男信女，输衷而响应，贤人君子慕义而景从。强者竭蹶而不辞，弱者服役而不惜。修其圮坏，补其废坠。垒石以固其基，砖包以坚其壁。扶立三门，以大其观。起接东角楼一座、西角楼一座，以耸其望。砌阶级十二层，以峻其涉。是庙之赫然鼎新，悉众维持，补葺之功居多也。回视向殿阙，巍峨如故。壁立万仞，门辟周行，较前功若倍增庙貌威仪矣。工始于万历二十一年（1593年）九月，止于次年三月终。虽然时之稔歉不常，人之聚散难再，前之几完而中止，此则为振朽之砥柱；后之承谟而未竟，此则可为启后之鸿图。岁时伏腊，则有肃将之所瞻颜。拜祝，则有对越之地朝会；斋醮，则有昭信坛繇此。以善阅善，以心应心，景德以扬庥，自将凝祉于未艾。此又不可以崇信之应测之者也。噫嘻！功德积久而易湮。昔之肇基大有功于庙者，世远人亡，难于记载于今日。善行兴作而必记此之振蛊，稍有补于神者，大书特书，期以垂功于将来。故功立而不废，名成而不毁，敢为劳人（厂古，hù，美石）字书也。谬承社属，敷为謣（yǔ，虚夸）言，永激而贰，是在石焉。

旹大明天启三年（1623年）岁次癸亥季春吉旦

泽庠生镇人翊之司助沐手拜撰

庠生镇人正寰司万方沐手拜篆
学生镇人毓川范秀沐手拜书
长催饭社首：张崇议
洸 壁 石工：李才学　　刊
督 工 社首：卫 翠　卫 价　范 钿　郭九岩　司大禹　李永敬
郭嘉馨　司 审　萧国祥　范汝兴　司 宦　张孟先
司名教　司时聘　范 [illegible]　司 豆　司 聚　李儁质　　同修

11.明故鸿胪寺司仪署丞范君暨配卫氏李氏合葬墓志铭

崇祯癸酉（1633年）四月三日，奈有范君希扬卒于寝。君讳四知，希扬，其字也。曾祖曰相，相生埙，埙生钿与赠登仕佐郎、鸿胪寺序班公锵。赠公无子，而后钿公之仲子，即希扬也。君少而开敏如老成人。君妹夫司生世功肰（rán）云，少与希扬同受书里塾。塾师出，群儿喧兢，希扬端坐不为动。群儿喜推希扬为官。或舆之，或导之，旁视希扬老气甚，端然位之也。又有所裁割手漕，无君指，司惶惧甚，希扬曰："无伤。"为儿时便有食牛气，令宾客惊顾矣！十六补诸生。娶卫氏，未几夭。继室李氏，先祖母改适李氏长曾孙女也。君事嗣父母孝，承欢顺志，若不知其非毛里也者。终而丧祭，悉如赠礼。赠公有三女 长女、中女无所复，须君小者，侧室出。及笄，为择婿。嫁时妆奁不殊。己子女至同母兄四表，及其子和衷，敬事体恤，缓急时时仰君，族党称孝友焉。赠公故饶，至君修业而息之，遂富甲西鄙。凡倚君举火者若而人，倚君婚嫁者若而人。他富翁率用纤啬起家，君独以落落大度。尝语余，某荡无资几尽，倾其产不足偿十一，我仍予之资，其人或能改行，并可偿前贫。其度量如此，以事诸小贾贷资者多君德，不忍负用。是益饶，已用是，不复能事。制举秦余，既以戚交君。然余家贫甚，君独以文章谬相重。及余官行人，君遂与余携入京，爰新例入资，选授鸿胪寺序班。先是，神宗不视朝久，鸿胪称给署，（搢）绅士，未尝过而问焉。至天启间，皇极门成备卤簿法架，朝仪始肃，复见汉官威仪。外官未谙朝仪者，多从君等问礼。君时直屈前，予从左班视君传赞声彻中外，一乡鄙生未尝相丁祭，一旦撑达乃尔。诸大典如经筵等礼，君皆与焉。然朝仪无缺，鸡鸣而起，率其常例。得见差归省里，子久奉旨解炒酋，尝往山海。丙寅奉旨往陕西，守催工部分饷，已进司仪署署丞。戊辰(1682年)，予丁先太孺人忧，君在京。是冬卢薄都城。时，承平久，武备驰，公私寡积贮。一旦逆虏犯顺，城门闭三日，即已岌岌，民间至破，梁柱木器为薪。明年虏退，君叹曰："句胪小臣，不足为国家有无，有不腆。先人之田庐在，安事逐逐花星柳露间乎？"於是告病归，归而不复出。岁时伏腊，具村中戚友，为酒食相呼召。未几，秦寇渡河。时方震邻，君首议筑城。周村故有城，而圮。视诸故府，有礼在，是合旁近诸村落同筑者，急则入保。乃诸村落惮於征缮，不肯至。君独输三百金，率村人修筑。功未讫而贼至。乃取扉几木片以当堵。孰守孰饷，虽生未见敌，而鼓舞有方，能使壮勇乘城者不复反顾。贼凡聚众数次而不能得志。以是旁村多被屠掠，而周村独完。有不肯入州县城而保于此者，大约君鼓励之力也。寇祸未靖，重以瘟疫，时百姓死者十五六，而疫为盛。李孺人病故。才三月，而君继之，俱寝疾，十余日而殁。呜呼哀哉！孺人之父曰聪，祖曰嘉绪。早丧父，颇尝艰辛。年十六归君，即能（挑）水，姑遂谢世焉。阃以内，孺人为政。孺人视上接下，交戚宴宾，悉有规则，不致烦夫子内顾。又严而不苛，有樛（jiū）木之惠。君将四十未（与）子，为买侧室三人。既有子若女，抚之如己出。而己子最晚，天之所以报孺人也。方将异君子偕老而（遽）同穴乎！君生于万历六年（1578年）七月初五日，卒于崇祯六年（1633年）四月初三日，享年五十六岁。原配卫氏，本镇卫启女。继配李氏，生于万历十八年（1590年）十月十一日，卒于崇祯六年（1633年）正月二十六日，享年四十四岁。侧室王氏、史氏、延氏。子三。长和羹，史出，娶举人贾之鹏女。次和陛，延出，聘廪生马腾蛟女。三和衮，李出，聘举人王崇铭女。女五。长，王出，适庠生李玉华。次适童生王世彩。三许户部尚书孙公居相孙伦。四未聘，俱李出。五，延出，□□。兹和羹卜于八年（1635年）正月十六，合葬于镇西郊之原新茔。启原配卫、侧室王袱葬焉。以余为知希扬，礼者谋启之铭。嗟乎！余不铭君，谁当铭者？□出入（以）不用而饶君。以用而饶不用，而饶（守）钱虏耳。人罕能捐其一毛用。而饶，润及三党，泽及同井，曾不知各与骄。昔鸱夷为越定霸，而终致千金；伏波为汉名将，而始于田牧，货殖中固自有贤豪焉。世人薄□ 资）即卜式相如，夫岂易高？余所耻者。无岩处奇士之行，而骄语緼袍者乎？

12.制槅扇记

……祈灵响应之有……而六子生焉。李桂同阁……神祠槅四扇□聚□产……如禹钧之焚……而记立。

岁次己卯（公元1639年）仲夏□吉

……县知县杨日升施银……寺序班范和羹施银……庠生司世□施银……都司司万方施银……官生李瑞施银……庠生范□衷银……廪生范秀施银……庠生郭□孺……增生司魁垣……庠生司眷蒙……庠生司台……增生司……□□司……□□□……守巷……庠……

（此残碑现压在粮站大门北礅下）

13.创修三教堂记

泽庠廪膳里人溪东卫绍宠撰

省祭官本社三泉范伯良书丹

州掾本社南岗范轼篆额

粤吾州治西，长桥之南二里许有村曰杨家堨，有庙曰三教堂。斯境也，面太行而背东岳，或者谓：南有龙潭虎沟，祥云瑞雾，不远于此。今曰三教堂，惜无考据。溯其源流，肇我祖高皇帝洪武时。镇人范氏肄于此，盖欲宅尔宅，亩尔亩，亩尔亩，斡尔至今，约世有百八十年矣。夫自立业遗后，嗣世如守端者，肯堂、肯播、肯构、肯获，令似伯庄、伯库、伯良 亦善□庭训，殷勤弗怠，家业益隆，乃曰：三教堂，吾前人遗迹。报神赐，祈鸿休。告成，事庇民物。岁久倾颓不堪。兹堂可兴不可废，可有不可无。设废且无，固忍于忘教，毋宁忍于忘祖。不忍于忘祖，毋宁忍于忘教。由是父子兄弟秉丹慨输，不持因旧而已。既载左右翼室，东西廊庑，三门阶祀，悉敷贲郭如焉。于乎鸠于乎鸠僝久而完美备，气象恢宏，殿宇精致，壮丽巍迥，彩璧凝烟，固虽十室观瞻，寔四方重望。大凡乡田同井，有所倚赖。泫□人心，莫切于是，其有功岂小补哉。噫！三教名堂，企仰前修，敬畏奉祀前人亦善矣。殊不知三教皆修道而教者也，庶民弗知也。其知者，为三教宗孔，为尚信乎！先贤子舆（亘页）〈愿〉学孔子，吾人有志于轲学，当不曰（亘页）〈愿〉学孔子，是故用纪其岁月云。

大明嘉靖岁次丙午（1546年，嘉靖二十五年）孟春上旬吉日

阳城县东石里石匠茹彦龄镌

《重修三教关圣牛王庙记》　大清顺治五年（1648年）九月初一日立石

14.重修东岳庙碑记

余尝都晋巘先生所撰本庙碑记有云："庙之正殿祀东岳。"按《公羊传》曰："触石而起，肤寸而合，不崇朝而雨天下者，泰山之云也。兴云致雨，生育万物，仁庇斯民，祀之正者也。"乃知先民祀神必轨于正，弗陷于淫。先正作记，必辨其祀之出于正，而后立言以垂训至不苟也。我观东岳正殿，厥……十有四尊，甚森肃也。然以碑记计之，自隆庆四年更新，以迄于今，殆九十有余年矣。故其间梓材丹雘之色，画工绘询之。其亲族等起而重新之，金妆十有四像。虑为尘埃点污，作木格加笔，以仰承之。其他墙宇牖户几筵，悉取而黝垩丹漆之……减百金。询其所出，则曰：先是，升兄方元与升会集司瑗、司柱础、司尚云斋、司养恒、范贵玉等，立一油蜡会，每值元旦宵……寺观、各祠堂之用。其有余钱，则集之以为。是后，费不足，则升等自蠲所有以继之。又不足，则以请于镇之士若民，无不吝……或者疑之以为。古制：天子东巡，则祭泰山。鲁君祭封内山川，则登泰山。季氏旅之有讥。而镇人作庙崇祀，礼与余曰："是非……侯之祭礼以祭泰山，故孔子讥之。若夫齐民操斗酒豚蹄而祝苍穹，无不可，又何疑于祷祀泰山之为僭也。况我镇人之……其兴云致雨之功，则虽林放问礼木之意，不是过焉矣。"余谓先民祀神，必规于正，弗陷于淫，于此再见之矣。岂曰祀东岳……欤？事正而不录为善者 殆功成而不彰。嗣起者阻，故为叙其集钱肇工之由，与其蠲私竣役之事，以昭扬休（女微），以永垂于……

顺治十七年（1660年）庚子冬十月丁亥之穀旦
郡学生迓公司台衡谨记
无名氏石工司柱础谨书

15.重修观音阁序

本镇庠生卫秉钧顿首撰

尝闻作善降之百祥，作恶降之百殃，是知祥殃之降，非降之于祥殃，实降之于善恶。自佛入中国后，佛之为佛，不一有救。若救难观音菩萨，有大慈大悲眼光菩萨，有送子大士白衣菩萨，均所以司眼光之权，专善恶之报者也。吾郡西巷□旧有佛堂一所，栋宇极其卑隘，凡登临拜祷者，皆有更新意，奈无为首者以成之。近有贡士范秀、庠生范和众、信士范存质等，潜会斯意，损残处诚率众倡先，建为楼阁。不意工未告竣，躯已捐世，使前之经营虽就，后之准备未全，不几动有始鲜终之叹乎？继而信士范彩云等，目击心感，复为之化缘鸠工，金玉其像，绘素（塑）其形，饰以丹青，焕然改貌。上为神栖所，下为主持居。中楹祀观音，非仅为激福计。后人之观苦难凛凛然，知善之必当为，恶之必不当为也。西楹祀眼光神，专为明目计。然人之见慈悲兢龙，焉知善念之当存，恶念之当屏也。东楹祀白衣，非止为徇嗣计。欲人之觇(chān)送子敬慎，为知之子以善而获，以恶而不获也。吾愿世之人勿以黍稷为□，当以玥德为馨；勿以珠玉是宝，惟以为善是宝。则难不救而自无，光不著而自大，子不求而自至。安见非劝善惩恶之一明验也哉！

布政司范和陛 施银二两　庠生范和恒 施银一两

清康熙六年（1667年）七月初一日吉旦

16.（高禖祠）捐财芳名

吾镇古有高禖祠殿，自历年来，岁远年深，庙貌颓靡，圣像凋损，实俾人者见之有不安者。今丁巳（1677年）季春，本镇信女司门张氏等□举恩庙圣神而更□□□□费繁.思以共己之力有尽，不若以众人之力无穷，因而（虫页）（业豕矢）处化募化□□，信妇各随心□□□□施财施粟者，愿输乐从，共成圣事。然思其事若有神明之默佑，其虽然□有神明之默佑，明有□□□为其神之森严，庙之维新，不□（一）月而告竣焉。今将姓名勒石，永垂不朽。

大清康熙十六年（1677年）五月初八日

本镇会首　司炎美　梁本儿　李景文　张秀贤

司广生　郭壘□　司□□　□□□　仝立石

17.清故庠生范君允也墓志铭

赐进士出生知永从县事眷弟张于廷顿首拜撰

己卯科武举范君，讳和恒，字允也，泽州周村人。其先世善治生产，□高都望族。高祖讳相，曾祖讳损，俱隐弗耀，乡里推为长者。祖讳锵，赠登仕佐郎、鸿胪寺序班。考讳四知，鸿胪寺司仪署署□（丞）。公三子。长讳和羹，鸿胪寺序班。次和陛，见任广西布政司经历。季即君，诰封李孺人所出也。君幼失怙，恃长而笃骨肉恩。当长兄序班君即世，君庀其家，教其孤，不以析著。有二经历，君以守牒，故八上京师，教其子亦如之。周村，泽西大镇。当孔道，其民杂，氏多犬猾。君辑之以恩，示之以信，迄无敢逞者。甲、乙争讼，闻君一言辄解。其俗奢，好神会。其魁率钱时，君如所求。子之不遴，或以饥寒楷葬，告者皆量同给之。以故疏戚沾恩，而人无怨言，盖古之所称贤豪。间者郭如□，朝廷之有事西南也。仕路弥闲，贵人子□，及富室斸内者，舆盖赫然。客以监君，君笑不答。暇与知友奕饮而已。其恬退又如是。康熙十八年（1679年）二月二十一日，君方召客饮，席间遇疾俄至，不可讳距（拒）。君生崇祯元年（1628年）六月二十二日，得年五十有二。君初娶润城王氏，故福建盐运使行道臣事王君讳崇铭女也。继白巷王元村女。皆先卒，无出。又继上佛张先春女，亦无出。故君无子。按君生辰，不宜无子，且不及下寿，岂赢此缩彼，事理之恒邪？报各随其前业，不可易邪！各报多涂，匪夷所侧（测）邪！抑天道蒙蒙，真不可问邪？君之三族知友以逮闾里所为云涕，为罢市也。君卒后，径历君归之京邸，定议以侄莛之子时敏，莛之子时敬为君后。范武举人与莛，皆君长兄序班君子也。时敏娶郡庠生徐君恒之女。时敬幼，未聘。二子将以康熙二十年（1681年）十二月十八日葬君与（于）署丞君之墓侧，以状求志铭于予。予与君昆仲皆莫逆友，义不容辞。铭曰：

辟之挹水，于其同原；终无异水，其流有泚；

辟之接木，终其同根；终无异木，其光（凌）有朴；

或中夭而见思，孰谓其斯；或危丰而匪贤，孰谓其大年。

夫人之颂也，无厓如君者。□后记著矣。□涕哉！

大清康熙二十年（1681年）岁次辛酉十二月十八日

孙时敏、时敬合泣血立石

18.皇清待赠泰寰卫公墓志铭

吏部候选知县眷表弟田滮顿首拜撰

己酉科乡进士眷晚生司谱顿首拜书

余之知卫公也，非一日矣。昔我先君积俸资还，余思得一贤能长厚者总其事而经理之，卒难其

人。及闻公之不望，辄欣然授之不疑。是卫公也，乃我先君所爱重而亲任之者也。斯浚数十年来，彼此馈问不绝，遂成世交。余亦因得熟悉公之生平。云，无何。先君即事未几，公亦遽作古人矣。兹值公之葬也，其孤英儒等请铭于余，余应之曰："公之志行，表表寰区，自足千古，亦乌用余铭为哉！"无已，即公之为人，述公之素行。公幼也，七龄失怙。稍长，其伯兄治仲、兄治国、三兄治权，相继早世（逝）。尔时，戚里姻朋鲜不惊且讶曰："岌岌卫氏，其几殆乎？"公独以孑然一身，上奉其孀母，竭志承欢，终日不懈；下抚诸女孤侄，教育一如。所生俾各（广丘，zhí）于成立。其曲抚诸侄于庭帷者，皆其曲慰兄魂于九原者也。其曲慰兄魂于九原者，皆其曲博母欢于膝下者也。可不为至孝纯笃！惟孝斯友，惟友故慈也耶！不但已也，至其延师教子，率以义方。长子英儒，虽以公耄年倦勤，故佐理家务，学业未及大就。然于经史百家类，能疏通意旨，不愧儒商。次子俊儒，亲师博习，早游泮宫，今且以明经著当世，铮铮有声。藉非公御家有法，垂裕浚昆，曷克及此。且公之自奉也朴而俭；执事也慎而勤；遇姻族也富而不骄；接宾朋也恭而有礼；御童仆也宽大而有息；居党里也谦光而能让。藉其所为方，诸古君子耋而好修者，向多让焉。且公雅善生殖，致厚资不徒以之自肥。举斤刻佛，建龛施茶，思（左上角多两撇）旅以逮里人之贫乏。生资以养，殇赖以葬，单男弱女，藉以婚嫁者，不知凡几。公给之无吝容，亦无德色焉。倘所称负资善信，秉质慈祥者非耶。几此者，皆余所耳闻公、目见公者也。今缘其始末，叙其生平，历数其善行种种，笔不胜书。乃知卫氏之子姓蕃衍，罗列阶墀，皆公一人抱回教育之力也。贤哉公乎！惟余习公者久，故知公者悉，因而志公者详。一以表公当年之硕德可风；一以答其孤踵门诚求之意；且兼以见我先君之知人善交，而公果不负所托也。公讳治亨，字升平，别号泰寰，隶山西泽州籍，世居古长桥镇。生于崇祯六年（1633年）十二月廿一日丑时，卒于康熙四十四年（1705年）十月十三日申时，享年七十有三。原配司孺人，生女一，适本镇张公云桥子坤。重继配刘孺人，生子二。长英儒，初娶北留庠生霍公高捷女，继娶徐庄武举人徐公大章女，又再继润城延公昶女。次子俊儒，岁贡，娶润城张公琨女。女一，适本镇司公养厚子泫。生孙二。长道润，次道洽。兹卜宅于本镇城北大柿园。因勒石以志不朽云。铭曰：

维皇上帝，降衷于下民也。厥有恒性，赋之之（于）维均也。由是而之，焉为百行；由是而之，焉为万善；精而约之，一仁也。自非先民莫克，持此以循循也。贤哉卫公，竟拳拳以终一身也。宜乎？其克光前绪右，启其后人也。卫氏其将大乎？余故知其本支百氏，顾一丘流泽且无垠也。

时康熙四十七年（1708年）岁在戊子十一月初十日

孤子卫英儒　卫俊儒　孙 道润　道洽　同勒石

19.创建□□□□（准提禅院记）

盖闻慈云西涌，大象教于香岩；法雨东□，□梵仪于胜果。乃□□□□□□□□人传。欲结十方之缘，须弘一时之愿。準提院未创之先，其地名杨泉沟。僻处山洼，境非名胜，旧时止有镇人张公字承寰田墅数……地南连星轺，径达中州，往来行人，息肩于此。若建□□□，岁时伏腊，施茶济众，诸公如肯提携，余当竭力综理。一时人心乐善，自……伏魔大帝神祠一院。继思此地不近人烟，荒凉岑□（寂），□有高僧持护，将来须至废弛。缘是由，都邑以及亭疃，遍谒丛林，始延禅师德一……其字也。在俗为周村里苗庄张氏，法派则为析城灵泉寺临云长老门人。性彻润，冰戒严，窦兼善钟王妙体，迥越侪流。于住持日，即煮茗接众，□□灯□□膏以供晨昏。立水陆会，营田亩，以贻久远。且禁步持律，日与承寰阔宏梵宇之计。不意岁在辛未（1691年），飞蝗丧稼，艰于物力，增创心慊。师因往都门圆戒，继□□□□谒九华，承寰亦遨游秦陇，贸易荆湘，在鞭影风尘中，无时不思满力愿。讵期三十五年（1696年），承寰竟捐馆舍矣。师叹息良久，虽工程无藉，而初志弥坚，储材蓄石，积之四十二年（1703年），创修大雄殿三楹，西翼角楼二座，□□□□□（弟），字守一，迩来唪呗他刹，睹斯盛举，携（比）年藏积，倾囊来助，且谢绝彼方檀越，与师焚诵一堂。至四十四年（1705年），师复（挂）锡江南。谯邑化镇人卫封翁太寰并伊□□□□请释迦檀像一尊。析城卫公锡远，造请准提檀像一尊，自请观音檀像一尊，于归刹日，随建观音阁□□□□。至四十九年（1710年）请施□□□□（寰）共勷善事，建准提阁上下亦十间，另有题详于别碣。是举也，自康熙己巳（1689年）迄庚寅（1710年），二十二年中，几经营造，不得不藉力檀□。然欢输乐助，微论宰官长□□□□□□阁之金，素封蒸士、损仙花丹灶之□，□檐簦之夫殚邪。许之力靡不翕翕趋应。昔人所云扣水居岩，神人献地慧，忠造宗灵□□巢□□之谓耶。总（由）师之品□□□，筹画精详，凡一瓦一木，无不苦□□办，渐积成功。人第见其庄严法界，绀壁辉煌，暮鼓晨钟　葱蒙□□，□□游览者啧啧称颂。□□□□荒阡，今成广厦毗耶。十□□化祇园，即余所谓地因时辟，境以人传者也，又何异乎渡杯□上，不开南国之风；飞锡峰头，难起东林之□□哉！缘记其颠末，以……

乙卯（1675年）科武晋进士镇人司道生立山

镇庠生范时敏逊公甫篆额

阳城增光生员学瑗圣友甫书丹

督理：张际泰　司泫福

管工：司泫模　司泫昭　司泫映　张际和　张际禄　张际□

玉工：范仁鹤

大清康熙五十一年（1712年）岁次壬辰四月吉旦

佛成道日菩萨戒比　立惠　春善　仝立石

《创建准提禅院……像施银信士功德碑记》

大清康熙五十二年（1713年）岁在癸巳六月吉旦

20.建准提阁序

阁居大雄殿之侧，功成，次第相为甲乙，而纪事之词，自宜合撰。殊不知缔造有由，经始自□非表而出之，有不可先是迎请□像，浚诸宫草创，各有专祠，独准提一阁未建。□常不慊（xián）于怀，日与莲社诸人朝夕辩义，众谓创造□美举。第迩年来，土木浩费，力竭材殚，若再募十方，□金譬之累，忝伦浮屠空劳，辗转鲜有近功。予等诚澹泊，然选顾鸡群，力□办此者，尚不乏人。□邻近村舍，约得二十家，以五两为率，则百金可办，盛事可举矣。不期机缘凑合，善众乐从，此倡彼和，未越月而百金至。□甍庄右，□三月而杰阁成。□知天下事有渐积以成者，如泰山措土壤以增高，沧海纳细流以滋大。事有一蹴而就者，如潜山丈室，卓锡飞来；迦叶金楼，灵（厂盍）结□。则事不劳而成功，□□□间谝释氏泫言，以空诸所有为宗，即功德不可思议。□不立文字，无俟称□第。居今之世，非文不足以信，浚有美弗彰。不唯□诸君子好善乐输之心，且无以启后人观感振兴之志。此余所以不敢辞笔墨之役，而□自附于赞佛之功德也。爰纪其略于碑阴，以垂勿替。

乙卯（1675年）科武晋进士镇人司道生立山氏撰

镇吏部候选训导卫俊儒仲玉甫篆□

镇庠生范时敬慎公甫书

施银姓名勒右（略）

大清康熙五十二年（1713年）岁次癸巳六月吉日立

21.创建□□□□

常□□□菩萨，殿工告成，历序始末记。

□□□院于康熙癸巳（1713年）之秋，甍（橑）完备，详□昔之螭墨矣。三元五腊，有住持戒衲德一，与弟守一师谈经莲社，萃诸同人，于虎溪迎□□□，念及西来一铎，每藉护法，以壮提撕。□□大雄殿之对越启建，常驮神殿。奈此地基址洼卑，必得下筑腰棚，上奉法像，庶几□□当阳翼，连两阁，棼慕比栉，纠护□□矣。是时宏模粗定，缘积年来工程繁费，材惮力竭，□切展（辗）转奉际。同社多士，窥僧有攒眉意，推广善众，共解艰囊，□粮颇备，不□□一师以焚修。过苦心，历双劳，于是岁中秋先九日□约素契，发明三乘丑蕴之秘，以及电光石火之缘，不移时而宛（婉）辞，□□□锡归西。缘此聚离兴叹，大有人情物力之变；踵事□□，似又不可以时日记也。岂期守一师之愿□坚深。当修斋营□之际，□□□□□石之工，未阅两月，浮屠既（即）就。阁之下层亦□□。至次年甲午，春夏亢旱，原野青枯，米麦断市，□一糗蝺，不计拮□，不辞于□□□料之外，兴毅然独创之工。经始上已（巳），底积中秋，此所谓有志者事竟成也。继思邻疃，有河村里处士王公揆一者，□时曾有中州□像之约。守一跋涉关山，遄（荼卩）下，迎靖金檀归刹。遐迩村落，瞻礼拜缺者，肩摩踵接。仰见豪光缨□，对越珠宫，兴两阁之千臂大士、八难菩提；金绳宝杵，感应无量，香火滋盛焉。行见雕镂隆龛，素庄严也；镶饰棂牖，避风雨也。章彩琉□，壮翚飞也；参（?）筑踊阶，便拜登也。抑且启斋厨以广香；积高墙围以雄藩获；修影壁以增深邃；置碾硙以供伊蒲。又于山门外建茶棚三间，以济行人。种种营造，皆不自任其功而掩人之善。因将德一、守一师之谋创深心，众檀施之乐输盛意，殚剞劂之工，扬奕祀之美，详勒碑表，而颠末可概见焉。

张兴吾施茶房地基一块

敕封儒林郎吏部候选州司玉琮

乙卯（1675年）科武晋进士候推守御所守御镇人司道生沐手拜撰

兵部候推守御所守□（御）□□时敬熏沐谨书

范月亭　范体旺　范鼎……

大清雍正六年（1728年）□□□□申阳月上浣吉旦门徒惠钟镏（钧锵）立石

22.增修重新金妆三教堂记

闲尝游眺名胜，纵目芳区，于长桥南有村曰杨家墕，即今之范家墕是也。山包四围，庐烟超爽，又松峰秀气所钟灵也。古迹有三教神祠。阅碑撰，前哲创建，后贤重修，详且晰矣，无庸再作赘语。第历年之既久，风雨之倾圮，庄严遂至黯淡，甍栋日渐凋残，人孰无心，能不睹此而心动也。岁在戊申（1668年）中，本乡善士修葺檐，妆饰色像。又于山门内增修左右角楼各二楹，以为香积云厨。山门外增修影壁、戏楼共两处，以为掩映献飨，培旧生新，愈加彩垩，其宏模稍屏，而法像仍同。于是协力同心，欢施乐助，搬瓦运木，争越乐赴，未半载而绀壁生辉。赖众擎易举之力，遂获福无量之愿。从兹祈福有地，庙貌益隆。将见鹫岭慈云，函关紫气，杏坛化雨，同开聋聩。以暨本庙法座诸尊神凝威肃爽，有求皆应，无祷不灵，民物康阜，五谷丰登。新一时之香火，启奕祀之观瞻。凡在照临，保安庇佑，屺止生生世世而已耶。且踵事增华之盛，人人乐附以成功，余亦何惮笔墨之劳，而不为欢书漫序哉！诚恐事远年深，湮没不彰，因将众急公善士芳名勒之碑记，以垂永远不朽云儿。

析城庠生白时泰熏沐撰并书

班家墕社施银一两三钱。修工所费，照依地亩起，共地四顷七十七亩整，每亩出银四两三分五厘，共积银二百零九两七钱六分整。银钱粮缺少，后又施银二十七两二钱整。姓名开列于后：

川河底社 施银五钱　南堨本户 施银一分　司福金 银一两一分　范儒生 银三分
范崇甫 银三分　董兴贵 银三分　范体重 银二分　范永亭 银一分五卜　段门刘氏
银一分五卜　范崇原 银一两五分　范永洇 银一两　范体义 银四两　范体君 银三分
张以秀 银三分　范体福 银二分五卜　范体林 银一分五卜　范门司氏 银一分
范玉 银一两四分　介友民 银七分　范儒玺 银三分　段和顺 银三分　郭荣璧 银二分
段斌太 银二分五卜　范根娄 银二分　范门卫氏 银一分　范体明 银一两二分
范体清 银七分　范永济 银五分　司喜 银三分　梁照林 银一分五卜　司恺 银二分
吴茂彩 银一分　杨门冯氏 银一分　介崇法 银一两五分　范仁合 银六分　范永资
银四分五卜　范本锡 银三分　赵养绪 银二分　赵珣 银二分　段门范氏 银五卜
范体绪 银一两二分　范永洽 银六分　范可建 银四分　范体元 银三分　净坤师
银二分　司润 银二分　范儒础 银一两二分　范局鼎 银五分　范可章 银四分
范体阳 银三分　范绍太 银二分　范可忠 银二分　范体臣 银一两一分　范居相
银五分　范体安 银三分五卜　范可松 银三分　宋成秀 银二分　范可孝 银二分

首事：范体清　介友铭　范居相　范儒珍　范体明　范体纯　范可建

住持僧人：悟恺

本村玉工：范体泰 镌石

大清雍正七年（1729年）岁次己酉七月望日

阖村善士公立

每一亩地做工五日，管饭五人，谨志。

23.创修北阁碑记

本关北系一方之来龙，前进山张公施囊金贰拾，欲建阁于此，以壮观瞻，奈总理无人，徒有志未遂。后四班社首玉珍张公等，感公之意，激发善念，故议举。督工首事宗阳张公、寅公张公经营总理，一方信士亦莫不喜舍资财，共襄阙事。爰庀材鸠工，阁遂不日成矣。前塑眼光神像，后塑玄天上帝。但见丹楹刻桷，规模壮丽，垩彩涂金，色相辉煌，从此慧光普照，共乐神灵有应，玄功莫佑，同歌帝愿无私，其为一方之福。□有暨歌，然非近山公之捐资，玉珍公之倡率，宗阳等公之赞襄，不克至此。今功成勒石，属予作文以记事，余略叙始末，以□如是云。

大清乾隆八年（1743年）四月吉日

24.重修咽喉阁碑记

长桥西关旧有咽喉神阁，创自康熙三十三年（1694年）。一时威灵有感，祷祝弥繁，亦可谓香火盛会也。特是殿宇狭小，又兼风雨飘摇，人每望之而弗悦，神岂栖之可获安？于是，阁中人等，多有意重修，增其旧制。然徒有是心而究未举□□也。今有钦斋张公、玉珍张公、若舆张公，皆乐善好施，秉公守正，为一乡之巨擘焉。乃□倡其事，全社中少□，欲于大王庙西重新建阁，以妥神明而壮观瞻也。□□□□□□光者。一闻是言，不胜欣喜，以为公等若肯总理，僧亦何惮勤劳，而不为之赞勷耶。□□缘簿募化一方，但见同心向善，亦莫不慨，合资财以助土木。□□□□□二年四月廿日问工，不数月而建阁三楹。移像于兹，从此巍然在□。□向□□势□□□□德之崇高，灿然可观。比蓬

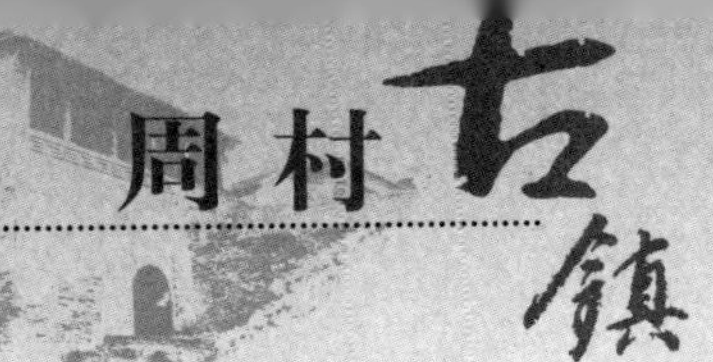

莱之宫益凛，神威之显耀□□□□□□□□之有威风。乃克成如是之功。诚然，设无众公等之总理，僧之赞勷以□，一方之同志□□共财，亦何以成如是之功耶！斯真神威而人应也。属予表之□来□，永为记，是曰。

析城庠生张极沐手拜撰并书

……□□□　施银五两　□□□　施银三两　郭正大　李乔年　银五两　□年远

卫向德　施银二两　下河众居士　施银一两　释玺宗　施银一两　释慧慈　施银一两

张福升　施银一两　司　徒　施银一两　范允忠　施银八分　刘□芳　施银一两

□□众居士　施银□□　贾子秀　施银一两　□□□□从□　侯□文　庠生范德崇

各施银五分　张玉周　公顺号　永美号　范洪□　李进□　施银六分　畅□铎

释贯玉　释净文　张□楷　张如贤　□恒□　德顺号　盐　号　范□林　范禄祥

范云□　以上各银五分……

总理督工　张学闵　张文斋　张钦斋　张玉珍　张若兴

勤劳管工　张若忠　张若良　张凤楼　张贵还　郭子全　张宁远

张肃公　张瑞宇　张敏公　张　斌　张全安

乾隆十二年（1747年）岁次丁卯孟夏念（廿）日合社同勒石

玉工：郭子玉

25.创鉴井泉记

吾村之中，右迹有井，在砀泉沟下，但往来汲水者，道路云远，□□□艰，此亦居家不便事也。村人□本村久有鉴井之念，奈未得其施，今人徒增悼耳。今□□□哉！人偶有建阁之举，适值南方风鉴年通海角之经，远近悉称其名。遂请于兹，观阁形而察地势，似有润□不舍之意，因而卜地于其（斯），掘井一口，庶使泉涌不竭。以远村墟长用，咫尺家门，何受途路之悉哉！工竣告成，勒石以垂不朽云。

照社分所费开列于后。张早庵撰书

共社五十四分四疋，每份出银三钱，共收银一十六两三钱二分

外有无出分之家出银一两七钱

买地□□□生谢仪、工匠杂费，共使出银一拾九两

公议日后汲水，俱依先后，有妇女、顽童汲水者，俱以清（戾）用饭后为则，阖村各家遵从，如不遵者，罚银一钱，入社公用。即起无社之家：

□□□　□□□　□□□　范体升　□□其　出银五分　□□万　出银二两五分

杜九锡　出银三两五分　刘正□　出银二两　司丙然　出银五十文　郭右连　出银五分

大清乾隆十五年（1705年）岁次壬五六月望日合村同立

注：本年应为庚午，“壬午”者，恐刻碑之误。

26.补修各殿碑记

从来□庙祀□神所以庇民生，阴嘉谷，诚盛典也。不有创者何以开始，不有继者何以善终。创始之与要成兵相为表秉者乎？斯镇大庙之建由来久矣，其殿宇巍峨，台榭参差，固荷前人之功绩。然乌

鼠败毁风雨摧残，尤赖后人之修葺。戊辰之春，住持道人蔡复浤者，谋及于镇之绅，衿若而人；复某及于镇之善士，文若而人。或为总理，或为分理，每会收取极用次第补筑。功虽未□已大略可观矣。但屡年出入费用恐久而莫考，因欲勒诸珉石以俟，将来嘱余为文以记之。予思财不取诸间□，而功可垂诸亦禩诚无尽之善果也。且诸君同心协力不惮勤劳，所以继往而开来者，尤莫大之功德也。浚之有志者，踵其旧事传诸无穷，其斯庙之幸也夫。

析城庠生马雨烛撰

收校用开列于后

乾隆十三年二五月共收银贰拾玖两壹钱

本年□城工□肆石捌斗壹升得银壹拾捌两肆钱玖分

乾隆十四年二五月共收银贰拾壹两三钱柒分

乾隆十五年二五月共收银肆拾捌两玖钱玖分

乾隆十六年二五月共收银叁拾陆两柒钱叁分

本年七月预支厂房银叁两捌钱

以上通共收银壹佰伍拾捌两肆钱捌分

修工费用开列于后

西大殿并西壁各小殿共费银壹拾捌两玖钱贰分

正大殿并东戏楼共费银壹拾柒两肆钱捌分

东大殿并东壁各小殿共费银叁拾捌两陆钱捌分庙后槐树壹株

前官西卷棚并西戏楼共费银叁拾两零贰钱叁分

前官正殿并西厂房共费银壹拾捌两肆钱叁分

前官东厂房内外十间并大厨房共费银肆拾陆两贰钱肆分

以上通共费银壹佰陆拾玖两玖钱捌分

净短银壹拾壹两五钱　下会收补

学生司承祺

郡庠生李天眷

郡庠生范德崇

旹大清乾隆十六年岁次□未九月吉日立

27.创修文庙教室操场暨置备形式碑记

窃为事无巨细，若能和衷共济，不难奏效于一时。周村为晋邑垂镇，并为邻村所观望，历来振兴学□□上□□□□□□祭项无出。数年来颇形腐败。再不极力振作，既无以上对长官，又恐邻村观望不前，一经罚□，耻孰甚焉。□今岁□□村长日夜忧思，乃□□□□□□诚谓单指节减社费，诚难成此钜工，须从长计画。乃邀请合镇绅耆会议，均知工大费□，众皆束手，因□及□□社□（业）以为邻村首倡，□用不□（及）□□□，则□共勷是举，于是伐卖柏、槐十数株，择吉兴工。修教舍，筑墙垣，备形式，平操场，不数月而功告竣矣。非诸君子和衷共济，能若是乎？兹将□□□□□□□出入□列于后，以垂永世云尔。

前清邑庠生现膺周村村长石伍郭焕林谨撰

师范毕业生伯融郭象明书丹

（该碑现压东岳庙钟鼓楼门槛下，乃周村镇政府20世纪中叶再次办公时所为，中间脱字为脚底磨

损而平，无法辨认。时间压在槛内，无法读取。其下五级台阶，均为旧碑，今取出四块，最下一块已磨得无法卒读。观此，则时代之损益可知耳。）

……（石）充公使费。日后地主赎取地时，即向大社赎取。其原典价银仍充……施舍者相去天渊，即心知向善，而擲斤播两，不自觉其出纳之吝者，亦判若霄壤。夫一念……祉，为当世所称美，而况举百余斤之重以行善事，亦乌有不成名于生前，而积庆于身后……名而名，不归此，又将谁归？纵卫君亦无心以此积庆，而子孙将来之庆又何可以限量也……（向）未勒诸石。社中实惧其善之日久而湮没不彰也。是为记。

……□世芳　刘　璇　司如綍　□□谦　李存义　范绍悦　国学生司其瑜

郡庠生范德崇　李乃芪

协理社首：司其俊　范显荣　司德安　萧嵩琳　郭喜公　司　慥　张可法　范　温
　　　　李峻德　李懿德

住持：萧本礼

玉工：郭甫敏　镌

（乾隆三）十七年（1772年）岁次壬辰三月下瀚之吉立石

28.重修观音阁碑记

观音大士庙宇遍天下，而世之白叟黄童夫人子莫不尊敬而崇奉之者，盖以有求必获而无感不灵也。本镇南阁巷，旧有大士阁，创始莫详，但岁月变迁，风雨摧残，日就倾颓，修理乏人。诚以功费浩繁，莫肯向前。去岁共发善心，募化本巷，鸠工庀材，焕然一新。而且庄严神像，金碧辉煌。以今较昔，不诚霄壤也哉！由是，神有所藉以凭临，人皆见像而起敬。有求必获，无感不灵，真可操券得耳！今工已告竣矣，其输财效力者姓氏芳名未可湮没而不彰也，故序其颠末而为之记云。

析城庠生杨可达撰

本镇□魁书

天锡号　银九两　永美典　银六两　公恒典　银六两　公顺典　银六两　德顺典　银六两
协盛号　银五两　新盛号　银六两　旺顺号　银三两　公盛号　银三两　德顺号　银三两
恒泰号　银二两　永兴号　银四两　增□号　银二两　万□号　银二两　合盛号　银二两
节盛号　银二两　全盛号　银一两　公义号　银一两五分　恒盛号　银一两五分　张子仁
银五两　范三宅　银二两　范四宅　银一两　范中宅　银四两　范人宅　银一两四分
赵德然　银二两　张壬（车总）银一两　郭正邦　银二两　司泫豪　银一两八分　范大宁
银一两　郭林法　银一两　李存义　银二两三　李恂　银三两　司维直　银一两八　司大成
银二两二　司维本　银四两　司大用　银四两五　司维伦　银一两八　司林祥　银四两
梁会福　银二两三　梁贵臣　银二两二　梁动臣　银二两三　梁会凤　银三两八　梁从万
银五两　张允忠　银五两　范绍春　银一两三　范进金　银六卜　刘宣　银一两　李会臣
银一两三卜　李良臣　银一两三卜　范仁林　银三两五卜　李乔平　银三两五卜　杨文
银二两　卫复珍　银三两　司顺正　银二两　司其俊　银四两　司其荣　银一两七卜
司其位　银二两七卜　司处　银一两八卜　司用忠　银三两六　司惠　银三两三卜　刘居进
银二两八卜　李可金　银二两　司法义　银一两四卜　司凤华　银一两二卜　司贵玄　银一两八卜
范绍金　银一两　司亦敬　银一两三卜　李洪文　银一两　张尧俭　银二两

以上共捐银四十六两六钱

总共使过银四十六两六钱

乾隆二十二年（1757年）夏月吉日立

张其林 银五卜 白杨树一株 范绍武 银一两 范允德 银一两三卜 张育祥 银一两八卜

张尧昌 银八卜 李闰滋 银八卜 介崇仁 银一两 介崇甫 银三两二卜 李之成 银六卜

介崇晋 银二两八 司天祥 银一两四卜 司天祝 银一两四卜 司天福 银一两四卜

范宗文 银一两六卜 司汉 银一两七卜 司如明 银二两 司明□ 银二两 杨金旺 银七卜

梁奉春 银五卜 张仁所 银二两 全顺班 银一两 杨居文 银五卜 李法吾 银五卜

卫道何 银五卜 张允重 银五卜 李存会 银四卜 侯祥公 银五卜 茹里川 银八卜

司浩 银五卜 司绍义 银五卜 司永福 银五卜 范顾庵 银一两 张金良 银五卜 ……

卫端玉 银一两四卜 郭迟 银五卜 刘瑞 银五卜 介守州 银五卜 张可金 银五卜

司宝贵 银五卜 郭林圣 银五卜 张司立 银五卜 李怀 银五卜 范正元 银五卜

范玉柱 银五卜 范小育 银一两 张二弥 银八卜 司大有 银五卜 范进才 银五卜

张克信 银八卜 张克林 银四卜 范坤林 银四卜 介小松 银一两 介荣广 银二卜

郭玉贵 银五卜 郭学义 银五卜 张琮林 银五卜

玉工：范 鸿 张和功 镌

总理：司纬太 银六两八卜 张允春 银八两四卜 张允宣 银一两五卜 □□□ ……

梁御臣 银九两九卜 司天直 银四两二卜 司 温 银六两五卜

李 贵 银五两六卜 李可昌 银九两一卜 司（天）仁 银四两七卜

司天泽 银九两六卜 司其英 银六两九卜 司其瑁 银二两四卜

卫瑞志 银六两九卜

29.创修□（文）庙碑

孔子之圣，生民未有□□□□□□□□莫为□□□身□（范）于……文武范围，首坐节远□世□□不诬也。是以□兴□□起……典诚重哉。自兹达之州县，及于乡里，亦皆立庙设□以……之学亦同其□风化□由阁耶。乃长桥巨镇。独……郡庠生德崇范君者，宰社有年，补修庙宇，独以不获建立□□文……地以建圣祠，诚为甚便。亟谋诸同□耆老辈，咸曰：此……月而工已告竣。上立正殿□奉□先师，旁□两庑，敬祀……范君谋始之圣，与夫□众劝勷之勤，岂易创厥岁也哉！将起庙□屹……忠信之教礼乐诗书之文，长者以是教□是以时人才起……

赐进士出身勒授文林郎河南汝宁府正阳县加三级纪录五次王云麟沐手拜撰

督理总社首 郡庠生范德崇

协理社首 卫建交 侯秉庆 □允乐 卫□礼 司□徒 司其瑁

大清乾隆二十七年（1762年）岁次壬午十一月吉日

30.补修庙宇碑记

且千古无不朽之业，赖有不朽之人维持于其间。倾者植之，故者新之，理前业而继续之。斯一日兴作，千古当□□□□□□□于不朽。窃见周村大庙，殿宇森列，檐牙高啄，昔人缔造于先，不知几费辛勤。然历年久远，风雨摧残，非有人焉。次□□□□旦□□，渐至倾圮，尽弃前功乎？郡庠生范君德崇者，于戊辰年（1748年，乾隆十三年）总理社事郎，同耆老辈增修补筑。其出纳经费已于□□丁丑岁（公元1575年，乾隆二十年），□□两次勒石，兹不再赘。此后五六年间，又补修正殿，迁移三皇神祠，创建先师庙宇，其费用颓繁。或计庙为粟，□□□□□□□□以及税课积余，尚未有记载，恐遂至湮没无传，因嘱予为文以记之。予思改作徒劳，昔人所识，（宿）贯可因，君子□□□。范君兴□□众公不必大兴土木，而修废举坠，足继昔人之事于不衰。非所谓有不朽之人，斯有不朽之业也哉！爰勒诸珉石，□以□□。兹□□亦以励来世也。是为记。

乾隆二十三年（1758年）至二十七年（1762年）一应费用列后。

修三皇庙共费银九十七两四钱四分

三皇庙开光献戏共费银一十八两二钱四分

修东桥马头共费银一十六两五钱

修三门外茶棚共银二十四两零九钱五分

侯许良水并祈雨还愿共七次费银一十三两三钱

修文庙并正殿费银一百二十二两九钱七分

以上通共费出银二百八十九两四钱

二十二年（1575年）至二十七年（1762年）所入列后：

修三皇庙医士募话音一十六两二钱

二十三年（1758年）两会收板用银三十二两四钱三分

二十五年（1760年）两会收板用银三两一钱三分

二十七年（1762年）两会收板用银八两八钱二分

阖镇地亩钱作银二十九两三钱四分

收社长布施银六两二钱七分

以上通共净入银二百二十八两七钱二分

玉皇庙开光收香资银八两三钱七分

二十四年（1759年）两会收板用银二十七两三钱四分

二十六年（1761年）两会收板用银□两一钱八分

阖镇地亩麦得银一十□两□钱四分

收街坊众铺家银……

阖镇官饭共五百零七□，早午晚三顿为一□

除入净少银六十两零六钱八分

首事赠……（以下部分因碑脱落无记）

总理范德崇银一两六钱　协理司徒银五两八钱　司其琯银三两八钱一分

郭永禄银四两二钱三分　司允乐银四两一钱三分　萧治科银五两七钱五分

范培林银六两八钱　卫建交银三两九钱四分　侯秉度银五两八钱五分

郭碧云银三两七钱三分　卫存礼银四两五钱二分　李经正银三两六钱

李　节银三两二钱□分　郭永美银八钱　李元敏银二两四钱（以下略）

大清乾隆二十七年（1762年）岁次壬午十二月吉日立

31.重修土地祠碑文

盖闻天地五材，民并用之，缺一不可，而土，其尤焉者也。故天有五星，填星居一；地有五行，土行于中。本地五之所生为天，十之所成而作其重，称于《洪范》。祀事专职于周官，此土地神之所由重，而土地祠之所以遍天下也。凤治之西五十里有周村者，为通邑巨镇。比户殷繁，以千数计。其西北隅，旧有土地祠。庙宇层叠，望之蔚然。兼以地势崛起，北则临乎化阳，南则迎夫积翠；东望兮，文笔之峰秀列；西瞻兮，孝侯之坪遥会。而东西城外更有巨桥，其水声淙淙环抱，望西南以入沁。是举左右，高山大川灵威咸聚于斯庙，而因以庇荫于无穷也。余广文泽郡，因送学宪于析城界，便道周村，偶至兹庙。时正修饰，问及浩费，并未捐之里巷，惟数年收集社用，以成此广大规模。复询及斯庙之设及其创建于何代，殆弗可深考，惟康熙年间重修。后以迄于今，虽保护之灵，仍俨然其不爽，而庙宇摧残，已不堪复睹矣。夫神之凭依在庙，犹人之所依在神也。神失所凭，则人于胡依？且物以久而必敝，事有故而必新，而事物又必有待而后成，此故理势之常也。其先宰社者，有信玉司公、秀民司公、德全范公、柱山李公、纯仁司公、子悦郭公、华侣范公、逢源司公、冲和范公、诚初李公，或以寿终，或以疾亡，惟曲汇张公尚存，并后嗣诸公（纟替）承修饬，以相继于有成，于正殿而崇高之。东西上为看楼，下为憩所，南改为演戏台，并大庙各殿补葺，不胜枚举。又置地亩，以为住持洁扫之资，是莫非隆福于奕世，而垂（俗）于不□者也。无以涂（茨）完密，丹雘斋皇，云（次呆）藻棁龙角朱光，絶如宛虹，赫若奔螭。高甍峣峴，而黮霸飞宇承霓，以厞离傀兮，星起嵚崟兮，□（考）□□兮，继（集）峿滞兮。黝纠层栌则磦，跪以岌峨曲折则要绍而环句芝栭横罗以戢（子子子曰）枝掌杈枒而斜据，赫耀之声灵亦云至矣。此土地祠□灵福所有振，而周村左右之民，人所愈藉以繁富者，其在斯乎？由是护神灵于一隅，周殿宇于千年，葆安宁于靡既，垂盛举于长□。□□□再踵事而补修之。行见祀事常昭，而土神之为用，询非漫然也。是为序。

赐进士出身文林郎泽州府学教授施璇枢沐手拜撰

增广生员李逢时沐手拜书

国子监监生原总理社首司其瑜　原总理社首司其俊

郭喜公　李俊德　李可梁　司德安　司　慥　范显荣　萧　林　范　温　张可法

原住持萧本礼

32. 补修高台寺碑记

今夫功必有所自始，则创立者尚矣。然使继起无人，何以修残补缺，传盛美于不朽乎？古长桥，巨镇也。城郭巍峨，闤阓庄严，至正北一门通田里出入之衢，而临于其上者，即高台寺也。有文殊诸神仪像。阁之中区，尤关圣帝安神之所。创之当年，功诚伟矣。不意辛巳（1761年）秋，霪雨为害，遂使台隍颓覆，门楣倾圮，过者咸望而生感。里中宰社诸君，屡欲更新之，但功费颇繁，独立难支。幸每会收取板用积蓄有年，爰始事于戊子（1768年）之春，因其废坠，加以补修，不半载而告竣。第见庙阁重新，都门焕彩，继起之功，且将与开始者并垂矣。继而嘱文于余。夫余何能文？但念财不取诸闾巷，功不责之居民，使今日乐其成，将来蒙其利，诚无穷之善果也。则董事者朝夕勤劳，分理者同心替勷，乌可以湮没无闻哉？是用为记。

析城庠生马坤载撰

永美当店　玉成当店　振玫当店　各捐银四两

社首：司永瑞　司名臣　郭永安　李润泰　李天池

　　　范昭全　郭严公　卫端志　张允椿　张学师

住持：萧本礼

共当店布施　六年所存板用共收钱一百三十四千八百六十八文

共一应费出钱一百十六千四百五十八文

除收下短钱十一千五百九十文

社首十家公认

大清乾隆三十三年（1768年）岁次戊子季夏吉旦

33.创建天地神阁记

天下事有一废必有一兴，然兴与废不并之于其事，而惟存乎其人耳。有其人则废者可兴，无其人则□□□废，必理之固然，事之必然者也。惟翼然而吾不禁忻然于董家巷之有人矣。本巷地势巍峨，举目毕观。巷之东有□地一块，每遇元宵节令，张设神棚祭祀天地。因乾隆元年（1736年）正月十六日庆贺元宵，宴饮众人，皆曰："与其岁岁找拾□，何如修一神祠为久远祭祀计！"于是一唱众和，即于本年记积钱□，至乾隆三十四年（1769年），共积钱七十四千文，又于众姓中化银三十四两整，劝众兴工，创修香阁一所，上下六楹。上塑天地尊神暨玉灵真人、送子菩萨，不数月而功告竣矣。但见檐牙森列，如群鸟之飞空；高耸□亮，觉云汉之在望。金碧文彩，辉煌夺目，泩来瞻仰者莫不忻羡曰：此长桥镇一大观也。向非诸公之齐心齐力，□克臻也。予益侩事之兴废，惟存其□也。是为记。

析城庠生酒万年沐手撰并书丹

施财芳名开列于后：

永美典 银五分 振致典 银三分 协盛店 银三分 盐店 银二分二卜 复生店 义兴号
九兴号 旺顺号 永兴号 恒泰号 以上各二卜 万顺号 马世国 宋有万 银三卜 苗 烈
以上各一卜一卜 公盛号 一卜 瑞兴号 一卜 梁应松 五卜 郭其东 一卜七卜 张 法 一卜一卜
司尚义 司松华 范九鹤 介守勤 各一卜 董兴福 一两三卜 卫端梅 一两 卫道淑
三卜 董建极 卫良整 卫丕昌 范顺年 各五卜 李润泰 张五常 各三卜 张学师
张学谦 各二卜八卜 吕进思 三卜 酒万年 司其瑜 □秉亮 卫□守 郭永安 范绍植
范绍正 肖宪琳 卫俊礼 卫 拥 李寿田 李寿耆 卫 安 郭心远 范培贵 司君召
六甲乡地 六卜 李寿梅 李寿福 各二卜 李元锡 四卜 吕进孝 郭建奉 郭海阳 各二卜 卫大林
一卜六卜 梁金凤 一卜五卜 郭兴聚 一卜五卜 卫俊杰 司德安 卫建公 郭碧云 各一卜一卜
肖治科 段秉正 郭魁得 郭润芎 卫福整 李寿松 李寿月 卫 岱
郭五桂 李万宁 肖治久 刘荣贵 肖付林 卫朝周 范 温 李松年 李春荣 □德义
李光前 李生旺 李寿康 郭甫敏 赵德禄 郭书元 卫时俊 卫朝邦 李刘氏 各九卜
李春英 七卜 王得章 六卜 李奉林 五卜 卫福朝 五卜 郭 明 一卜 董星智 一两九卜 郭绍仪
七卜 董星照 二卜 董春一 一卜五卜 董星台 董星全 施地基一块 常玉孔 二卜 肖治奈 二卜
李寿梅 一工 李怀德 五工 郭绍仪 九工 董星衽 二工 董星智 五工
董星照 二工 董 英 二工 董星台 二工 郭 叙 二工 董春喜 四工
会首：王复坤 赔银四万两 郭绳仪 赔银四万两 董 英 赔银四万两 董星台 赔银四万两
董星全 赔银四万两 董星照 赔银四万两 郭集义 赔银四万两 董星儒 赔银四万两
董星昌 赔银四万两 董星补 赔银四万两 董星彩 赔银四万两 郭 叙 赔银四万两
董 顺 赔银四万两

本会共集银七十三两三分五卜
众姓捐银三十两
二宗共收布施银一百零三两二分五卜
买李元敏地基三尺至滴水使银二千文

34.（卫窑）续修关圣帝君庙碑记

尝闻庙以栖神，圣因象显。是以邑无大小，人无众寡，概有区坊建社之举。况兹卫家窑本属微区，亦在河畔山壑之中，自古以来，长桥一镇三社春秋行会，每遇是日迎神，毕至于斯。在昔，卫姓先人因于大清乾隆十年（1745年）间建修神祠三楹，左右角殿二座，以为真宰之所。嗣有卫繁等又于嘉庆五年（1800年）倡率村众，捐输资财，续修东西神殿二座，并客房二所，看楼二处，舞楼三间，西南角房上下四间，村北建有玄帝堂，南立包公祠。塑绘诸神之像，适见庙宇焕然，金光灿列。兹因鸠工告竣，谨勒石以垂不朽云。

壶邑长兴号　马宽　各施银三两　沁水王秀仁　施银三百　四合号 施银一两　章训卫四魁
施银五分　李山焦万全　施银五百　上掌卢君坤　施银六百　赵和珍　施银五分　和　全
施银五分　高　琚　施银五分　下掌冯印国　施银一两　李兴全　施银一两　李万章
施银一两　冯忠立　施银一两　三义号　施银五百　张子侯　施银三百　王聚财 施银三百
张福金　施银二百　冯　展　施银一百　王维汉　施银一百　李君侯　施银一百　常玉全
施银一百　王富财　施银一百　河村张通　施银五分　岳　通　施银三分　五行郭存忠
施银二百　马进宣　施银二百　川河底马进礼　施银二百　马进金 施银二分　周村卫永昌
施银一两　郭林珺　施银一两　张可观　施银一两　肖正和　施银一两　卫时忠 施银一两
范培正 施银六百　范从先 施银五分　卫俊德　施银二分　范文慧 施银分半　司庄冯玉洗
施银五分　司树植　施楸杨椿树三株　卫端梅　施银六千一百　楸杨树五株
卫　植　施地基一块　杨柳树三株
卫　繁　社分七十一千九百三十五　施银五两　檩一根 杨树一株
卫　熙　社分六十二千四百四十二　施庙后地基一块
卫　尚　社分四十八千零九十　施银三两　庙前地基一块
卫从富　社分四十六千七百零二　　卫从府　社分三十六千六百四十三
卫　御　社分三十三千四百四十　施银三两　椿树一株　南庙地基一块
卫　珍　社分三十千零四百八十四　施银一两　穿井地基一块　庙后地基一块
卫　琮　社分二十二千八百二十五　施银一两　卫　法　社分二千零三十　施银一两
卫从杰　社分二十一千九百六十六　施银一两　杨树五株
卫从金　社分十七千七百二十三　施银一两　卫　玉　社分十七千二百五十八　施银一两
卫从新　社分十一千二百九十一　施银二分　北庙地基一块
卫　玺　社分九千五百四十一　施银一两
卫从富　社分九千一百三十一　施银一两　庙后地基一块
卫　标　社分五千四百五十一　施银五百　庙后地基一块
卫　楷　社分二千四百零七文　施银一两　庙后地基一块　标、楷伙施杨树一株
卫从禄　社分八千二百二十二　施银一两　庙后地基一块
卫从祥　社分八千二百二十二　施银一两二分　庙后地基一块
卫从武　社分六千九百三十六　施银四分　卫从官　社分五千七百九十五　施银一两
卫从周　社分四千八百九十六　施银四分　卫从文　社分四千九百四十六　施银四分
卫从兴　社分四千八百九十六　施银四分　卫从旺　社分四千九百四十六　施银四分
共收社分四百八十九千二百一十八文　共收布施银五十千零九百六十六文
前自卫建仁等备工之后，所有遗留银分、树木、瓦石等项，屡年共集分一百六十六千五百零五文

三共入分七百零□□□百八十九文　本庙修工一应□□□分七百零八千零六十九文

除使社净佃分一□□□□

总理维□：□繁

管　　工：卫　熙　卫　玺　卫　尚　卫　御　卫　琮　卫　珍　卫从福

玉　　工：郭甫智　郭林珺

梓　　工：苗　奎　赵德公

绘　　工：司玉成　张　宰

大清嘉庆九年（1804年）二月十五合社公立

35.重修东岳大殿序

盖闻岱宗垂型，实主群生之命；天孙著债（绩），聿司万汇之权。故昭礼义之赫奕，必贻福禄于无疆者也。吾镇大庙，旧有东岳尊神殿宇。地属坎方，形居高阜，峦连古冀冲繁，域奠长桥正位。商民之瞻仰已久，老幼之庇荫良多。奈岁月遥深，至今檐楹黯淡。甲子岁（1804年），余东隅邻社因祷祀有灵，情殷彩饰。然欲易旧而为新，惟思成裘于集腋。于是会同本社，一力乃心，以襄盛事。行见玉像金装，快睹三公之并丽；丹楹绣栋，恍如四岳之朝宗。是侫德而报神灵之贶，光前而裕启后之思也。是为序。

儒学增广生员司丙暄敬题

大清嘉庆九年（1804年）八月十三日东大社同立

36.重饰东大殿记

本镇大庙左侧，旧有增福财神，由来久矣。自康熙壬戌年（1682年，康熙二十一年）补迄后，迄今历有年所。居民卜年祈福，虽典祀不乏，而年深日久，节棁凋残，法像无光。于是骏奔其间者，靡不目击心伤。岁嘉庆甲子、乙丑（1804、1805年，嘉庆九年、十年），连连旱魃，饥馑屡值，本镇居民祷雨不止，一次终未应焉。然遭旱，故岁序之常，行祷亦燮理之术。祷之应与不应，惟在人心之诚与不诚。及来年丙寅（1806年）夏六月不雨，本镇东方社首齐沐处祷，诚心守坛，晨昏焚香，未三日果灵雨沛然，四野霑足。虽不能起夏禾于再造，犹得□秋寔于西成。因捐资倡助，重为补饰，不数日而焕然一新。法像庄严，轮奂美丽，庶几神和人悦，保障一方，岂非感格之不爽也哉！是为记。

丹青：李学孔

玉工：郭甫智

旹大清嘉庆岁次丙寅（1806年）十一月初一日

37.重修后宫关帝殿记

盖自两仪既判以来，天位乎上，地位乎下，人（位乎中）……何代？然人求具，英风凛冽，历百世而如生；浩……关圣帝君，人而已。帝之去今千数百年矣。其……待后人□□哉？曰郎极焉（为）称述，亦何能出诸……于酉□年……宇幽暗，殿中之像戎服，东……殿……位焉。冕旒华衮，一遵晋邸所……阁……□（木）板用较倍，徙于当……色……其规模，配享者坐之。献……以……者哉！按工始于庚申（1800年，嘉庆五年）之六……

经理社首：……范绍业……卫伦泰……范大绅

大清嘉庆十二年（1807年）

38.重修五太尉 六瘟神殿碑记

神有主名乎？祭法所载，山林川谷丘陵能出云为风雨者，皆曰神。造化之迹，无往不寓，神果何所主名也？神无主名乎？重为句芒，为蓐收，修及熙为玄冥，祝融后土之属，列祀典者，班班可考，神何尝无所主名也？乙亥岁，镇南有准提院，余肄业于斯。值友人郭程叔谒余诸僧舍询其由，伊曰：“长桥镇，迩城西北隅，古创神宇，乃合镇祈报之所。东西偏有所谓五太尉六瘟神殿者，重经修造，厕工告竣，请得假数言以勒诸石。”余闻而讶之。神以五太尉名，其何所主名耶？神以六瘟神名，又何所主名耶？因思尉者，平也。古者以之名司寇，秦制特详太尉官，又取除奸慝，安良民也。瘟者，疫也。周礼占梦，季冬令始傩殴疫凡，以涤氛恶也。此无他，天有五行，愆则多戾。天有六气，过则为□。古之时设官分职燮理阴阳，俾其夭札不兴，疵疠不作。人道也。即天道也。而谓是冥中反无然相之神耶？然则五太尉神与六瘟神者，谓其御大□□，捍大患，于彼于此无所主名也。可即谓其佐五行窒六气，除奸安良，索□驱疫，有所主名也，亦未始不可备。询殿宇由来，伊云：残竭无存，不知权舆何代。第以本镇旧式轮流□举，以为首事，未有无所缮修而遽言更代者。嘉庆戊辰岁同事十有三人甫理厥职，阅庙内功程计，无有急于太尉神与六瘟神殿者。爰是鸠工庀材为其倾圮也，坯其址为其狭隘也，大其规为其卑暗也，竣其宇为其固且陋也，刻其桷，丹其楹，维时列五都者，无不乐输居里。巷者各有捐资，即同事经理诸公亦同□□橐相助，共襄盛世矣。历数载而功乃落成，余得叙其颠末，以为后之乐事者劝嗣。是其有水旱疠疫之灾，于是乎□之。其有雪霜风雨之不时，亦于是乎□之。神之为灵昭昭也，予不敢谓其有所主名，亦不必谓其无所主名也已。

析城庠生张太元沐手敬撰

本镇庠生郭程叔沐手谨书

时大清嘉庆二十年岁次乙亥

39.重修正山门碑记

且自圣人以神道设教，赫□□（殿）声，□（灌）□厥灵，几恃以安社稷而庇人民者，因弗择大中至正之域。而殿厥攸居，保神光长留于宇宙；顾□（隆）宫高拱，既昭孔硕之图。而双厥下临，尤重鼎新之典，使无人丕承，基绪鼓舞而□新之则。虽制度长存，不足以彰震□（虚）；规模式廓，不足以壮观瞻。何以见堂皇肃穆之徽乎？

本镇天齐大帝神庙，由来已久。位属岱宗，德高坤载。视三公以此秩道，可参天冠；□□□而称尊功，能济世凡。镇人烝尝响报胥，于是乎式凭巍然在望，可谓四方之极焉。庙有三门，高皆数仞，而正三门尤乎隆乎，较东西而尤高。其旁两廊房，为庙中之屏藩，亦山门之羽翼，俱未可听其凌夷而不思振兴也。闲尝考诸旧碣，前明隆庆四年（1570年）曾经修葺，迄今二百余年矣。岁月遥深，风雨剥蚀，甍栋之间，几于不支。左右两廊房庶就倾圮，观者有榱崩瓦解之忧焉。向来北阁社中议有成规，几遇推转，必须建工。诸首事自接办以来，视庙中之工，莫此为急。早已多方募化，矢志重修。今年春奋然以兴，为之鸠工，为之庀材。救陾而度薨，筑登而削冯，不数月而焕然一新。第见鸟革翚飞，光堪耀斗；雕梁画栋，势若连云，而六柱擎天，更森然。其直上于两掖回廊，皆美轮美奂，并峙焉。而克配中央，即石梯层沓，亦无不归于修整。是以遥而望之，节棁辉煌，檐楹璀璨，且直欲于

日星河岳并悠久于无疆也。猗欤休哉！按《考工记》云："庙门容大扃七个，闱门容小扃三个，路门不容乘车之五个，应门二彻三个。"又《礼器》云："天子，诸侯，台门。"又《尔雅》云："（门方），谓之门。正门，谓之应门。宫中之门，谓之闱门。"又《春秋·定公》二年冬十月："新作雉门及两观，兹新作者，不必核其所仿何式，所称何名。第即绵诗所咏观之，乃立皋门。皋门有伉，乃立应门。应门将将以神之威严，而高其閈闳，不亦见其伉将之盛乎！"想昔人建此中门，不知若何？勤敏而后具此宏图。今夏复踵事以增，较前更觉壮丽。是诚天地之气机荟萃，而兴人官物，曲由此而吝献其精华。呜呼！为山者功专任，有志者事竟成。诸公抱干济之才，适逢其累洽重熙之运，遂彪彪炳炳，焕为一代之文明。此虽众善士输金相助，而要非诸首事之率作兴事，大费经营，又何能遹观厥成如斯哉！工告竣，诸公属予为文以纪盛，予竟欲辞谢，而独念诸公之同心协力，克成厥勋，诚有不可湮没者在也。故不揣固陋，而乐为之记。

邑增生绣亭刘锦谨撰并书

经理社首：监生郭永勤　李克文　从九范秀儒　郭成智　监生刘永植　张景阳
司在川　监生范玉风　侯良田　卫从海　郭思曾　萧学闵

住　持：行　洞

梓　工：司用库

玉　工：张嘉麟

绘　工：李学孔　郭林宽　司　铣

施财芳名

郭□□　□□□　□□□　郭□□　□□□　□□□　各银十两　□□□　□□□
各银九两　天成号　银八两　□盛号　银七两　□□□　李玉顺　□盛号　合顺号
□正范仲行　监生范吉升　各银五两　公兴号　玉兴面店　义成号　永兴号　永□
（玉）顺面店　阳城京货行　各银四两　荣太号　银三两三分　安怀堂　魁盛号
元兴号　永顺号　合义魁号　和顺号　太成号　义隆号　萧儒林　李习礼　各银三两
法盛号　遇盛号　各银二两五分　长兴火石厂　复盛烟坊　通义号　义兴号　各银二两
义顺号　银三两　……　□□号　刘□□（中）　范川□　□□　□甫□（公）
范小（崇）　范□□（输）　各银三两　光□衣店　银二两八分
范玉章　银□（二）两　范生店　银□（二）两□分　隆盛店　银二两五分
荣新店　银一两五分　文华楼　金华楼　（新）华楼　京华楼　各银一两二分
监生郭天申　丕兴衣店　隆盛衣店　东沟复盛衣店　三盛号　中和堂　茂盛漆店
元盛碗店　宋　斌　来裕朋　同盛号　侯际汤　介宾李懿德　庠生司丙暄　司九怀
李言德　卫从广　……　李□□　李□□　……　司□□　张光□　李盛□
郭俊吉　司纶纶　司□锦　郭纯远　卫　栋　郭如汾　司　铣　萧满福　卫司魁
卫宗仁　司　广　卫保仓　杨永泰　李学孔　范吉先　郭润田　各银一两　司天秩
张学山　武生张鹤　各银九分　李为顺　茹暮春　各银八两　合成木铺　司永植
玉兴号　监生张元章　和聚号　隆盛号　□□号　□兴号　……　司彩云
范（达）财　余（相）林　张书（连）　郭（甫）智　李言章　范其□　范□槐
李寿敏　卫立□　萧斌旺　范云福　郭超远　郭道顺　王喜才　梁兴禄　萧生贵
司恒禄　司恒年　李元贞　张希孔　李锦荣　郭思明　从九范际中　卫　纯　郭如柏
范文明　……　□□盛　司□锦　□如□　张锦泰　范秀如　范怀清　司继□（荣）
司□圭　郭思勤　司德厚　司廼纯　司如章　卫一桥　卫谨身　以上各五分

王豊才　马　顺　李世禄　董世恒　董四德　以上各银四分　　郭俊修　郭思安
司恒发　范　习　司元勋　司瑞云　董　君　董世升　范文照　李遇春　……
司一彬　郭　枚　李　唐　（卫）良田　郭　玫　李春贵　卫于成　张金玉　范五先
郭思温　张可德　张建基　刘吐月　李全孝　司在仁　萧为忠　李为中　郭思舜
司在川　张希曾　张廷飚　段存锡　李如礼　董世林　郭希仁　郭春寅
司生玉　……　　□永相　郭成□　卫序元　李元山　司文恒　以上各银三分
茂盛号　郭五魁　司□安　范云锦　王法才　郭兴德　卫信公　范体中　范延年
范耀荣　范宇文　杨焕章　杨　发　范　起　张　士　赵和顺　卫克让　卫　全
范从先　李寿恒　文自富　张景阳　司锦云　范连成　范永安　王有（功）　司有才
司有□　范自修　李世纯　郭俊李　范石（合）　卫景祥　李宗富　侯良友　司兴富
梁兴顺　杨　玉　李元登　卫安邦　卫顺邦　卫正邦　范定邦　杨　山　司　柄
范克勤　卫朝纲　郭李知　司生聚　范万邦　范永贤　在印长　司在田　……
侯□□　梁□保　萧□□　郭庆元　以上各银二分　郭俊怀　司德来　司恒说　范现□
郭俊落　石匠张永瑞　以上各银一两
本班社首　郭永信　银十五两　卫承基　银十五两　范　锡　银十五两
　　　　　张奇凤　银十三两　司恒立　银十二两　萧上琳　银十二两
　　　　　司如惠　银十二两　郭　教　银十两　　李希尧　银十两
　　　　　郭成都　银十两　　司继世　银八两　　范久荣　银五两
　　　　　李芝如　银五两
共计捐银四百八十四两
□□□□□□十三年二月起，二十年五月止，共计十八会
□□□□□□十四千二百五十九文，作银五百三十八两零十分
一出□□□□二分，一出□□□□北辅钱十□□五百文，作银十一两六钱六分
布施工收银五千零四十□□七钱四分
一修东（亭）大殿并左右殿二座，使银三百五十二两九钱
一修西亭大殿并左右殿二座，使银三百九十五两二钱
一补修舞楼西大殿角，并（门）后□修观后墙，共使银三十五两六钱四分
一补修北阁并城墙栽柏树，又重修校厂墙，共使银三十八两六钱五分
一接河村、辛壁水，并元宵故事，使银二十一两二钱
一贴三方戏价，并纳社地粮，使银七十二两六钱
一伙食费、家具使银五十七两一钱三分
一请客使银十七两六钱
一悬牌、树碑，使银五十二两
以上总共使银一千零四十二两九钱二分

大清嘉庆二十年（1816年）岁次乙亥榖旦

40.行实碑

师讳宗远，号观还，系阳城县化源里王氏子也。自幼削发，寄迹……一披，忍辱皈然离尘，议者比之青癯白豆。明辛未岁（1631年，崇祯四年），秦寇变后，同……音洞，参天童大和尚。居三

载，未尝离左右。时聆天（童）戒者三千余……游数祀。览法界于双眸，收大千于一钵。超然高（立焉），（胸）中绝不存一……郡西幽僻处，为修真炼性所，悉倾衣囊，聿辉梵宇，（同）镇善信求请……岁一纪，余心了身闲，即《内典》所云："无碍，绝嗔嗔者。"昊是过矣。岁……又安，召徒续暹、续初、续贤等相与诀曰："圆寂，僧家之常，（同）昆释（悉）……犹难言之，况吾辈乎？"于望后一日，合掌端坐，掩锡西归。嗟乎！迦叶……得道者，不可盖见，师之行业足堪媲美。爰卜宅兆，乃于镇南以（继）……一门四世，二十余人，传衣钵者，不为（谓）不多。初于徒为长，谨率众……康熙癸丑（1673年）之四月，师年整享古稀矣。备述所知，余无敢多赘一言……

时大清康熙十二年（1673年）岁次癸丑四月初十日（立石）

门徒续初于法孙等同

□由来久矣。破……□西居多，睹此□□□□□□□□□□□补范□兹当工（哉），止于……捐资芳名列后：

□□□ 捐银三千五文 …… 五百文 □□□ 捐银三千五百文 …… 五百文

□□□ 捐银三千文 …… 五百文 □□□ 捐银二千五百文

□□金 捐银□千□百文 □□□ 捐银二千文 □正太 捐银五百文

□□□ 捐银二千文 司□□ 共捐银三百文 □酒回 捐银一千二百文

□□□ 捐银三百文 司悉元 捐银一千文 司（儿）如 捐银二百文

司世□ 捐银一千文 介立道 捐银二千文 □□□ 捐银一千文

梁法（堂） 捐银一百文 □先□ 捐银一千文 范有才 捐银一百文

□□□ 捐银一千一百文 范玉盛 捐银一百文 □□□ 捐银五百文

介永富 捐银一百文 □□幸 捐银五百五十文 郭俊明 捐银一百文

共捐银二十七千三百五十文

买砖灰共使银十七千九百二十三文

大小（壮）工共使银七千一百三十文

一应杂费共使银二千三百六十四文

以上共使银二十七千四百一十七文

大清嘉庆二十四年（1819年）七月初一日 同立石

41.重修关帝庙碑记

万善同归：

杨泉沟去长桥里许，旧有关帝庙。帝之神圣文武，详于《汉寿亭侯集》，不复赘。左为準提禅院，余己巳、庚午读书于此。花光烂若，竹韵琅然，月□□□，松门画掩，长桥一静境也。历年风雨凛摇，鸟鼠窃□（伏），庙之东西房倾圮殆尽。断瓴残甋，灭没于荒烟暮霭间，几无从识旧制矣。镇上人屡思补葺，□振兴有志，募化无从，乃谋诸镇之采亭张公，倡议重修。爰请众执事共输囊橐。百材毕具，而公作古矣。事遂停。两阅岁，上人复请公之侄韫四董续其事，遂与众执事庀材鸠工。庙之东西房改作看亭，上下十二间，舞楼、西角房上下两间。其它缺者补之，欹者正之，崩折者易置之。乃塈□，爰丹爰雘，视旧制尤爽垲宏严云。工肇于嘉庆庚辰（1820年）季春，自孟秋辍工者半载，于道光辛巳（1821年）季春告竣。上人嘱余为文，余□欲没诸公之善，而又以昔□肄业于斯也，因略序其事而为之记。

输财姓氏列后：

卫尊道　捐银十两　潘绍宗　银三两　潘绥麟　银十两　李东山　银二十两
范　誉　银四十两　张广基　银三两　李荣长　银二两　李　绎　银一两
李德升　银一两　　和顺号　银三两　（下略）
大清道光元年（1821年）岁次辛巳四月吉日
住持：惠栗　徒 惠焕　孙 惠地　立石

42.芳名碑

施财芳名
……司□代店　□□钱店　□兴泰店　协泰合号　各银六两　□泰裕号　银六千文
丰盛面店　新兴面店　玉隆面店　魁盛面店　义聚面店　□合面店　玉兴号　永盛号
□□副榜郭廷彦　各银五两　徐广泰　银五两二分　税局魏逢年　钱五十文　侯兴同号
钱五千文　双合面店　复盛号　东成号　中和堂　贡生郭俊卿　各银四两　荣兴缎店
隆盛缎店　复生缎店　安怀堂　郭全礼　各钱四千文　合胜公号　银三两五分　三义药店
银三两　瑞盛面店　银三两　……□□衣店　新泰衣店　常兴衣店　节兴衣店　先裕衣店
元顺□号　公盛号　玉成号　以上七家，（各）银二千五文　义顺合号　郭俊勋　郭俊基
范永利　任秉义　范永恩　以上六家，各银二两　大生衣店　景兴衣店　文华楼　泰成楼
景华楼　金华楼　天吉楼　永裕号　永泰烟店　永顺号　永庆钱店　联盛号　庆丰协号
海顺号　监生范景瑞　张嘉麟　卫　泰　乡饮司天秩　庠生李继通　司绵（锦）堂
范国恩　李宜春　以上二十二家，各银二千文　□□□　侯义□　郭□□　郭希□
卫盛□号　□泰衣店　马□□□　顺隆号　惠和号　李□□（道）　黎裕朋　范文□（朝）
郭俊鹏　郭世勤　以上（十三）家，各银二十两　西河□□　杨宗武　中和号　□吉号
阎永富　永春通号　永隆裕号　永恒通号　普益昌号　玉兴衣店　复茂号　三合全号
常庄郭全泰　永泰丝行　复兴肉架　德盛魁号　监生潘钟麟　庠生侯吉士　监生郭天申
庠生范履中　监生司如惠　庠生刘锦　萧生贵　乡饮范云铣　监生范学典　萧应宽
监生张秉阳　杨沛　卫永泰　监生李卜年　李元钧　以上十三家，各钱一千……　□□财
□成□　李俊□　卫守□　李成山　范锡禹　张纯宇　郭全泰　张秉坤　郭兆麟　□□□
……　　范锡全　郭秉恒　卫德魁　张　魁　郭合林　以上共五家，各钱一千文　刘仕□
银八百文　董世恒　银八百文　元春号　银六百文　大丰号　银六百文　万盛号　聚成号
范克仁　郭敏修　郭俊金　郭俊选　郭俊杰　郭景文　郭如璧　郭廷珍　郭春星　司在仪
范怀双　郭合凝　以上十四家，各银五分　……　王元□（聚）　李元法　李世显
王印丰　施洪□（远）　司继世　李□锦　□（同）兴号　□序盐　李万青　司永贤
卫　治　范瑞中　萧□让　司戊寅　李□（海）潮　郭五生　范连□（成）　李学孔
萧为宝　司兴富　司克武　郭成勋　介永魁　卫守基　卫　满　司聚铈　介守银　董作舟
张子厚　卫守信　冯六裕　范允中　范　泉　梁兆麟　卫景运　以上各银五百文　……
卫正邦　司□统　司彩云　司　铣　郭恳文　李生贵　郭思安　范文明　郭全清　董锡蔗
司德亮　郭思萌　司　锦　卫生聚　李天佑　介永扬　以上各银五百　郭金□（锦）
银四两　阳邑王全盛　法龙号　三元号　王玉成　李广宁　孙进兴　陈本深　陈从正
庠生王友曾　李希温　以上各钱四百　聚荣号　郭从德　王天恩　范敦伦　杨　典　武生李殿魁　杨
兴林　司上云　李存库　张秀歹　以上各银二两　……　□元顺　□□□

□维□　范秉顺　范大□　吴继修　陈大元　赵进玉　陈锡礼　陈元亮　陈大成　酒新鉴
张继林　萧九成　萧合成　李元贵　范锡鑰　王印文　王印堂　司如进　卫松清　司如山
董世瑄　萧学瑞　张秉巽　张金玉　范耀先　李春发　王印福　李近锁　王印书　以上各银三百文
……　范□□　宋□□　李□□　卫□□　司生□　范□（万）玉　范魁恒
司承□　郭林宽　杨保全　郭道秀　焦奉（泰）（世）　司如方　李天魁　司在仁　司继昌
张廷彦　卫永年　李文宇　卫　麟　李连枝　郭全仁　卫克温　郭昆范　李顺引　司允猷
段存锡　范裕国　范应国　司如玉　司如璋　卫新德　卫朝卿　张希孔　李希全　司允秀
以上各钱三百文　……　郭思成　司文□　郭恒恭　李松林　范福温　郭壮和　司如贵
司□亮　萧文续　范怀义　以上各钱一百文　焦喜太　范润中　司永强　以上各钱一百五十文
萧应魁　范天魁　王印宿　郭思贵　范德星　范炎□　范瑞云　郭矩理　范景德　范文灿
范益先　范国鸣　范国升　范富先　梁宪书　范宪文　郭如翰　郭如山　范海先　以上各银二分
……　明盛号　范恭盛　范□宣　司保林　和合号　郭永俊　司元佑　郭维□
郭维恒　司经纬　介永嵬　增盛号　萧学祯　司秉中　司□禄　卫□荣　司御斌　李寿山
郭维垣　李元美　李思曾　萧学成　范文章　李元松　李全孝　李全斌　范文才　范国柱
范新有　范永仓　以上各钱二百文　……　李□□　萧□□　□□全　范永惠　郭廷社
张□（钦）贵　范锡古　范鸣中　李元文　司□（秋或稔）　司生金　梁新库　司秉钧
范正伦　侯世礼　卫新明　张永建　萧为舜　司保成　司来有　范锡锦　司在公　李芝瑞
萧维城　马　起　李天元　卫克顺　以上各钱二百文　……　卫朝□　司□（材）
郭广泰　梁新魁　卫□□　赵□盛　司在朝　刘云雁　刘兴俊　司□斌　李广裕　范太伦
卫成文　靳培仁　司□□　□洪章　李春芳　张玉连　张奇程　张　温　李双元　范文库
卫新林　张虎山　范书伦　张惠林　李遇时　张紫阳　介立宽　卫　润　李发林　郝天容
李培然　以上各钱二百文　司□□　……　范□□　梁□□　范□□　司德盛　范□□
卫（钧）□　卫玉秀　司经练　郭永福　范更锁　杨林山　郭志文　司顺仓　刘□（立）功
杨林茂　司□□　以上各银四百文
本班社首：司永植　银十两　郭永勤　银十两　侯良田　银十两　张景阳　银五两
李克文　银十两　卫从海　银五两　司在川　银十两　范秀儒　银十两
郭思曾　银十两　范玉峰　银十两　郭成智　银十两　萧为闵　银五两
道光三年（1823年）三月至十年（1830年）五月共十三会□年共收板□□钱二百六十□
收布施钱□百零六两□（五）钱
□钱四□四十七千零四十文
收布施钱□百七十四千三百五十文
□□收钱九百九十一千一百四十文
一出四方□价钱三十五千一百文
一出每年□粮钱十三千一百□十一文
一出接故事钱十六千四百九十二文
一出接辛壁河村水钱十一千七百文
一出伙食费钱五十一千四百文
一出补修二郎殿、土地庙钱二十四千零六十文
一出补修吴神殿钱四千七百七十四文
一出补修各殿隔扇舞楼钱十七千四百七十八文

一出酬神请客演戏钱六十四千二百文
一出悬匾立碑钱五十二千文
一出补修南顶庙钱二十三千五百二十文
一出修正山门钱六百八十二千七百二十五文
以上通共使出钱九百九十六千六百四十文
尽少钱五千五百文，首事人均摊

43.皇清处士遂之郭公暨配张、张、范、郭孺人之墓

公讳俊良，字遂之，永明公次子，因胞叔永泰公无嗣，公遂继焉。原配张孺人，继配张孺人，皆无出。后配范孺人，生女一，适崇上村萧升。又郭孺人，举如阜、如翰两男。阜早逝。翰甫四龄而公遂捐馆。公生于乾隆辛巳（1761年）九月十二日，卒时盖嘉庆庚午（1810年）九月八日也。今翰已成立，回想其母遗言，以述于予，乃知其父之懿行，故表表有可传者。公在日，苦无基业，幼即营商杞县，小心敬谨，阛阓中有书生气焉。然性廉洁雅，不欲负人债。每旋里，虽古债必还。曰："吾不愿亏乡里，累后人也。"后稍赢裕，辄出其橐囊，扶本族举大事。所以营诸父窀穸，结犹子丝萝，皆公之慷慨自任焉。观此而公之为人大概可知乎！且夫传世者必有真修，勒铭者贵无虚誉。予也，素怀恶佞，耻为谀墓之文，雅慕扬清，时恐没人之善如公者。持公涉世，大节昭然，是不形诸笔墨，而潜德固自有幽光，而勒之贞珉，遗徽当更垂不朽也。是为序。

阳邑庠生晚眷杨光华顿首拜撰并书

大清道光二十七年（1847年）十月初七日　　男　如翰　立

44.重修大王庙碑记

忆自禹王治水而后，九州贡赋，四海来同，而明以得乎人之力，实幽以荷夫神之庥。斯地本多山，而山神之祀，村村有之。至言水神之祀，则自西自（至）东、自南自（至）北，计百里许，惟斯镇城西有金龙四大王神庙。其祀事称独隆焉。考诸碑碣，其正殿三楹，东庑三楹，东北、西北二角殿，乃前明万历年间所创建。迄今年代久远，风雨飘摇，榱桷倾草奔过之，而莫知其时；窗棂代樵薪没焉，而难追其迹。阖会执事，目睹神伤，以福为田，遂起倡予和汝之念；因心种果，欲慰积少成多之怀。自本镇以及远方，咸勃勃乎乐助其财。由正殿以逮各庑，皆巍巍然顿改夫形势，美奂美伦，复规模于始建；肯涂肯雘，彰藻绘于重修。论地固因神而灵，而庙必得人为守，故增修禅室四间，又新置良田十亩，爰安住持焚修洒扫，人之诚既无微不尽；神之灵自有感咸通。将见河循故道，海不扬波，水稳舟平，神喜人悦，克遂利济之心，用镌芳名于石。是为志。

邑庠生亩桥范成惠谨撰并书

经理社首：侯　兴　张仰山　郭俊雅　郭如兰　张振基　郭廷弼　张　奎　郭廷楷
住持：行儒
玉工：张嘉麟
梓工：郭新泰　张惟一
绘工：郭秉鉴
施财芳名列后：
运上捐资、漯湾河捐资、台庄捐资：

左九成　捐银十二千文　祁公盛　杜协义　董义顺　牛复顺　秦四美　范立诚　郭廷弼
以上各捐银八千文　协盛和　捐银四千文　杨是亦　捐银四千文　郭天元　捐银十千文
李生盛　捐银五千文　众船户　捐银十千文　李芳瑛　捐银五千文　郭中和　永德玉
顺成永　永荣芝　玉盛复　永茂瑞　林元号　合兴号　以上各捐银一千文　仪济泰二店
捐银二千文　庆昌永　捐银三千文　源升号　双兴号　以上各捐银二千五百文　永昌号
信隆号　以上各捐银二千文　贞祥号　玉成号　以上各捐银一千五百文　美盛号　捐银一千文
周家口捐资、翼城关捐资：
天佑店　范天一　范天锡　郭福隆　六太号　文泰号　以上各捐银五千文　德盛长
晋阳店　常　俊　李玉琦　张广琇　以上各捐银三千文　天元店　捐银二千文　张增盛
捐银二千文　张映璧　捐银二千文　李培基　捐银二千文　合昌永　洪兴永　旺兴炉
仁和店　以上各捐银四千文　刘玉台　捐银三千文　楷兴号　捐银三千文　信成公
新兴店　新泰德　贾日南　义顺成　长盛魁　曹新盛　聚顺店　恒昌店　永茂店　以上各捐银二千四百文　贾捷登　捐银二千文
福建山捐资：
信义公　捐银五千文　交泰沛　捐银五千文　正泰号　捐银五千文　庆昌永　捐银五千文
光裕行　捐银四千文　魁盛号　捐银三千文　邹镛坤　立成堂　王树之　舒笃其　源发店
庆昌店　兴盛章　德合仪　合盛西　吴永泰　任大顺　王永兴　王永茂　环兴德　永和号
沈裕昌　沈丰盛　李耕余　李复兴　曹恒发　何大盛　杨广兴　朱聚和　汪嘉谟　杨通元
公和店　双顺店　以上各捐银二千文　吉庆行　捐银一千文　宋开旺　捐银一千文
南宿川捐资：
裕隆号　捐银五千文　乾元典　捐银四千文　原增顺　恒顺典　永庆典　常公和　马赞育
李天成　张源盛　长盛店　以上各捐银三千文　庆聚典　魁升店　天昌店　永裕店
长顺店　黄元兴　萧恒丰　公元兴　马西顺　原梦麟　贾万丰　增盛号　以上各捐银二千文
月盛店　源聚店　裕隆号　复聚店　瑞成店　聚成坊　公茂坊　恒和坊　王振乾　福隆行
郭奎胜　协和行　王鸣岗　赵惟典　赵惟洛　牛瑞兴　孙玉成　侯万兴　以上各捐银一千文
本镇客商家户会友捐资：
庆余店　永泰典　协兴店　沣泰典　以上各捐银十千文　复兴号　天佑成　以上各捐银六千文
文合号　润兴恒　公泰合　同兴公　永盛号　公义店　荣泰号　沣泰号　公兴合　正盛仁
锡泰号　统顺兴　以上各捐银五千文　公泰源　三益恒　瑞泰义　复隆号　义兴号
东成号　以上各捐银三千文　安怀堂　永泰成　悦来号　祥兴永　永兴号　同义立
西安怀　玉成号　复盛号　协兴号　税　局　德兴厂　同兴厂　长兴厂　玉美德　王锡文
卫守基　宋景富　以上各捐银二千文　东仁和　侯裕和　玉盛公　全成德　中和堂
牛复新　万盛东　以上各捐银一千文　程梦谦　捐银五百文　郭如翰　捐银十千文
范鉴堂　郭秉鉴　郭联魁　以上各捐银三千文　司会　郭俊选　李应奎　郭昆池　范裕国
郭新泰　范继贤　张士仁　以上各捐银二千文　范锡寿　萧文谟　范怀双　张创基
张鹤年　李元益　张国瑞　郭兆麟　李玉扬　侯绩　张景荣　张惟一　李希连　以上各捐银一千文
范怀璧　捐银三十千文　郭廷弼　捐银十二千文　郭俊雅　郭文星　郭廷楷
郭统炘（xin）　以上各捐银五千文　侯　兴　范锡勇　司玉笈　以上各捐银三千文
张仰山　郭思曾　张钟麟　郭如璧　侯世祥　张根基　范体元　张师浚　司鸿飞　郭思林
以上各捐银二千文　张嘉麟　范锡禹　张钰　张明山　郭思正　张　习　范光裕　张锦午

任九成　范浚斌　张圣荣　以上各捐银一千文
共收布施钱七百二十四千五百文
又收树价钱三十四千文
二共收钱七百五十八千五百文
修工使钱六百零一千五百文
置地十亩并税契使钱一百二十八千文
除使过下余钱二十六千文
置一切家具使讫另有存家具账

大清道光三十年（1850年）岁次庚戌七月吉旦立

45.（司庄关帝庙）创修碑记

邑庠博士弟子员柳溪杨严彩撰文
壬午科举人截取知县贾瑞清书丹

天地有正气，道义斯配于两间；人臣有精忠，纲常乃维乎百代。以故封金挂印，富贵不能夺其心；取义成仁，威武尤难移其志。此汉寿侯所以严春秋之律，道接文宣，振华夏之威。功开武穆当日，扶两川日月，迄今享亿姓烝尝也。司庄界凤阳间，村烟寥落，民俗淳良，欲结枌榆，愧无庙宇。爰乃商诸父老，佥举玉成司公等，度神祠之基址，创始鸠工，敛村众之资财，酎(zhòu)兹鸿愿。既（继）而托沿门之钵，募长者之金，力众能擎，功成宜（益）速。奈岁不常丰，旱魃之灾屡见；民无余力，公输之巧难施。遂修正殿、角殿五楹，而工暂停焉。厥后鉴章父子暨进昌诸君，起而接踵，工乃落成。噫！是役也，始壬戌（1802年），终壬寅（1842年），越五十星霜，焕一朝金碧。念我辈黄冠草服，辛成香火之缘；赖四方鲁米迟钱，敢没捐输之善！将铭石碣，远命辄生，聊缀芜词，永流骏誉。拜黄雄其有佛，瞻福禄于无疆。所愿神明永鉴，在社者咸矢以赤心；毋云鬼蜮可为，伏魔者岂容夫蓝面！

沁州正堂惠大老爷　城里书房　沁源正堂察太爷　韩州村常南宅　长治县郝家庄郭八宅
长治县申庆余堂　长子在城当行　壶关大城盐店　潞城敦本堂　京都武殿臣　晋阳徐太初
以上各施银两千文　潞城笃庆堂　侯保元　各施银五千文　长子怡怡堂　燕树盐店
各施银四千文　宋书秀　彭家衍福堂　平邑吴继先　吴廷秀　吴观光　以上各施银三千文
秦庄刘友于堂　施银两千文　长治六合成号　长子牛进祥　苏震亭号　宋相朝　库房
税房　仓房　户房　阳邑郭兆麟　苗五对　凤邑王满仓　陈小仁　茹群才　史可茂
王银炉　郭有库　段三合　王辛仓　冯聪如　以上各施银一千文　贾遇国　施银五千文
同义店　郭辛未　彭家余庆堂　壶关郭彭龄　潞城石夺魁　襄垣邢国瑞　以上各施银一千文
长治酒村大社　长子贾天佑　礼房　刑房　安徽郑瀛洲　凤邑施歹创　赵玉顺　樊正界
文福周　冯可温　以上各施银五百文　长子工房　施银二百文　吏房　兵房　各施银三百文
庆余盐店　沣泰典　永泰典　协兴典　以上各施银二千文　公义店　锡泰号　玉盛号
源兴号　同兴号　公兴号　永福面店　润兴恒　泰来通　新泰魁　光德明　大兴号
美春号　荣泰号　复兴号　以上各施银一千文　永盛号　施银八百文　周村大社　大树庄大社　郭益泰窑　以上各施银五千文　郭廷弼　上掌大社　封村大社　以上各施银三千文
郭思准　德义班　东封村大社　南头大社　下掌大社　五行大社　桥西大社　河村大社

南堨大社　以上各施银两千文　冯庄大社　谢庄大社　苗庄大社　坨村大社　卫窑大社
以上各施银一千文　安怀堂　聚义号　中和堂　三益恒　瑞泰号　泰来号　祥兴永
益泰永　永兴号　新泰号　东成号　同义立　玉成号　复盛号　协兴赁局　源兴楼
统顺兴　侯世祥　范永利　桥西饭店　以上各施银五百文　长兴行　德兴行　同兴行
以上各施银五百文　义兴号　施银三百文　冯进昌　施银十千文　冯进富　施银三千文
又施地基一块　每年社出粮银三十文　翟三元　施银三千文　张广宗　司元章　冯满仓
以上各施银两千文　文连公　司振声　司同理　司对章　（又施锡供器一副）　司德泰
司振宽　司金山　司玉山　司振原　冯进全　常允澄堂　各施银一千五百文　陈发明
司振江　司振河　司喜林　司今林　司振清　冯满福　冯作宾　以上各施银一千文
嘉庆六年（1801年）创修正殿
社首：司锦章　司玉成　冯桂林
道光八年（1828年）修东西殿
社首：冯世璧
募化：司学育　司鉴章
督工：司连章
道光十二年（1832年）至三十年（1850年）修舞楼、东西角房
社首：司继昌 子 金山　司鉴章 子 振宽　司铨章 子 振河　司继朝 子 喜林
　　　司对章　冯世珮 侄 满仓　冯进昌　冯进全
督工：冯满福
收出银共开：
共收布施银二百二十四千九百文
社每年集银六百四十千零三百五十三文
村人做工作银八十千文
砖瓦木石工价总共使银九百四十五千二百五十三文

大清道光三十年（1850年）岁次土章（庚戌）阉茂律中应钟之月吉日立石

46.重修观音阁碑记

周村镇压南城上旧有观音阁，不知创自何时，重修于前明嘉靖年间，天香缥缈，久承法雨之施；宝相庄严，悉被慈云之覆。里巷之人咸礼焉。迩来风雨飘摇，鸟鼠窜伏，藻壁欹颓，金容剥落者听其倾圮而不为补葺，将猊床、象座渐灭没于荒烟暮霭间，恐无从识旧时规制矣。顾城台之地，不过数武。是阁也，倚雉堞以为垣，坐阛阓而作址。欲为银殿之修，必赖金墉之固。洞天小有，工费浩繁，虽深宏愿，未易告成。乃为拓阿难之钵，踵檀越之门，群施许宅，家奉苏金。由是合巷谋议，庀材鸠工，高筑閈闳，重新栋宇。面石犹存，复拭千年之壁；灵光独立，更施五彩之章。经始于元年（1851年）八月，落成于二年（1852年）十月。爰叙颠末，勒之贞珉，以书董事芳名，且志输财姓氏，猗欤盛哉！绿杨之城郭依然，功与长桥而并著；紫竹之园林犹是，善同南海以俱深。

壬午科（1822年）举人截取知县贾瑞清谨撰

泽州府儒学廪膳生员范希仁敬书

施财芳名列后：

司会劝捐：张复兴　捐银十千文　天锡号　天一号　天元号　福隆号　六太号　刘和太
各捐银五千文　文太号　裕太号　张德昌　存义典　潘存仁　义太协　裕隆局
各捐银三千文　刘全太　谢恒济　刘广隆　杨合义　裕隆典　三余店　各捐银二千文
复兴店　锦太裕　裕隆典　尚义典　元太局　生发局　赵裕兴　各捐银二千文
司玉琛劝捐：祀公盛　杜协义　董义顺　朱复顺　各捐银四两　协盛和　捐银二两
李芳瑛劝捐：李生盛　郭天元　各捐银五千文　潘复兴　赵恒玉　常隆顺　仪济太
常德隆　常义顺　常德顺　各捐银四千文　林元号　济太号　天佑成　各捐银二千文
亿兴中　永荣芝　各捐银一千五百文
范魁贤劝捐：和盛坊　捐银三千文　仁和存　捐银二千五百文　公义坊　捐银二千文
仁和永　捐银二千五百文　太盛号　三官庙　刘士英　王颉平　太聚协　福太号　文兴隆
广恒成　申德茂　魁顺号　各捐银一千文　通盛号　捐银六百文　逮应学　逮应元
林兴号　悦盛号　新太号　天德合　陈曰瑾　沈曰映　永顺公　永来号　万源号　大德成
李能元　胡道白　刘兴武　聚源号　双兴号　性义魁　贾仁和　冉新魁　孙永安　王应瑞
裕盛坊　协盛号　广太号　公兴号　各捐银五百文　太兴堂　义盛号　新成号　各捐银三百文
范锡勇劝捐：天长复　茅源义　信义号　沈士珍　各捐银三千文　协和行　万源行
良玉行　如茂行　五官行　永兴行　太和公　各捐银二千文
范立朝劝捐：朱震东　捐银六千文　朱廷俊　捐银三千文　福兴德　四合号　各捐银二千文
张景和　谢永魁　王金山　卫占　乔甸　张世宽　三义合　王会太　东合成　各捐银一千文
本镇客商：庆余号　捐银六千文　协兴典　沣太典　各捐银五千文　公义店　天太店
永盛号　锡太号　沣太号　同兴公　公兴合　文合号　益太源　公太合　天佑成　复兴号
荣太号　各捐银三千文　润兴恒　复隆号　祥兴永　统顺兴　中和窑　张家麟　各捐银二千文　三益恒　捐银一千五百文　瑞太义　捐银一千五百文　公太源　捐银一千二百文
东安怌　捐银八百文　复兴店　永太成　西安怌　悦来号　义兴号　新太号　东成号
同义立　各捐银五百文　葆元堂　捐银六百文　聚兴和　瑞兴和　各捐银三百文
南堣范立庄　捐银四两　班堣韩一贵　捐银二千文　本镇郭统炘　捐银四两　侯恒灵
捐银二两　本巷郭允熙　捐银十千文　范魁贤　捐银九千文　司玉□　捐银八千文
司会　张秉巽　范立朝　张鹤年　李元绩　各捐银六千文　范希仁　张凌汉　各捐银五千文
司习亨　张友良　各捐银四千文　司永吉　李应魁　张道恒　范立恒　李九标　各捐银三千文　范玉峰　司在智　司可钦　范锡纪　李芳瑛　司允纯　各捐银二千文　司在益
李春芳　李宜芳　范长春　司登俊　李乃文　各捐银一千五百文　范立勤　司习公　司登第
司允正　王印海　如孟春　朱金兰　司恒裕　张紫阳　滋树堂　李芳琪　李芳瑄　刘来广
李应顺　司如让　司子荣　李建安　李除唐　王兴贵　张希贤　司铝　司允秀　司如选
郭桂芳　司习坤　司克昌　董世宣　李元钧　郭俊弼　各捐银一千文　司　斌　梁兆凤
张广台　捐银七百文　梁虑书　捐银六百文　司习川　司习瑞　司岜（岩）云　司雪山
司允猷　司允诚　司允煌　张秉业　张秉都　张秉义　张友宽　范志文　范锡国　范锡诰
郭喜林　郭廷伟　司和学　梁青山　李保昌　杨　谟　杨　典　张玉堂　张玉貟　张丰年
张引年　帐彭年　司允恭　郭道士　司和勤　张贵山　梁宪孔　范川清　司在善　司在田
殷占魁　司顺法　梁兴库　司绪光　李元华　李　崇　千尔宏　李青杨　李文裕　范锦羊
冯庆保　郭守元　梁兆林　刘　统　刘学濂　刘学瀚　刘学温　各捐银五百文　张文星
捐银四百文　范　□　张广松　敦义堂　张福山　张书年　司三元　范立德　捐银五百文

司在朋　梁广成　张青太　李克让　王金锁　梁大成　李友山　梁多存　司子魁　司子斗
郭廷申　郭景扬　刘金梅　刘红梅　张光永　介兆林　李孟和　李德俊　原友山　王润林
侯金印　司　交　郭宴清　张纪林　司月山　梁新贵　介小生　介东仓　梁　成　介永法
梁　蛮　介富贵　介永扬　司　保　茹来仓　范习义　介小羊　司　成　梁序青　范习吉
司可达　郭兰芳　赵小二　司连梅　茹三寅　郭连壁　郭春林　张殿飚　司　连　司朝应
杨　青　司兴顺　张太来　李广裕　介永元　各捐银三百文　南院福仓　捐银五百文
以上共捐银二十八两，换钱五十六千文　区捐钱四百九十五千二百文
二共钱五百五十一千二百文
一木料、砖瓦、石灰使钱一百四十九千三百文
一买石条并石工使钱六十七千五百文
一大小匠工使钱一百九十八千八百文
一油匠工使钱四十三千文
一补修玄坛庙并井台使钱四十千文
一杂费零用使钱五十五千六百文
一除使费讫缺钱三千，公中摊派
一计此阁东山墙许、司姓剜墙续檀
玉工：张嘉麟
梓工：张秉巽
绘工：张凌汉

大清咸丰二年（1852年）岁次壬子小阳月吉日合巷同立

47.补修周村堡记

周村为长桥镇，南带行山，西襟沁水，民居星聚，商贾云连，凤邑一大都会也。旧有城，创始莫稽，而周村、川河两里，资其捍卫。明甲申（1644年）之变，流匪王嘉印、紫金梁等三十余头目经过此地，邻近村庄无不被其蹂躏。毁民居，劫民财，流离失所者指不胜屈，而此村独以有城幸获无害。责城之所以戒不虞，备防守，其关系诚非渺小也。乾隆五年（1740年），曾经范公、慎公重为补修，迄今百有余年。风雨剥蚀，鸟鼠窜伏，墙垣坍塌，雉堞倾欹，半为荒榛蔓草矣。不为补葺，将何以卫生民、御暴客乎？但工费浩繁，众情难协，董理不得其人，恐劳民招谤，旷日持久，而卒底无成。不几贻筑室道旁之诮乎？近因外省不靖，邑尊刘明府钦奉上谕，饬令民间各修堡寨，以为防御之计。惟念周村为秦豫通衢，行旅往来，络绎不绝，防御尤关紧要，于是择绅士之公而忘私，名望素著者，官为遴举郭如兰、张鹤年、司玉琛、郭建章等四人为首事；复举郭俊卿等三十余人督理其事。工始于丁巳（1857年）夏四月，告竣于戊午（1858年）秋九月。旧者新之，缺者补之，砖石之破坏、基址之倾颓者，咸更换而深筑之。城楼改观，护城地内外各五尺，气象一新，视昔有加。是役也，刘明府经其始。升任后，孙明府委员、岳少尉查办，催督益勤，卒成乡隅防盗之良谋，以仰副皇上保民之至意。民之踊跃趋工，皆二明府之慎重民事之所致也。今叙颠末，并将施财姓氏勒之贞珉，以传永久。爰为颂曰：

淬剑思利，筑城思坚。今兹后起，不愧前贤。
高墉隼集，短堞蝉联。言言仡仡，巍然焕然。

工无妄费，时无耽延。不畏强御，永固人烟。

安堵无恙，于万斯年。

壬午举人吏部截取知县贾瑞清谨撰

己酉科拔贡辛亥科解元张士达敬书

董　　事：乡饮耆宾范玉衡　贡生郭俊卿　乡饮耆宾司会　范成惠　卫守基　司在智
司生香　乡饮耆宾张秉巽　李应奎　刘学濂　司可钦　范立朝　李元绩
卫玉都　范魁贤　萧天成　李　湜　董作舟　刘学湘　李希旺　侯　合
范裕国　范汝骧　郭敬修　宋景福　范锡纪　庠生侯绩　廪生萧鸣冈
任九成　范育东　郭清池　张友良　司凤冈　范汝楫　武生张师俊
廪生范希仁　侯定勋　张文斗　张道恒　监生郭履坦　庠生侯恒灵
候补训导卫翰书　监生李芳瑛　庠生司玉琛　奎文阁典籍郭如兰
例封文林郎张鹤年　候选同知郭建章

捐资芳名：玉成号　永兴号　仁兴号　三益恒　顺兴店　马王会　各钱十五千文
天泰店　仁义店　各钱十二千文　　复兴板店　统顺兴　各钱十千文
万盛东　延隆顺　延聚泰　长　兴　德兴厂　同兴厂　同泰合　寿生堂
张玉山砖窑　卫谨砖窑　卫丙荣砖窑　各钱八千文
公泰源　钱六千八百文
源发恒　三合祥　中和堂　连富和砖窑　各钱六千文
培元板店　天育号　程梦谦　叶秉信　兴盛店　源发楼　义合公　坨　店
义和合　义合堂　公和余　魁士馆　隆兴碗铺　源盛号　焦福昌饼铺
复兴楼　广兴号　全泰架　顺来架　卫然铁炉　各钱二千文
德和饭铺　钱一千七百文　（三）盛饭铺　萧永兴椅铺　永盛店　于旺店
和盛隆　和兴隆　各钱一千五百文
成泰公　东安怀　泰顺公　荣兴号　元泰公　旺兴染坊　李殿安
廪生范希仁　耆宾张钟麟　范国华　张秉巽　范魁贤　监生范立朝
司可钦　候补训导卫翰书　郭鼎（西）　侯　绩　范希纪　耆宾宋景福
李元绩　庠生范惟一　范育东　李芳瑛　卫龙骧　庠生李自新　任九成
萧振飞　范汝骧　张起坤　范畊心堂　卫□□（矿）　各钱拾千文
李钦新　钱八千六百文　　李希旺　卫振铎　各钱九千文
郭希颜　钱八千六百文　　郭鹏麟　钱八千七百文
范体清　范玉泰　张友良　杨广□（氵）　张全年　各钱二千八百文
郭瑞星　钱二千七百文　　靳培礼　钱二千一百文
范光裕　钱一千（二）百文　范习恒　司玉科　司顺志　郭进德　□□文
董作舟　李长春　郭起远　（司）保顺　郭□□　司□□　□玉□　司□□
□□□　耆宾萧正通　李嘉谟　李全斌　卫　琪　马引弟　卫守法
张凌汉　范锦恒　梁青山　范新林　刘　统　司小科　范锡吉　司子荣
李文玉　……　司□□　范□□　郭凤□　范□□　李□□　……
萧□□　萧□□　司润科　李□□　卫□□　……　卫□仁　卫（可）仁
□□□　范全合　司（可）建　司□□　范国（珍）　（范）正□　……
范（穰）□　李富贵　郭来柱　李希淳　李希濬　李学礼　段永兴　卫广昌

萧学孟　王景坤　夏小润　司习（文）　李□□　李元（锡）　樊锡□
萧□□　卫玉□（懋）　……　司□□　李台娃　卫守魁　郭小□（仁）
杨□□　……　范□□　范天俊　（李）□□　范正□　……　卫文林
李玉贵　张文星　张国裕　范成源　侯金卯　卫福年　刘□□　范□仁
张□□　□□□　□□□　□□锁　……　范成□　以上各钱五百文
□卯纪　□二□　□道卯　……　范（寿）成　萧泰成　吕振泰
以上各钱二百文　范思明　史海元　茹孟春　范海云　赵应泰
以上各钱一百文　……

48.补修东南城隅碑记

己酉科拔贡辛亥科解元张士达撰文
泽州府凤台县儒学廪生萧其馨书丹

且予观于《易》而得防患之道焉。《泰》之上曰："城复于隍，贞吝。"《否》之五曰："其飞其飞，系于苞桑。而设险守国，则象取诸坎；重门待暴，则义取诸豫。"盖作《易》者之有忧患，而其为天下后世虑至深且悉也。本镇居凤邑要冲，旧有城，形似虎踞，俗名曰虎城。周三里一百九十五步，墉高四丈，睥睨六尺四正。各辟门，而水门介南城之西偏。峰峦层抱，河水周环，仡仡乎一方保障也。明季流寇之乱，屡攻未陷，全活人命者约十余万。惜其创始碑碣，经兵燹之后，毁裂无稽。迄于今，惟慎公范君之重修石巍然独存，乃乾隆五年（1740年）十一月立也。里之人，览其遗迹，犹往往坠泪云："第百余年来，颓垣残堞，日就荒芜。"咸丰丁巳（1857年）夏，先君子与司晓峰、司玉琛诸公，感粤匪前窜，垣曲邻壤、平潞各属，蹂躏几遍。爰按藉决志更筑，经营倍至，寝食匪遑，乃工。甫过半，先君子忽病作，虽抱痼垂床，每以缮修未竟为憾。维时诸公督理益勤，孳孳无少懈。越来岁季秋，土功以竣，而先君子亦寻病终矣。然而补葺之余，旧基易坏，洼下之地，众流毕归。去秋阴雨连旬，其东南城隅被流潦浸灌，忽坍塌二十余丈。而又东城垣之近河者，亦形崩裂。尧峰先生患之，邀予与范亩桥、范成惠诸公计曰："城颓矣，可若何？"予曰："今兵戈扰攘，乱方未厌，城之不完，民将安附？《子舆子》有云：'掘井九仞而不及泉，犹为弃井也。'诸公勉乎哉？"然比岁凶荒，民多菜色，今日之城，视畴昔倍艰，非闻之县令，恐众志未协。虽任劳任怨，无益也。爰乃度地势之广狭，计工费之多寡，按其情形，联名具禀。我县慈示以邻省未靖，随示钧谕，饬各努力捐输，以资捍患。于是择居民中少有力者，次其甲乙，捐钱二百余贯；又分别商贾大小，捐钱一百八十余贯，统计钱三百九十贯有奇。选吉今岁六月十六日工始，人情踊跃，鼛鼓沸腾，浃辰者四而城遂焕然改观焉。夫有备无患，古之善教也。诸公目击时艰，独能体设险之义，严待暴之防戒，隍复以保泰；固苞桑以倾否，有举莫废。慎终如始，治而不忘乱也，安而不忘危也。所谓哲夫成城，有其殆庶几与！予少不更事，忝邀乡选，适丁多故之秋，愧乏筹边之策，已自分闲散矣。然桑梓必恭，未免有情，兹幸诸公思患预防，为一方祈命，俾安堵无恙者。咸歌于斯、哭于斯、聚族于斯。而予也，勉厕其役，亦得藉垣墉之勤，以稍慰先君子之夙志也。故记之。

董事：庠生李应奎　司玉琛　解元司可钦　范魁贤　董作舟　张士达　李希全　萧天成
从九侯合　范育东　范启元　从九司玉琮　耆宾宋景福　从九侯鼎　监生李芳瑛
萧其馨　张凌汉　庠生范成惠　候选同知郭建章　耆宾张秉巽　廪生萧鸣冈
司允猷　庠生侯恒灵　郭敬修　范立恒　司青山　奎文典籍郭如兰　监生范立朝

司在智　司玉都　庠生范惟一　范锡诰　侯肇勋　司允新　司启泰

捐资芳名列后：

关帝会客商钱一百六十五千文　泰盛亨钱二千文　德兴厂　同泰厂　同兴厂　鳌金局
各钱一千五百文　三裕公　福昌铺　尚饭铺　各钱一千文　达生号　天育号　各钱七百文
仪盛号　抬椅铺　锦兴号　瑞隆号　鸿发堂　双盛号　隆兴号　义和号　刘饭铺　三义庆
义合成　庆仙永　各钱五百文　泰和顺　三合号　福喜铺 各钱四百文　广兴号 钱四百文
义昌和　邢饭铺　德盛号　义合堂　杨饭铺　二合永　源发楼　有秀仪　张蹄炉　双合成
瑞兴号　白饭铺　德义号　卫蹄炉　通发号　张阳阳　聚连堂　净发堂　曾菜铺　义合魁
太和堂　元义号　石饭铺　吉饭铺　各钱二百文　德和号　钱一百文　监课提举郭统勋
县丞郭宗式　候选同知郭建章　各钱二十千文　从九郭允熙　钱十五千文　廪生萧鸣冈
钱十千文　段嵩山　钱八千文　庠生司玉琛　解元张士达　李应奎　监生李芳瑛
武生郭思诚　各钱五千文　郭维藩　郭敬修　从九郭思铭　各钱四千文　监生范立朝
李元一　范裕国　各钱三千文　酒景元　钱二千二百文　庠生范惟一　庠生范成惠
耆宾宋景福　侯定勋　庠生侯恒灵　奎文典籍郭如兰　各钱二千文　耆宾张秉巽　范体元
司可钦　郭慧林 各钱一千五百文　范汝骧　郭景华　郭豫修　从九侯鼎　司凤冈　吴毓瑞
郭如斌　郭希颜　范畊心堂　范育东　范希仁　范魁贤　李芳璇　郭新科　范锡纪
萧海元　萧斯馨　卫龙骧　郭允修　张义正　各钱一千文　司启泰　钱八百文　司瑞兴
郭廷栻　张友良　各钱七百文　范锡连　董作舟　各七百文　郭瑞 钱六百文　典史卫铭桂
从九侯合　侯九州　郭鼎一　王锡元　介宾司会　张永茂　李一新　庠生侯树勋　郭清池
郭学濂　刘学瀚　刘学温　郭鹏程　张恩连　张聚堂　司允震　郭俊弼　李元绩　范玉泰
范玉金　李希全　张宝川　各钱五百文　范玉成　范汝楫　郭廷举　张子山　于　库
赵美泰　各钱五百文　司玉科　张凌汉　各钱四百文　司生香　司　瑞　司子诚　延全基
张明扬　范继昌　郭芳华　范立恒　司雪山　范锡吉　郭　吉　范新林　梁青山　李廷理
郭守源　李德俊　郭惟一　贾正兴　萧文成　卫凤翔　李元儒　司廷荣　各钱三百文
董作舟　范锡诰　范锡鉴　范成芝　范成芳　李和太　刘庚申　郭起远　司锦福　司锦舒
司可达　卫小林　李香保　卫广昌　卫　琛　杨金海　各钱二百文　郭天元　司　森
各钱一百文　贡生郭俊卿　钱八千文

收捐资三百九十九千四百文　又收捐资八千文

入卖石灰铁锅钱一千二百二十文　　总共钱四百零八千六百二十文

一砖钱一百零三千九百六十四文　　一水钱十四千九百四十四文

一担半头砖、斫砖钱五千九百五十八文　　一石匠工钱十九千零二十文

一进城办公钱四五千六百五十文　　一敬神请客钱十七千五百文

一赔布施麦钱二千一百二十文　　一包小工家伙钱三千文

一公局使人工钱四千二百六十六文　　一石灰钱四十千三百八十文

一筛灰钱十一千八百七十四文　　一木匠工钱十五千七百九十五文

一小工钱七十七千二百五十文　　一北门碳渣钱八千二百文

一包地亩稞籽钱四千文　　一买石头钱四千零七十五文

一买绳布钱三千四百八十文　　一杂费钱五千三百四十七文

一写碑立碑钱十三千七百文　　一补底少数钱二千三百五十八文

总共使钱三百八十一千八百八十一文　　下余钱二十六千七百三十九文　以备公用

大清同治元年（1862年）岁次壬戌季秋吉日

49.公议城垣条规

每年社首验城交社，如有塌坏并缺砖之处，修补齐楚方许交接。城垣内外五尺皆系古迹公地。若接连官路社地者，以尽处为限，来往道路皆照古迹。凡系公地，一概不许侵占。条规列后：

一城门起更后即行封锁，不许私行开启；

一骆驼由北门外行走，不许入城；

一成员内外公地，不许堆积灰渣粪土；

一城垣之上不许往城下倒解灰渣；

一城垣内外公地，不许取土寄柩；

一城垣内外公地，不许栽树挖池；

一城垣内外公地，不许牧放牛羊；

一内外城垣，不许攀取砖石；

一临城地亩五尺以外方许耕地；

一城垣内外公地，秋夏曝晒粮食，不许辊棒捶扑，致坏砖石。

以上诸条，违者议罚。

大清同治元年（1862年）季秋吉日阖社重立。

□（事）物不平则鸣，大抵皆然。此讼之所有兴也。然兴讼有由，而听讼者惟州县司其权，近有好事之辈，往往在三庭颠倒是非，虚词捏禀，串谋书役，讹索乡愚，以致良民受害，不可胜数。殊不知佐贰擅理民词。我朝例有明禁：三庭衙门，原不许滥受词讼。兹本镇阖社公议，悯乡愚之无知，惩匪徒之肆毒，遵例勒石，以垂久远。嗣后倘有三庭词讼，乡地不与持票唤人。如该庭役恃强传唤，乡地通知社首，合镇绅耆赴郡递禀。特此布知，各宜凛遵。

大清同治三年（1864年）岁次甲子十一月中旬阖镇立石。

50.重修前宫帝庙碑记

且□帝君之灵，有明敕封之额备言之矣，追我□朝叠次追封其功德，之所被历匕可稽，奚庸赘序忆明之。□建俞官或缘后宫神像，一为戎服、一属偏偶，非所以仰文德正南也。此建庙之所由来，与顾万历至今又二百数十年，虽冕旒服饰，弗事戎仪，较之后宫而滋盛、而代远，年湮栋榱、渐致摧残，殿宇即形倾圮笈岌乎，有不可终日之虑。道光年午楼一带业经重修，而正殿角殿真为可任其坍塌而不为修葺者也。癸亥秋总理诸公情缘社事，参差公举，同班十二家意在振覆。而李文垣应奎公曰：社所以不振者为无工耳，使土木偕兴而犹有，悭吝摧延不输社钱者必非人情，以故居守庙中协同本班，慨然以修理为己任，且独输己财并追北阁旧存之硕作垫铺。爰庀材鸠工，重建正殿角殿七间而恢廓之。余俱葺补焉，甫停梓匠即施丹青，是工之成匕于众实成于文垣公也。经始于本年三月初二日，落成於九月初十日。仰见丹楹刻桷咸成，采碧之光、玉像金装复睹庄严之气。是为志

泽州府凤台县儒学廪膳生员　萧其馨　敬撰

泽州府凤台县儒学廪膳生员　司堉堂　敬书

董事：李应奎　庠生司玉琛　析水军粮分县　郭总　　李希全　卫乾吉　司允新　司启泰

郭俊卿　庠生范成蕙　解员张士达　耆宾董作舟　侯定勋　段嵩山　郭廷举
庠生范惟一　廪生萧鸣冈　奎文典籍郭如兰
候选同知郭建章　司可钦　从九侯　鼎
住持行锡徒侄 义慧
梓工：郭双群　范忠仁　张玉堂
玉工：张惟一　绘工：张凌汉　郭秉鑑
收北阁社存项银一百二十一千文　收苇池社布施钱五百文　收李应奎布施钱五十千文
收郭思铭布施钱一十五千文　收罚项钱一十六千文　收社钱六百三十捌千五百二十七文
以上共收银钱捌佰四十一千零二十七文
修工一切使钱五百五十一千三百九十七文
通年祭祀并乡勇住持茶水钱一百七十一千三百五十一文
迎接故事并秋夏收粮赔钱五十二千七百文
补修茶棚并悬扁使钱四十八千三百文
除使尽余钱一十七千二百七十九文　立碑使讫

旹大清同治三年岁次甲子仲冬上浣吉旦

51.补修南岩祖师殿并大庙东西拜亭记

周村为丹川西镇，与濩泽邻，一名长桥。说者谓此，晋周处斩蛟所也。西有孝侯坪，双槐耸峙，灌木葱郁，生气凛凛然。村之得名，其以是欤？予曰："否，否。"孝侯讨齐万年之乱，殁于军梓，经是邑，遂权葬焉。其曰长桥，好事者为之也。然则曷以周名也？曰："忠信为周。"《诗》有之："载驰载驱，周爰资诹。"盖忠信可以学礼。而唐俗之勤俭，其由来非朝夕矣。村坐坎面离，正庙祀东岳大帝，其右则关帝行宫也。南有峻岭，所谓南岩耸翠者也。然创建已久，雨淋日炙，均有渐即倾圮之象，乡父老颇忧之。乙丑岁（1865年），月闰在午，旧俗于是月十三日恭祝关帝圣诞。演剧之外，诸复谨备高桩故事，以光祀典。虽举国若狂，柳亦启报由弭之遗也。乃人心不古，愈趋愈奢，甚有破中人十家之产，供一妆润色之费者。呜呼，谬矣！宰社范玉泰诸公，心非其举，因邀绅耆司晓峰、李文垣、范亩翘、卫子明、郭午村、李石圃、萧香岩、侯匡九等定议：止剧兴工，并裁故事之费，募商捐资二百余千，用赞补葺南岩。工始乙丑三月上旬，终闰月下旬。大庙工始丙寅（1866年）三月中旬，终四月下旬，共需钱三百四十千有奇。事竣，将勒石，问序于余，余曰："是役也，殆不作无益害有益，而功乃成者也，乌可以弗序？"圣人以神道设教。祠宇既立，灵爽斯凭。苟雨风之弗蔽，而欲藉杂剧之微以奉馨告洁，吾恐神其吐之矣。且聪明正直之谓神，故事之奉行，费即累万，其弊止于奢也。若夫剧之演也，忠孝节义之传，百无一二，而小则试谑，大则诲淫，伤风败俗，莫此为甚。人尚厌之，而况于鬼神乎？诸公隐鉴于此而力挽之。黜踵事之华，杜慢神之渐；革薄以从忠，去伪以崇信。固卓然转移乎风俗，而不为风俗所转移矣。自今以始，忠信之事则可，不然则止，先民有知其于古昔命名之义，庶默合也。敢敬告后之宰社者。

例授文林郎己酉科拔贡辛亥恩科解元镇人张士达敬撰
敕授修职郎前任山东沂州府沂水县丞镇人郭宗式敬书
总理社首：范玉泰　范体元　司凤冈
协　　理：范魁贤　李和泰　郭鼎一　董作霖　司三和　范锡琏

梓　　工：张秉巽　张玉堂
玉　　工：张惟一
绘　　工：郭秉鉴
南岩大庙住持：介永安　僧义慧
捐资芳名并花费列后：
同义永盐店　捐钱十六千八百文　协兴当典　澧泰当典　泰盛当典 各钱十三千四百四十文
全泰礼　公兴合　松盛协　顺兴隆　福顺昌　各钱十千零零八十文　永泰油坊　永盛麻铺
祥兴永　泰盛亨　各钱六千七百二十文　瑞泰义　公义店　各钱五千零四十文　复盛号
义兴隆　牛义泰　万盛来　仁义西店　永兴号　裕丰德　义兴公　长春堂　玉成烟坊
兴成烟坊　长兴厂　德兴义　仁义东店　恒盛永　各钱三千三百六十文　复兴银楼
永长启　协同兴　广德堂　吉泰祥　协兴赁铺　东成药店　郭锦绣　三裕公　公和余
税　局　全泰架　各钱一千文　张富陶　捐钱八百文　张长保　捐钱七百文　蔡铁匠
捐钱六百文　三益恒　达生号　天和堂　缸　窑　积成板店　复兴板店　靳培礼　刘日云
范小金　双合馆　聚兴馆　尚饭铺　全兴架　正顺架　复泰号　各钱五百文　义合成
重兴公　各钱四百文　庆丰祥　仪盛号　高振德　刘五园　永茂菜店　永盛德　义合奎
福喜饼铺　裕兴和　义合堂　隆兴碗铺　邢饭铺　各钱三百文　焦维兆　有秀义　李顺兴
聚连堂　各钱二百文　史饭铺　钱一百文　耆宾李应奎　司凤来　各布施十千文
以上共捐资布施钱二百四十六千八百二十文
收社钱七百一十三千五百文
收辛壁社香资钱十三千文
收罚项钱十一千文
通共收钱九百八十四千三百二十文
南岩修工一切费钱二百六十六千九百三十文
大庙补修东西拜亭一切费钱七十六千五百四十文
通年祭祀并迎接故事、乡勇、和尚茶水钱四百八十六千三百五十一文
秋夏收粮食赔价并一切杂费使钱九十三千九百文
迎接辛壁社祷贺雨使钱三十二千文
立碑悬匾使钱二十八千六百文
总共使钱九百八十四千三百二十文

大清同治五年（1866年）岁次丙寅季秋吉旦

52.明吏部员外郎卫公神道碑

张士达

公讳邦，字之翰。成化壬辰科进士，除吏部稽勋主事，迁员外郎。郡志载其居官廉洁，谢绝请托，苞苴不行。享年四十有六。卒之日，贫不克葬，寮友公敛赀以助之。墓在镇北之古城岭。子冕，正德岁贡生。任海州学正。有父风，冷署萧条，虽一介弗苟也。夫廉吏之不可为，千古同慨。公既以清白贻子孙，而冕复善承先志，所谓其父析薪，其子弗克负荷者，吾知免矣。然方公任选曹时，若李神木荣、梁阜城恺，范涿祺诸君，后先踵武流芳，史乘虽曰地灵，实则人杰耳。迄今数百年来，吾郡登进士者，惟国初梁掖吕一人。而乡榜之举，亦复寥寥。岂天之降才尔殊乎！何地则犹是，而古今人

乃邈不相及也。达忝在桑梓耳，公之名稔矣，而闻风兴起，每恨不获亲炙。抚前哲之云遥，惧斯文之将坠。因略志数言，俾览是碑者，咸知所励云。

53.司五□生墓

庚寅（1890年）恩进士愈内弟王家骥顿首拜撰并书

公讳王琮，字瑞符，行二，大行五，文澜公之仲子也。生而颖异，好读书，应童子试，屡（到）（前）茀。□学宪案临，辄疾病，以故不获游庠，乃援例捐九品职。因家务缠绕，未登宦途，而心性公正，治家井井有条。长幼内外，睦睦□□，乡邻称羡。年近知命，公举总理社首。补修庙宇，解和词讼，镇人无不敬服。丁丑（1877年）灾祲，受惊而殁，闻者伤悼。公原配岸村王氏郎，余之女兄也，知书达理，孝敬翁姑，和睦妯娌。生子二，长启堂 次炳堂。生女二，俱适名门。继配北留霍氏，生子（镜）堂。又配田氏、李氏，俱无出。霍氏弃世，镜堂尚幼，赖李氏抚养成人。按□，公生于道光六年（1826年）十一月初四日，卒于光绪四年（1878年）二月三十日，□（享）寿五十三岁。甲申（1884年）秋七月，合葬于新茔，至今历二十年矣。启堂等欲立石铭其先人，浼（měi）余作记。余秦稔其梗概，且喜司五兄之□□皆贤也，爰为之记，用垂久远云尔。铭曰：

作善降祥兮，积德者昌；宜尔子孙兮，桂馥兰香；羡吾兄之不朽兮，百世流芳。

54.修补城垣碑记

镇之有城所以维持治安，庇商与民无事者也。溯自明清两代冠盗屡扰我边境，左近居民皆受其害，而本镇则□。故是非有退贼之方全赖此城之力，古人之思患预防功垂后世者岂浅鲜哉。令岁夏五月十三夜间雷电昱常大□，地面之水几盈尺矣，因是城之西南隅为天水浸灌坍塌十余丈自上而下无片石之留存，执事者目击心惶日夜□谓常此不振是有城直若无城矣。畴昔之不畏强御永固人烟者。此后将安亦恃也。第工程浩大经济无出不得不□力于是纠集四门绅者妥议捐 商家以大小计民户以社分□按户捐纳不少贻漏差幸今岁秋登人皆□输得缗廒谓此工因近来砖质不坚难以持久不如用石砌之可望巩固。遂定匠工开石窝工赀虽巨成□□日而谓□益害有益功乃成者信不诬矣。凡厥镇人既聚族于斯，知此举为义务而当尽，故捐赀者不悭不吝，督工者任怨任劳同心共襄，是举使颓垣为完城，卫生民以御暴客，向之望而生畏者不且一变，而为欢欣鼓舞哉，敢述颠昼用勒□后之君子。

前清增广生员兼讲习毕业卫捷魁撰并书

总理

李瑞堂　郭焕藻　范树萱　萧有才

协理

范树宗　郭象益　司宪堂　张玉奎　司瑞圖　范纯一　天和　李友华

督工

李鸿飞　郭焕文　范树楷　司鸿儒　郭象震　范应文　赵瑞莆　萧有学　司士杰　侯邦杰　卫捷魁　宋啓明

中华民国六年岁次丁巳季冬月谷旦

55.重修井筒并加井栏记

前区长郭焕文撰并书

巷右有井，不知创自何年，自同治末年谓塌坏。当是时，民力维艰，迁延未办，遂遇光绪丁丑（1877年）大祲之年，本巷居民死士过半，十室九空。深巷无人，浚井之举，更属未论。迄今四十余年，生齿日繁，生机日盛，取水者四出奔忙，颇形不便。更兼亢旱之时，夏忙之际，求之不得，取水者深觉掣肘矣。于是巷中父老公同商议，有任劳者，有任怨者，有助财者，有包险者。一唱百和，众口一词，按地捐资，收钱有限，又借助于本镇富商，加井栏，置辘轳，修小庙，装金身，合力同心，方成此井。是役也，虽非巨功，但诸商之慷慨好施，居民之踊跃急公，要不可没。孟子云："人非水火不生活"，岂非公益中之一小事也。我书之于石，以垂永久。

经理：郭焕藻　司维和　司瑞图　司维申　赵瑞清
任复基　司祥祥　侯举庸　司　帐

同顺兴　捐财五千文　聚兴同　义和瑞　司太昌　恒昌德　长兴糖房　福顺兴　同仁堂
中兴和　裕兴昌　日升和　瑞太义　瑞太栈　大兴同　德盛公　以上捐财一千五百文
复兴楼　天太和　三义和　玉成公　谦益恒　德兴仁　永和堂　永太昌　以上捐财一千文
同茂成　源盛恒　福盛合　万盛祥　以上捐才（财）八百文　裕隆号　吉星昌　复新楼
王小东　顺兴架　福兴林　张同宝　复盛昌　郭晓声　马聚生　萧有有　金兴皮坊
福盛架　和盛架　以上各捐财五百文　林增裕　捐财七百文　极德堂　捐财四百文
赵忠恕堂　捐财九千三百三十文　郭安仁堂　捐财五千七百五十文　任复基　捐财五千二百八十文
范遵道　捐财五千文　卫狗起　捐财七百文　贾起法　捐财八千四百文
司喜太　捐财八千五百文　郭荷荣　捐财二千五百文　杨三□（和）捐财八千零二十九文
张德和　捐财一千六百文　范小宝　捐财九百四十文　司瑞图　捐财九百文　司天福
捐财九百一十文　白玉山　捐财一千五百文　司祥祥　捐财八百五十文　司亿堂　捐财四百文　侯坤年　捐财四百五十文　司三计　捐财一千文
万善同皈
侯恒山　捐财四百文　司友计　捐财二百五十文　李引科　捐财九十六文　司逆根
捐财六百文　司维和　捐财七百文　侯举庸　捐财一千四百一十文　侯子庸　捐财八百文
侯万年　捐财七百文　段昌恒　捐财八百文　裴类科　捐财一千文　郭小症　捐财一千二百五十文
和裕成　捐财一千文　司维成　捐财九百二十文　田维斌　施大石一块
赵瑞莆　施大石一块　郭九思堂　施砖二百四十个　董　钦　捐财二千文
一出麻绳银九千五百文　一出砖瓦银十五千七百文　一出拉砖车力银三千一百九十文
出石灰银三千四百文　出铁货银三千六百八十文　出井上下木料银六千文
出油酒贴饷并一切杂费银八千四百十七文　出木匠工银十九千文
出犒赏等花费银十千零七百一十八文　出帮小工银三千二百文
出舍装和□银九百四十文　出树碑工银八千文　出献戏资银一千四百一十六文
以上共出银九十九千二百十四文　除出下剩银五千九百二十五文　作送匠工酒钱
民国七年（1918年）七月十五日北门巷立石　工师　董铭　玉师　郭茂才

56.日本侵华铁证：忠魂碑—笠原部队

春季晋南及同歹击作战　阵殁者芳名
自昭和十五年四月十六日至同六月二十日
陆军少佐　楠见信孝
陆军大尉　武腾吉藏　神忠四郎　樋敷典久
陆军中尉　上野高一　本间敬三　宫尾茂三郎
陆军少尉　岩佐益松
陆军曹长　佐藤蹊夫　细木保　印藤利一　后藤喜助　下山六之助　岩谷末藏
陆军军曹　中山胜三郎
陆军伍长　中村圆次郎　袴田勇五郎　荒木金雄　高桥正己　柳泽喜吉　佐藤助右工门
荒木喜太郎　野田头市三郎　布宫胜男　芳贺忠一　佐藤助太郎　成田光世
真田贤次郎　皆川勇吉　森山义成　川岛忠雄　小野丰　菊池仓造　菊池诚一
境忠一　岩渊英雄　秋叶福治　白坂与一郎　木村兵八　秋场正村　大森甚兵卫
陆军上等兵　铃木光雄　大石安男　佐藤幸吉　王本实　野田石光　大津〻次　工藤左次郎
白田芳雄　石田秀八　山谷多赖　秋场贞吉　工藤吉十郎　木村吉松
须田山胜雄　伊藤由藏　山形健治　渡部芳雄　三浦充弘　高梨精一
马场敬六　铃木吉马　播利助　木村武雄　秋谷德藏　白田贞藏　竹内定吉
石泽胜三郎　田中龟吉　杉原吉治　山中八石工门　野村三郎　柳泽大吉
榊久之助　小山田武通　后藤与作　霞初太郎　泽口石太郎　峰田旧次
镰田由一　石川一郎　前田源太郎　佐藤定一　木村义雄　一户金次郎
本间仪三郎　远藤贞吉　我妻久吉　尾形权左工门　田金藏　石川喜之助
工藤定男　菊地辛一　泽三郎　五花直太郎　直井才太郎　久慈香信
佐藤元藏　阿勇武男　安食多喜雄　上野宇三郎　佐藤勇治　高梨政次
岛影孝一　渡边五八　小松巨司　宇野惚太郎　日野吉五郎　原田正一
齐藤正司　岩渊赟　和田祐吉　小笠原勇

昭和十五年十月十六日建之　　笠原部队　大野部队

57.（东佛庙）创修碑记

从来守成不易，创始尤难，若欲筹运土木以成神佛祠宇，自非急公为怀，见义勇为，鲜克当此重任。本镇城东北，素有隙地一方，由来久矣。其地略偏北境，旧有道宇一所，现已残没。尝延地师勘视，言此方土脉膏腴，地旷人稀，若能创建佛祠，补艮方之空虚，则于城东居民大有裨益，全镇所有农工商学亦增福利。东门共有喜倡义举诸人，皆乐善不倦士也。平日对于佛教最为崇信，久欲修葺佛宇，以为弘扬佛化之所。特因时局不靖，有志未逮。嗣于民国二十二年（1933年）召同志公开会议，皆愿于本镇东北修建佛庙一区，以培地脉，而扬佛化。遂乃筹集巨款　择吉兴工。先修上院大殿三间。中供西方三圣，两旁供白衣、地藏大士。东西角殿各一间。左供龙王，右供高禖，东西平房各三间，以作办公款宾之室。继修下院南面舞楼一座，并左右耳房各一间，暂为停工。次岁孟夏，又复鸠工庀材，加修下院东西看楼上下各五间，两面各辟小门以作便道。全院规模略备，乃于舞楼之下向南开作山门。颜其门额。白东佛庙。夫庙为西方圣人。此庙以“东佛”名者，谓以西佛而祀于东方，自感佛光西来，照临东土，庶得震兑交融，金木相济，而为覆庇人民之一大保障也。兹值大功告竣，殿宇巍峨，顿觉金碧辉煌，焕然一新。董事诸君嘱予为文以纪其梗概，并将一切捐资芳名勒诸碑石，以垂不朽。余思本镇诸君既已肩此重任，成此巨绩，而各方善信又复努力捐资，勷此盛举，从此拜祷有地，重修得所，不惟本镇之百福千祥均可随时感召，而将来法运宏开，佛化普及，在在齐登觉路，人人共出迷津，亦将于是而肇其基矣。乃不揣固陋，爰将是事颠末略述如上，以为来世钦崇佛法者劝。

董事：卫禹（田匀） 萧有学 郭锦章 李鸿恩 黄天福 李存仁 卫祥麟 郭景盛
李庆成 萧凤至 卫廷俊 萧廷英 范洪模 卫如鉴 酒天爵 李鹤年 萧廷治
酒桂岭 郭景焕 萧德霖 李玉林 萧廷玉 卫殿臣 杨自诚 卫兰瑞 李书馨
范德照 杨寿山

小工监督：张培仁

梓工：陈玉根

绘工：梁培兰

玉工：李庚辛

民国三十一年（1942年）十月吉日

捐财芳名：

庆和隆 一百七十千文 中兴和 六十八千文 集义成 六十二千文 广德堂 五十千文 瑞生德 三十六千文 祥顺公 二十六千文 景泰源 二十五千文 同盛德 二十五千文 存兴斗 二十四千文 福顺兴 二十二千文 怡成栈 二十千文 德聚兴 二十千文 协同泰 二十千文 裕泉德 二十千文 公兴合 十六千文 自成恒 十五千文 鸿发店 十五千文 永茂祥 十五千文 集泰昌 十四千文 公立染坊 十三千文 乾泰峰 十三千文 复兴楼 十三千文 义胜斗 十一千文 益聚成 十千文 复兴店 十千文 晋生合 十千文 济育堂 十千文 裕盛永 九千文 同心馆 九千文 福盛斗 九千文 交和斗 九千文 恒源祥 八千文 德茂馆 八千文 泰顺馆 八千文 公义馆 八千文 德顺鑫 八千文 关帝会 六千文 协泰永 六千文 斗捐局 五千文 天聚成 义和瑞 大德昌 玉成公 义盛昌 义盛山 永和堂 瑞升和 鑫盛公 友三店 三鑫炉 义兴馆 怡成斗 聚兴斗 隆盛园 赵毛连铺 晋城头盔铺 晋城王凤鸣 以上各五千文 复元成 德兴仁 泰和祥 冯接书 以上各四千文 复兴林 广裕堂 德盛公 三盛和 来保糖房 李天申 冯秋贵 王绍智 朱振荣 以上各三千文 万成玉 金泰和 公兴全 文升义 阮和堂 元兴楼 祥盛楼 德茂祥 德顺店 以上各二千文 同茂成 二合兴 郑清湖 以上各一千文 卫国珍 一百八十千文 卫祥麟 一百七十九千文 卫禹（田匀） 一百六十六千文 萧凤至 一百三十七千文 李庆成 一百二十六千文 卫殿臣 一百零七千文 范洪模 九十九千文 郭景盛 九十四千文 李存仁 九十一千文 黄天福 八十五千文 李鸿恩 七十四千文 卫殿邦 七十一千文 郭景焕 六十七千文 马聚生 六十三千文 郭景章 六十一千文 萧有学 五十八千文 卫天和 五十千文 杨自诚 四十八千文 萧廷英 四十七千文 张金才 四十五千文 萧廷玉 四十一千文 萧德霖 三十九千文 范德照 三十九千文 卫兰瑞 三十六千文 卫廷高 三十五千文 萧廷至 三十四千文 宋长明 三十三千文 董春如 三十三千文 李玉林 三十二千文 黄天贵 三十二千文 河城李姓 三十千文 李书声 二十九千文 卫廷锦 二十八千文 萧福元 二十六千文 中庄徐达三 洋五十元 张兴国 洋五十元 里头院卫姓 三十五千文 酒家院酒姓 二十五千文 杨随随 二十五千文 酒天爵 二十四千文 卫廷章 二十三千文 郭起荣 二十二千文

殷永恒 二十一千文　萧锦元 二十一千文　清云堂 二十一千文　萧拴清 二十千文
李玉珠 二十千文　张燕宾 二十千文　卫殿华 十九千文　郭接义 十九千文　萧小仓
十九千文　萧廷士 十八千文　李双彦 十八千文　卫廷岐 十八千文　李万仁 十八千文
卫廷贤 十七千文　卫廷标　王承彪　杨寿山　任福贵 各十六千文　靳廷扬　张生贵
李小润 各十五千文　靳莫义　卫建寅　李瑞年 各十四千文　卫兰丰　黄青云　司中权
各十三千文　萧有才　萧来顺　卫廷卿　酒桂岭 各十二千文　酒贵珠　萧廷选　萧遵信
卫殿敏　杨得胜 各十一千文　卫懋麟　卫兰香　卫廷俊　卫廷宾　王兰佩　杨明山
李新和　郭宝金　醋房院卫姓 各十千文　张小旺　李鹤年　陈保善　萧廷芳　李金生
各九千文　卫廷身　萧学茂 各八千文　萧廷秀　靳廷栋　卫小旦　萧接生　萧廷富
殷起仓　萧汉卿　萧接绪　萧和贵 各七千文　萧士士　萧秋棠　董道士　王聚义　李兴旺
赵书林　樊石贵 各六千文　卫天元　王承岐　李鹤翔　范遵信　刘昙女　司树萱
各五千文　萧福福　原光洲　原小喜　常牛犊　张小武　郭伍生 各四千文　吴章元
司福泰　延小仓　延来三　延首敬　李老梅 各三千文　卫廷安　卫廷顺　司鸿如　李生元　李丙辰　赵首中　郭红红 各二千文　李群生　李祥龙　延天成　延小凤　王　二　李国芳 各一千文　大将军燕 六十七千文　售东阁底 一千一百串文　正乐会 四百二十五千五百六十文　萧廷瑞经手庵头等村 三十千文　东门巷杨柳槐树十九棵　黄天中 神佛三尊
李存仁 地基一块　李新和 地基一块　东坡萧姓 地基一块　耸上王租良 石柱一对
李鸿森 石鼓一对　萧全全 石桌一张　董保如 石礅一对　东门巷公款九百七十八千四百四十文
卫廷贤 洋五十元　酒馥亭 洋五十元　卫兰发 洋五十元　萧廷瑞 洋五十元
卫锁成 洋五十元　王健兵 洋十元　司中庸 洋十元　李文龙 洋十元　王承岐 洋十元
卫小保 洋十元　张佩仁 五千文　复兴粮行 一百三十元　正乐会公款、谷洋 八百元
东门巷公款 洋七百元
总共入钱七千一百二十六串文，入洋一千九百九十元
一出买砖收□钱八百七十二千文　一出买瓦□□钱二百八十八千文
一出买木料钱五百五十八千文　一出买石灰□钱一百千文
一出买石头钱一百一十六千文　一出小工、木匠、车工共工三千五百五十千文
绘工□钱一百九十九千文　杂项□钱九百一十八千文
祭台、开光、演戏钱五百二十五千文
以上总共出钱七千一百二十六千文
立碑、玉工计洋四百元　买碑石等物洋七百四十元
一出石匠伙食杂费洋一千六百六十元　共出洋二千二百元
以上净亏空洋二百七十元　由本巷填补
无名氏又补助洋二十七元

58.重修周村街道碑记

周村镇连行接沁，古云长桥镇也。北倚华阳山，东托文笔峰，南望祖师庙，西踞广福寺。七七事变前，城垣整齐，池水环抱，长桥卧波，行空复道，楼阁高啄，各具风貌。周处墓、魁星阁，分别西东。庙宇、钟鼓二楼、民房，皆依势而筑。登高俯视，全镇矗不知几千万落。北高南低，东西舒展，如凤凰展翅，孔雀开屏，艳丽迷人，可谓泽州凤台之名镇。物阜民丰　商贾云集，瑞气凝聚，才子

辈出。历有丹水名区、行山重镇之美称。事变后，日寇侵我中华，欺我华夏，周村屡遭蹂躏。加之蒋邦阎匪反动统治，使近代史上之周村呈现凄凉。

解放后，满镇生辉，旧貌换新颜。街面道路也曾屡次铺垫，但尚不彻底，却有无风尘埃起，有雨满街泥之说。若从根本上改变，谈何易焉？党的十一届三中全会以来，政通人和，百废俱兴，时泰年丰，人杰地灵。周村民众食丰衣髦，行止文明，经济飞跃，旧宅翻新，大厦增建。望庭院草绿花艳，赏室内清雅静恬。在改革之前，加速城镇建设之际，镇政府并村委会，顺通民意，重修街道，群情激昂，一呼百应。积极募捐，各界支援，于一九八六年农历三月吉日始工，至六月共完成长达六百米地下砖拱排污水道与地上罔瓦砖铺砌街面及各小巷铺砌青砖之工程，共耗金七万一千元。使之路基坚实，路面平坦，既便行走，又显美观。此乃周村当代干群之伟绩也。故特琢碑勒石，永为志耳。

周村党总支、村委会、全体村民

公元一九八六年八月廿六日立

兹将捐财芳名刻后为识。计开：

郊区财税局　五千元　　镇政府　五千元　　经理部　一万元　　供销社　四千元

玛钢厂　三千元　　周村医院　一千五百元　信用社　一千元　　税务所　一千元

硫化厂　一千元　　卫窑煤矿　七百元　　建材厂　七百元　　营业所　五百元

个体协会　五百元　　兽医站　五百元

王千明　朱德秀　肖秋虎　肖连虎　郭红庆　陈虎昌　畅如昌　各一百六十元

卫青亮　卫春和　卫掀库　卫福庆　卫保金　卫海亮　卫其胜　司建立　侯存明

侯满德　徐东善　李旭刚　周末如　范红雷　司满庆　刘茂茂　张松茂　张虎城

张富红　张锡忠　高东库　郭广才　郭钢庆　郭朵红　郭国庆　郭国正　郭晚道

郭道土　黄世明　黄志学　窦晋阳　王斗林　卫吉庆　各八十元

撰文：毕广瑞

书丹：李通海

玉工：郭满仓

修街领工：赵国政

59.重修南城门楼碑记

南城门楼北当东岳庙，南邻祖师殿，是周村五个城门楼中唯一保存下来且较为完好的历史建筑。自清咸丰元年重修至今已有一百六十一年，与城门楼一体的观音阁不知建自何年。据记载明嘉靖清乾隆咸丰年间曾三次重修，百余年来这些古建筑物饱受风雨侵蚀，自然毁损严重，岌岌可危。为抢救历史建筑遗产和保护山西省千年历史名镇实物见证，我南片群众自觉酝酿重修南城门楼。二零一一年五月，本片所辖三个村民小组的村民代表顺应民心召开会议并决议重修南城门楼观音阁，恢复阁内塑像，维修城门圪洞和部分城墙随之发出倡议，呼吁社会各界朋友、本片在外工作人员及父老乡亲慷慨解囊。倡议发出，一呼百应，短短两月筹集资金一十七万贰仟壹佰元。重修工程于当年农历四月二十二日破土动工历时一百四十二天至农历九月十六日结束，此乃善举故特琢碑立石永为志也。

周村村南片全体村民立

公元二零一一年

附录3 人物传记

1.《晋书·周处列传》

周处，字子隐，义兴阳羡人也。父鲂，吴鄱阳太守。处少孤，未弱冠，膂力绝人，好驰骋田猎，不修细行，纵情肆欲，州曲患之。处自知为人所恶，乃慨然有改励之志，谓父老曰："今时和岁丰，何苦而不乐耶？"父老叹曰："三害未除，何乐之有！"处曰："何谓也？"答曰："南山白额猛兽，长桥下蛟，并子为三矣。"处曰："若此为患，吾能除之。"父老曰："子若除之，则一郡之大庆，非徒去害而已。"处乃入山射杀猛兽，因投水搏蛟，蛟或沉或浮，行数十里，而处与之俱，经三日三夜，人谓死，皆相庆贺。处果杀蛟而反，闻乡里相庆，始知人患己之甚，乃入吴寻二陆。时机不在，见云，具以情告，曰："欲自修而年已蹉跎，恐将无及。"云曰："古人贵朝闻夕改，君前途尚可，且患志之不立，何忧名之不彰！"处遂励志好学，有文思，志存义烈，言必忠信克己。期年，州府交辟。仕吴为东观左丞。孙皓末，为无难督。及吴平，王浑登建邺宫酾酒，既酣，谓吴人曰："诸君亡国之余，得无戚乎？"处对曰："汉末分崩，三国鼎立，魏灭于前，吴亡于后，亡国之戚，岂惟一人！"浑有惭色。

入洛，稍迁新平太守。抚和戎狄，叛羌归附，雍土美之。转广汉太守。郡多滞讼，有经三十年而不决者，处详其枉直，一朝决遣。以母老罢归。寻除楚内史，未之官，征拜散骑常侍。处曰："古人辞大不辞小。"乃先之楚。而郡既经丧乱，新旧杂居，风俗未一，处敦以教义，又检尸骸无主及白骨在野收葬之，然始就征，远近称叹。

及居近侍，多所规讽。迁御史中丞，凡所纠劾，不避宠戚。梁王肜违法，处深文案之。及氐人齐万年反，朝臣恶处强直，皆曰："处，吴之名将子也，忠烈果毅。"乃使隶夏侯骏西征。伏波将军孙秀知其将死，谓之曰："卿有老母，可以此辞也。"处曰："忠孝之道，安得两全！既辞亲事君，父母复安得而子乎？今日是我死所也。"万年闻之，曰："周府君昔临新平，我知其为人，才兼文武，若专断而来，不可当也。如受制于人，此成擒耳。"既而梁王肜为征西大将军、都督关中诸军事。处知肜不平，必当陷己，自以人臣尽节，不宜辞惮，乃悲慨即路，志不生还。中书令陈准知肜将逞宿憾，乃言于朝曰："骏及梁王皆是贵戚，非将率之才，进不求名，退不畏咎。周处吴人，忠勇果劲，有怨无援，将必丧身。宜诏孟观以精兵万人，为处前锋，必能殄寇。不然，肜当使处先驱，其败必也。"朝廷不从。时贼屯梁山，有众七万，而骏逼处以五千兵击之。处曰："军无后继，必至覆败，虽在亡身，为国取耻。"肜复命处进讨，乃与振威将军卢播、雍州刺史解系攻万年于六陌。将战，处军人未食，肜促令速进，而绝其后继。处知必败，赋诗曰："去去世事已，策马观西戎。藜藿甘粱黍，期之克令终。"言毕而战，自旦及暮，斩首万计。弦绝矢尽，播、系不救。左右劝退，处按剑曰："此是吾效节授命之日，何退之为！且古者良将受命，凿凶门以出，盖有进无退也。今诸军负信，势必不振。我为大臣，以身徇国，不亦可乎！"遂力战而没。追赠平西将军，赐钱百万，葬地一顷，京城地五十亩为第，又赐王家近田五顷。诏曰："处母年老，加以远人，朕每愍念，给其医药酒米，赐以终年。”

处著《默语》三十篇及《风土记》，并撰集《吴书》。时潘岳奉诏作《关中诗》曰：“周徇师令，身膏齐斧。人之云亡，贞节克举。”又西戎校尉阎缵亦上诗云：“周全其节，令问不已。身虽云没，书名良史。”及元帝为晋王，将加处策谥，太常贺循议曰：“处履德清方，才量高出；历守四郡，安人立政；入司百僚，贞节不挠；在戎致身，见危授命：此皆忠贤之茂实，烈士之远节。案谥法执德不回曰孝。”遂以谥焉。

2.《泽州府志·周处》[1]

周处，字子隐，阳羡人。少负力驰骋，人患之，以比蛟虎。既而改行，见二陆。为吴左丞，入晋擢御史。羌人齐万年反，命率师往讨。道泽，军行不扰，人怀其惠。与羌力战死，谥孝侯。子玘、靖、札扶柩，权葬周村。著有《默语》及《风土记》。

3.《泽州府志·梁兴》[2]

梁兴，太行忠义寨人。宋绍兴间，秦桧主和议。未几，金人渝盟入侵。上赐手札与岳飞，从便措置。飞部署诸路定，又遣梁兴归，纠合两河忠义社，取河东北，继而十七路皆捷。而梁兴会太行忠义及两河豪杰赵云、李进、董荣、牛显、张峪等，大破金人于垣曲，又捷于沁水，追至孟州之邵原，金张太保、成太保等以所部降，又破金太尉兵于济源。梁兴复取怀、卫二州，大破兀术军，断山东、河北金帛马纲之路，金人大败。未几，召还岳飞，下狱死。贼桧又令田师中毒杀飞将牛皋，世以为恨云。

补遗

梁兴，太行忠义社将领。《岳飞传》云：“还军鄂州，兴等百余人慕飞义，率众来归。兴会太行忠义及两河豪杰等，累战皆捷，中原大震。先是，飞遣兴等布德意，招两河豪杰，山寨韦铨、孙谋等，敛兵固堡以待王师，李通、胡清、李宝、李兴、张恩、孙琪等率众来归，金人动息，山川险要，皆得其实。尽磁、相、开、德、泽、潞、晋、绛、汾、隰之境，皆期日兴兵与官军会，其所揭旗以岳为号。”

4.《凤台县续志·张士达》

张士达，字练堂，周村人。天资聪颖，弱冠由拔贡乡举第一。设帐闾里，生徒从者以数百，一时名士多出其门。周村为邑西冲道，旧有城垣久倾圮，士达重修完固，楼堞一新，于城南加建奎楼，以培文脉。同治六年，贼自吉州渡河，泽郡戒严。军队出周村者往来如织，兵贼莫辩。士达令众闭门坚守，而自率乡耆数人出城巡查，备壶浆以食军士，使绕行城外，毋得一人入城。合城居民，赖以安堵云。

1 卷三十九人物志五·寓贤。

2 卷三十九人物志一·节行。

附录4 口述历史

1.范水旺（生于1927年）回忆东佛庙

范水旺老人回忆，东佛庙在新中国成立前原为周村小学校址，他小时候也曾在这里上学。新中国成立后郭家大院成为了新的小学校址，东佛庙就成了戏台，戏台靠墙而建，时常有戏上演，十分热闹。但在他印象中，东佛庙从未真正当过庙来使用，这里没有过神像，也从未有人烧香拜佛。东佛庙几乎从未遭受人为毁坏，“文革”的时候也没有人破坏，直至21世纪才由于年代久远无人修葺而坍塌。

2.原堆喜描述魁星楼及城墙旧貌

原堆喜现居住于周村镇卫窑，1945年出生，幼年在周村生活，他18岁外出务工，近年返乡。采访中，他对幼年时期的魁星楼、城墙的情况进行了回忆。

魁星楼建在城中的城堞上，也就是城墙的东南角。村民们叫它红阁楼，正式名称是魁星阁。大家之所以这么叫，是因为它的外墙呈红色。在他小时候，魁星楼的二层还有一个神像。在20世纪50年代，搞除四害运动，把这个神像毁了。他再见到这个神像的时候，脑袋已经被取掉，但神像身子还在。当时还可以上到魁星楼的三层，他小的时候经常上去。现在楼板和大梁都被拆了。

被问及是否存在石碑、故事传说或相关集会活动时，他联想到广福寺会，但没有与魁星楼相关的活动或传说。他说，过去周村有个广福寺，因为寺的规模比较大，所以就有了广福寺会。从老百姓传说可知，是要赶四十天会。现在就是，要赶四十天集会。当初周村这个集市，日本人都要参加。在20世纪50、60年代以前，广福寺毁掉了。现在周村中学那个地片，就是广福寺的位置。

关于魁星楼的装饰，他回忆说，在他十五六岁的时候，魁星楼的每个檐角都有一个铁钟。一刮风，铁钟就叮咚叮咚地响，但现在只剩几个了。另外，二层本来还有绿色的琉璃瓦，但现在也基本没有了。

问及魁星楼的位置时，他解释说，城墙原来有两米多宽，分里皮、外皮，中间填实。现在就这么一堵墙了。魁星阁就在城墙的东南拐角上。这个角比其他地方宽，人在城墙上能从两边绕过去。

3.王斗回（出生年月：1955年4月）介绍周村镇所辖诸村

村民传唱民歌“一三一山一岭坡，二掌二町二堰河。二上三庄四个村，一五一石二三个。”其中，“一三”指中三，“一山”指杨山，“一岭坡”指岭西和南坡。“二掌”是上、下掌村，“二町”指苇町、下町，“二堰河”是李堰、南堰、川河、下河。“二上”是坪上、坂上，“三庄”是常庄、苗庄、西庄，“四个村”是周村、河村、岸村、甲村。“一五”为三行，“一石”为石淙头。

4.郭大红（出生年月：1944年5月）介绍周村得名传说

周村镇原名长桥镇，取此名由来是“五里长三座桥七个孔”。因为周村桥西有座桥，此桥有三

拱，东门有座桥，亦有三拱，岸村边有一座桥，为独拱桥。所以得名长桥镇。

后又因西晋名将周处战死疆场，埋葬于此，故易名为“周村镇”。

5.张周来（出生年月：1939年2月）讲述周处传说

据传说，周处身高丈二，膀宽三尺，每顿喝二担米的米汤，吃三箭棍烧馍，他听说附近有三害，便要去除掉它们。

人们说，第一害是巷龙温里的夜叉水兽，经常出来祸害村民，于是周处对村民说：“我要去除掉夜叉水兽，我下去后，若你们看见有黑血冒上来，就是我除了他，若是有红血冒上来，就是他吃了我。”然后周处跳了下去，过了一会儿黑血冒上来，周处除了一害。

第二害是龙王山背后的沟旦有只大老虎，常吃人、祸害村民。于是周处去沟里杀了那只大老虎，后来这条沟就叫杀虎沟。

周处回来后，人们去欢迎他，为了感谢他，给了他许多干粮，可都不够他吃。后来他问老百姓这第三害是什么？人们说：“你每顿吃这么多粮食，你就是第三害呀！”

周处想了想觉得有理，就拿着弓箭说：“我现在射一箭，射到哪去哪”于是一箭射到了周村，在周村自杀了。

周处去世后，周村人在他落箭的地方建起了广福寺，但一直没起会，周处就托梦说：“你们再不给我起会，我就扩大我的坟堆，直到占满周村地界。”后来周村人在广福寺为周处起会，赶会时间定位每年十月初一。

6.郭大红（出生年月：1944年5月）讲述周村魁星楼传说

郭大红老人回忆道，传说在大清道光八年，南门有一张贡生进京赶考多年未中进士，可他的儿子成成却游手好闲，不务正业，为民间一害。张贡生为了解救乡里，也为保佑周村有人能考取进士，决定组织修建魁星楼。

因“天塌西北，地陷东南”之说与周村地形极为相似，为弥补地理形势建在了周村的东南处，建为塔状，分三间。张贡生为不让儿子成成再为害乡里，就用成成奠基，塑韩语泥像，就有了“活埋成成，死埋魁星”之说。

其组织发起者称为魁星，因非神非官，故建成阁，即底层为一层单拱，故称“魁星阁”。

7.殷红环（出生年月：1953年3月）讲述周村河流传说

殷大爷称，村民之间世代流传着一个故事：长河发源于天阳，距周村40里，流经下町形成水郭。水郭中央有一个小岛，百姓们在小岛上修了一座庙，当时修庙的工匠为庙中的神像雕塑，当塑到神像鼻子的时候，怎么塑都塑不像，正当他一筹莫展时，河边来了个美人，工匠看见她后顿时豁然开朗，照着美人的鼻子，很快把神像塑好了。

后来，有一个神仙下凡，途中经过这个庙，向一路边的老婆婆寻水喝，但那个老婆婆却不借给他水喝，那神仙一怒之下，就让自己骑的那匹马喝光了河中的水。从此之后，长河流经周村下町的这段河流在一年中只有65天有水，其余300天没有水。

后 记

借此版面，用此小文，纪念周干峙先生（1930.06～2014.03）。周先生生前是中国科学院院士、中国工程院院士，曾担任过建设部副部长、全国历史名城保护专家委员会的主任委员等职，对我国文化遗产的保护做出过巨大贡献。

虽然在各种会议上，我曾多次聆听过周先生的演讲，但近距离的接触，仅有两次。

第一次是在2005年9月，当时我们课题组在山西建设厅的组织下，刚刚完成了山西全省的古村镇调查，所以，在当月召开的“中国古村镇保护与发展碛口国际研讨会”期间，会议组曾托我向周老汇报山西古村镇的基本情况。周老当时非常关心此事，询问了很多相关的问题，建议首先应该进一步扩大调查范围，摸清情况，并嘱托这一工作应该不遗余力做下去。

第二次是在2006年8月，我跟随时任省建设厅总规划师的李锦生和村镇处处长的张海到建设部拜访周先生，顺便请他为刚刚编完的《山西古村镇》作序。周先生提了很多建议，如尽量增加测绘图，内容尽量丰富，等等，并欣然答应写序。这次，在他办公室内，虽然已经有几位客人等着拜访周先生，但周先生大概因为对我们的工作饶有兴趣，兴致很高，谈了较长的时间。其中的具体细节，现在已经依稀难忆了。但有一件事，令我至今难忘。这就是周先生和蔼可亲，拍着我的肩膀，说这一工作意义重大，希望在山西省建设厅的组织和指导下，把古村镇的调查、研究和保护延续下去。先生语重心长，言语切切。我也铭记于心，尽己所能，坚持至今，积极推进这一工作。

在这两次会面中，先生都提到一件事，且表现出极大的关切。这件事就是北京儿童医院的“水塔烟囱”被拆之事。

该烟囱由著名建筑大师华揽洪（1912～2012）设计。华揽洪是中国著名建筑师，20世纪50年代在梁思成的推荐下，担任北京市都市计划委员会第二总建筑师（第一总建筑师为梁思成）。也就是在这一时期，华揽洪主持设计了北京儿童医院（包括其内的烟囱）。这座烟囱被巧妙地布置在水塔里头，烟囱和水塔的功能融合在一起。外形采用传统方塔处理，顶部起翘，颇具传统风貌。后来，这座烟囱和整个儿童医院融为一体，被载入当今世

界著名的《弗莱彻建筑史》第20版之中，被概述列为20世纪50年代中国现代主义的经典建筑。

但到了2005年8月，已废弃了三四年的烟囱，在为了北京奥运会而进行的“净空工程”中，开始被拆除。截至当年9月13日，原高35米的烟囱已经被拆卸了三分之一。该拆除工程很快引来多方关注，很多人挺身站出，竭力主张保护和修复烟囱，后被迫停止拆除。

我们在两次见面中，周先生都以此事为例，说明保护工作需要大家的呼吁、重视和关注。到了2007年，北京市规划委员会、北京市文物局公布了第一批《北京优秀近现代建筑保护名录》，“北京儿童医院近现代建筑群”名列其中，编号为51。这时，周先生大概对这座建筑的保护更为放心了。

但一波三折，到了2008年，这个标志性的“水塔烟囱”还是被莫名其妙地拆除了。我后来没有接触过周先生，但我能想象到周先生的无奈！我们有时也想，如果多做些工作，应该就是对这些关心文化遗产保护的前辈们的最大纪念！

最后，还是回到本书。我们对于周村古镇的调查工作得以顺利开展，应该感谢很多同志。山西省住房与城乡建设厅厅长李栋梁、副厅长李锦生、总规划师翟顺河等领导对这套丛书给予了高度重视和积极支持；副巡视员张海同志（原村镇处处长）对本套丛书的定位、框架提出了许多宝贵意见和具体指导；村镇处处长于丽萍、副处长郭创为了保证调查研究工作的顺利开展做了大量的组织和协调工作；在我们现场调查中，周村镇书记郎军芳、镇长焦志成以及纪检书记郎建刚亦做了很多协调工作；我院罗奇老师通阅全书，提了很多很好的修改建议。在此，一并表示真诚的谢意！另外，想必书中会有这样那样的错误，敬请读者不吝垂教，提出宝贵意见。

薛林平

北京交通大学建筑与艺术学院

2014年5月1日